AF340966

RECUEIL D'ARRÊTS NOTABLES DU PARLEMENT DE TOURNAY.

Par Messire MATHIEU PINAULT, *Chevalier,*
Seigneur des Jaunaux, Conseiller du Roi
en ses Conseils, Président à Mortier dudit
Parlement.

TOME PREMIER.

A VALENCIENNES,

Chez GABRIEL-FRANÇOIS HENRY, Imprimeur
du Roi sur le Pont Neron.

M. DCCII.
Avec Privilége du Roi.

AU LECTEUR.

IL y a peu de Tribunaux Souverains dont quelques curieux n'aient entrepris de recueillir les Arrêts ; on peut néanmoins dire par rapport à l'utilité de ces ouvrages qu'il n'y en a pas encore eu assez : car l'on ne sçauroit disconvenir que pareils ouvrages ne soient très-utiles & profitables au Public, puisqu'ils instruisent également les Parties, les Avocats & les Juges ; les Parties de ce qu'elles peuvent espérer de leurs prétentions, les Avocats de ce qu'ils peuvent répondre aux Parties qui les consultent, & les Juges de ce qu'ils doivent juger en pareilles occurrences. Il est vrai que l'Empereur Justinian, Leg. 13, Cod. de sentent. & interl. avertit les Juges de ne se pas laisser éblouir par l'autorité des choses jugées, cum non exemplis sed Legibus judicandum sit ; mais outre qu'il y a des

AU LECTEUR.

Glossateurs qui prétendent que cet avis de l'Empereur ne s'adresse qu'aux Juges supérieurs, afin qu'ils ne se laissent pas trop prévenir dans leurs Jugemens en faveur des Sentences des premiers Juges, qu'ils ont le pouvoir de réformer : il est constant que plusieurs sçavans Auteurs, comme Socin & autres, estiment que cette maxime, Legibus non exemplis judicandum est *, doit souffrir une juste restriction,* nisi sint exempla publica *, veluti Principis vel plurium publicarum personarum. Tels sont les Arrêts des Cours Souveraines, qui sont soutenus de l'autorité publique que le Prince a confiée à ces illustres & nombreuses Compagnies, lesquelles on ne peut pas soupçonner pouvoir se méprendre ni s'écarter jamais des droites voies de la Justice & des Loix :* Tunc enim exemplis judicari potest, *dit Socin,* Reg. 225, *En effet, si dans l'ambiguité des affaires on estime tant l'opinion d'un Auteur particulier pour fixer un Jugement & déterminer d'un côté ou d'autre la balance de la Justice, de quel poids doit être l'autorité d'un Arrêt émané d'une*

AU LECTEUR.

Cour souveraine composée de plusieurs graves
& illustres Magistrats, remplis de lumieres &
consommés par une longue expérience des affaires ? Il faut donc convenir que la connoif-
sance des Arrêts est très-utile au Public. Ces
ouvrages peuvent aussi beaucoup contribuer à
empêcher la variété & la contrariété des Arrêts;
parce que rendant la Jurisprudence d'une Cour
supérieure plus connuë dans son Ressort, ils
la rendent plus constante, ils en fixent les
maximes & en assurent les principes. Nihil autem magis suprema Tribunalia in contemptum
ac vituperationem adducit, quàm judiciorum
vacillatio, inconstantia & contrarietas : contra nihil magis est præclarum Reipublicæ ac
utile & supremis Curiis decorum, quàm juris
æquabilitas, sententiarumque harmonia &
consonantia, *dit à Sande dans la Préface de
ses décisions Brabantines. C'est par toutes ces
raisons que dès que je suis entré dans le Parlement de Tournay, je me suis appliqué avec
soin à en recueillir les Arrêts, dont je vous
donne un extrait choisi des plus notables d'en-*

AU LECTEUR.

tre ceux à la réfolution defquels j'ai eu l'honneur de préfider ou d'affifter ; & afin de le rendre plus utile , je me fuis étudié non-feulement de rapporter les raifons principales des Parties , mais particulierement de prendre l'efprit des Arréts , & d'entrer dans le fens des Juges qui en ont formé la décifion. Profitez donc , ami Lecteur fans envie , des peines que je me fuis données , pour vous faire plaifir & fervice.

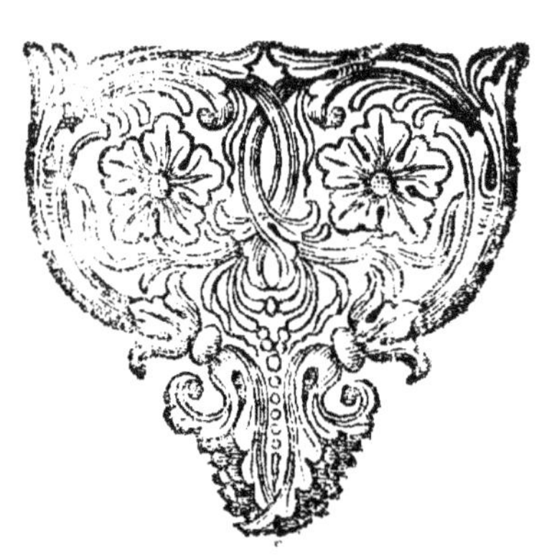

PRIVILEGE DU ROI.

LOUIS PAR LA GRACE DE *DIEU*, ROI DE FRANCE ET DE NAVARRE. A nos amez & féaux Confeillers, les Gens tenant nos Cours de Parlemens, Maîtres des Requêtes ordinaires de notre Hôtel, Grand Confeil, Prévôts de Paris, Baillifs, Sénéchaux, leurs Lieutenans civils & autres nos Jufticiers qu'il appartiendra, SALUT. Notre amé & féal Confeiller & Préfident à Mortier en notre Cour de Parlement de Tournay le fieur *PINAULT DES JAUNAUX*, Nous a fait remontrer qu'il a compofé un *Recueil d'Arrêts notables du Parlement de Tournay :* qu'il defireroit donner au Public, s'il Nous plaifoit lui en accorder nos Lettres de Priviléges. A CES CAUSES, voulant favorablement traiter ledit fieur *DES JAUNAUX*, Nous lui avons permis & accordé, permettons & accordons par ces préfentes de faire imprimer ledit Livre par tels Libraires ou Imprimeurs, en tel volume, forme, marge, caractére, & autant de fois que bon lui femblera pendant de tems de fix années confécutives, à commencer du jour qu'il fera achevé d'imprimer pour la premiere fois, & de le faire vendre & diftribuer par tout notre Royaume. Faifant défenfe à tous Libraires, Imprimeurs & autres, d'imprimer, faire imprimer, vendre & diftribuer ledit Livre, fous quelque prétexte que ce foit, même d'impreffion étrangere & autrement, fans le confentement de l'Expofant ou de fes Ayant caufe, fur peine de confifcation des exemplaires contrefaits, de trois mille livres d'amende applicable un tiers à Nous, un tiers à l'Hôtel-Dieu de Paris, & l'autre audit Expofant, & de tous dépens, dommages & interêts. A la charge d'en mettre deux exemplaires en notre Bibliothéque publique, un dans le Cabinet des Livres de notre Château du Louvre, & un en celle de notre très-cher & féal Chevalier, Chancelier de France le fieur PHELIPPEAUX, Comte de Pontchartrain, avant que de l'expofer en vente, de faire imprimer ledit Livre *dans notre Royaume & non ailleurs,* en beau caractére & papier, fuivant ce qui eft porté

par les Réglemens des années 1618 & 1686, & de faire en-
regiftrer les préfentes és Regiftres de la *Communauté des Marchands Libraires de notre bonne Ville de Paris*. Le tout à peine
de nullité d'icelles, du contenu defquelles Nous vous man-
dons & enjoignons de faire jouir l'Expofant ou fes Ayant caufe
pleinement & paifiblement, ceffant & faifant ceffer tous troubles & empêchemens contraires. Voulons que la copie ou
extrait defdites préfentes, qui fera au commencement ou à la
fin dudit Livre, foit tenuë pour dûëment fignifiée, & qu'aux
copies collationnées par l'un de nos amez & féaux Confeillers
& Secrétaires, foi foit ajoutée comme à l'original. Comman-
dons au premier notre Huiffier ou Sergent de faire pour l'exécution des préfentes toutes fignifications, défenfes, faifies &
autres actes requis & néceffaires, fans demander autre permiffion, & nonobftant clameur de Haro, Chartre Normande,
& Lettres à ce contraire.s CAR TEL EST NOTRE PLAISIR.
Donné à Fontaine-Bleau le feptiéme jour de Novembre, l'an
de grace mil fept cent, & de notre Regne le cinquante-hui-
tiéme. *Signé*, par le Roi en fon Confeil, LE COMTE. Et
fcellé du grand fceau de cire jaune.

*Regiftré fur le Livre de la Communauté des Imprimeurs & Li-
braires de Paris le premier Septembre 1701.*

LEdit fieur Préfident *DES JAUNAUX* a cédé le droit de
fon Privilége à GABRIEL-FRANÇOIS HENRY, fuivant
l'accord fait entre eux.

Achevé d'imprimer le 30 *Août* 1702, *& les exemplaires ont
été fournis.*

RECUEIL

RECUEIL
D'ARRÊTS
NOTABLES
DU PARLEMENT
DE TOURNAY.

***

I.

Pourſuite & recette faite par le créancier d'une rente contre un des coobligés à compte de ladite rente, n'en diviſe pas l'action ſolidaire.

CETTE queſtion fut décidée le 23 Octobre 1693, en la premiere Chambre, au procès d'entre Marie Goeguelus, Appellante, & Charles Stapens, Intimé.

Ledit Stapens avoit une rente de 54 liv. par an à la charge des héritiers de Jacques Bellinck, par hypothéque, en date du mois de Juillet 1628, renouvelée le 24 Novembre 1672, dont pour recouvrer les arre-

A

rages échus, il avoit intenté action par mise de fait ou saisie sur les biens de ladite Goeguelus seule, comme obligée solidairement pour toute la rente avec ses autres cohéritiers.

La Défenderesse convenoit de l'obligation solidaire, mais elle disoit que depuis la reconnoissance de son auteur, le Demandeur avoit agi contre quelques-uns des coobligés, & même transigé avec eux ; par où elle prétendoit qu'il avoit divisé le droit de son action solidaire.

Au contraire le Demandeur justifioit par les actes de transaction faits avec les coobligés, qu'il n'avoit rien reçu à la décharge d'aucun desdits coobligés, mais seulement à compte de sa rente, par où il soutenoit n'avoir point donné atteinte à la solidité de la rente : & suivant ce, le Magistrat de Berghes ayant décrété la mise de fait, en cédant par le Demandeur à la Défenderesse ses droits contre les coobligés ; elle en avoit appellé.

La Cour, ouï le rapport de Mr Couvreur, a mis l'appellation au néant, a ordonné que la Sentence sortira effet, & condamné l'Appellante en l'amende & aux dépens.

I I.

Pour valablement augmenter & grossir le capital d'une rente par les arrerages accumules ou en former le capital d'une nouvelle rente, il faut que la rente originaire soit légitimement constituée, & que cela se fasse par nouveaux contrats & devoirs.

ON le jugea ainsi en la premiere Chambre le 24 Octobre 1693, au procès d'entre Antoine Tieffry, Demandeur, & le Baron de Taintignies, préposé à la maison mortuaire, c'est-à-dire, aux biens de la succession de feu le Baron de Taintignies, son pere, Défendeur.

L'an 1665 le Demandeur s'étant trouvé en avance de la somme de 1600 florins, déboursée pour la Communauté de Taintignies, avoit agi contre ladite Communauté pour en être payé ; laquelle pour éviter exécution, avoit constitué au profit dudit Demandeur une rente de 100 florins par an pour les 1600 florins de principal, & pour ce promis de se faire autoriser là, & ainsi qu'il appartiendroit : de tout quoi le Baron de Taintignies, pere du Défendeur, s'étoit rendu caution solidaire. L'an 1681, le Demandeur, qui n'avoit encore rien reçu de ladite rente, attaqua le Baron de Taintignies, sa caution, lequel s'accommoda avec le Demandeur, & au moyen de 800 florins qu'il en reçut comptant,& des 1600 florins de capital de ladite rente, & des 1600 florins dûs pour les arrerages en échus depuis 1665 jusqu'inclus le 4 Août 1681, & que ledit Baron accepta à son profit sur la cession dudit Tieffry, ledit sieur Baron constitua au profit dudit Tieffry, une rente de 200 florins par an, pour les 4000 florins de capital ainsi composé & accumulé. Depuis la rente primitive de 1600 florins créée l'an 1665, ayant été faute d'Octroi déclarée nulle & pour une simple dette par Arrêt du Conseil d'Etat du Roi du 29 Mars 1689, sauf au Baron de Taintignies, cessionnaire & caution de ladite rente, de se pourvoir contre les particuliers de ladite Communauté qui s'y étoient obligés, sans néanmoins pouvoir en prétendre aucuns interêts, le Baron de Taintignies moderne, fils du constituant, refusoit en sa qualité de payer les cours de ladite rente de 4000 florins ; ce qui avoit obligé ledit Tieffry à présenter requête à la Cour le 7 Avril 1692, concluant à ce qu'il fût condamné à ce faire & aux dépens, dommages & interêts, & à donner bonne & suffisante hypothéque, s'il n'aimoit mieux rembourser.

Le Défendeur pour moyens d'opposition disoit que la rente en question étoit nulle, & par conséquent ne pouvoit produire de cours. Que l'Arrêt du Conseil qui devoit servir de régle infaillible au Jugement du procès, l'avoit ainsi décidé, même de l'aveu du Demandeur, pour les premiers 1600 florins prêtés en 1665. Qu'il en étoit de même des 1600 florins de cours prétendus jusqu'en 1681, parce que la dette principale n'étant pas capable de produire des cours, il n'en étoit point dû; en second lieu, parce que quand on auroit été en droit de les exiger légitimement, on n'auroit pu les accumuler avec le capital pour en former une rente double de la premiere, du moins par un simple arrêté de décompte, sans nouveau contrat ni devoirs. Que c'étoit un Anatocisme formel réprouvé par les Canons & les Loix mêmes. *Si enim usuras in sortem redigere concederetur & totius summæ usuras stipulari, revera à debitoribus usurarum usuræ exigerentur, & hoc certè esset non rebus sed verbis tantum modo legem ponere,* dit l'Empereur Justinian, *Leg.* 28, *Cod. de usur. Quapropter,* ajoute-t-il, *hac apertissimâ Lege diffinimus nullo modo licere cuiquam usuras præteriti temporis vel futuri in sortem redigere & earum usuras iterum stipulari.* Que les Empereurs Diocletian & Maximian declaroient même, *Lege* 20, *Cod. ex quibus causis infam. irrogatur : quod usuras usurarum exigentibus infamiæ macula irroganda est.* Si bien que ce qui avoit été payé depuis 1681, devoit être imputé à l'acquit & à compte des sommes de 1600 florins & de 800 florins, qu'on pouvoit seules considérer comme dettes légitimes.

Le Demandeur au contraire soutenoit que la rente

étoit bonne en toutes ses parties. Qu'on ne pouvoit disputer les 800 florins fournis en 1681. Que les 1600 florins avancés en 1665 pour acquiter les dettes de la Communauté dudit Taintignies contractées au sujet des contributions de la Bassée, étoient pareillement incontestables. Qu'il ne pouvoit rester de doute que pour les 1600 florins prétendus pour les cours de la dette primitive depuis 1665 jusqu'en 1681. Que néanmoins on ne pouvoit pas douter que dans l'an 1681 ledit Tieffry pouvoit légitimement en exiger le paiement ; que s'il les avoit poursuivis & reçus, ils auroient été bien reçus & non restituables, même suivant l'Arrêt du Conseil d'Etat intervenu pour le réglement des rentes des Communautés. Que c'étoit la faute de feu le sieur Baron de Taintignies, si pour avoir négligé de reproduire à M. l'Intendant les octrois du Bailliage aux fins de lever de l'argent à l'acquit de la Communauté, & pour n'avoir pas laissé agir ledit Tieffry en 1681 pour lesdits arrerages, ils ne se trouvoient pas payés, & ladite rente se trouvoit cassée & jugée une simple dette & obligation de 1600 florins incapable de produire aucuns interêts. Que cela supposé, l'on ne pouvoit aucunement contester la validité de la rente de 4000 florins, puisqu'il étoit constant aujourd'hui que des cours accumulés d'une rente pouvoient servir à augmenter le capital de la rente, ou à en former une nouvelle, sans que les Loix citées par le Défendeur pussent être d'aucune considération : parce qu'il y avoit une différence essentielle entre les cours des rentes & les usures, celles-ci étant défenduës par tous les Canons de l'Eglise, & les arrerages des rentes étant permis & exigibles suivant la Déclaration des Souverains Pontifes, & en particulier celle de Martin V. Pourquoi les plus célebres Docteurs ne regardoient point les cours des rentes comme une dette accessoire. *Pensio enim quæ venditur*, dit le Président Faber, *in suo Codice, lib. 4, deffinit. ult. tit. 24, usuræ vicem non obtinent sed ipsius rei venditæ, & è contrario pecunia vicem pretii non sortis ; modo pensio legitimum modum non excedat* : ou comme explique encore plus amplement Grivel, *Decisione 103, est sors principalis in constitutionibus redituum loco pretii, nam perpetuo alienatur ; annuus autem reditus, sive jus illius exigendi & percipiendi est loco mercis : sicque præstationes annuæ horum redituum debentur principaliter & per se, non autem accessoriè ad sortem, nec sunt accessiones sortis sed quodammodo quid principale.* Qu'aussi quelques Coûtumes n'avoient pas fait difficulté de déclarer, qu'on pouvoit constituer une nouvelle rente par une somme d'arrerages accumulés : telle est la Coûtume d'Oudenarde, *Rubrique 11, art. 4.* Que les Tribunaux du Pays s'en étoient fait une Jurisprudence, comme il paroît de la réponse du 16 Décembre 1598, renduë par le grand Conseil de Malines sur les doutes proposés à ce sujet par Mrs du Conseil Privé du Roi Catholique à Bruxelles, par Lettres du 24 de Novembre auparavant. Par cette réponse Mrs dudit grand Conseil déclarent formellement : *Que la conversion des arrerages d'une rente en capital ne leur semble usuraire, mais licite, & peut même passer pour un expédient avantageux au débiteur, dont les fonds hypothéqués seroient autrement exécutés : parce que les arrerages des rentes ne sont accessoires, non plus que la chose vendue n'est l'accessoire de son prix, & que par conséquent les rentes constituées à iceux arrerages ne peuvent être dites* accessionis accessio vel fructuum fructus, *& se doivent regarder comme un autre principal ; ensorte que la Loi finale du Code, tit. de* usuris, *n'est applicable au sujet. Qu'il a été jugé en pareilles circonstances, que telle accumulation ou nouvelle création*

étoit bonne & valable par Arrêt dudit Conseil du 5 Décem-
bre 1572, entre le sieur de Becelaer & le sieur de Leide-
kercke, & le 4 Mars 1595, entre les Ablé & Religieux de
saint Cornille lez Ninove, & les héritiers de Lievin Floeck.
Ce sont les propres termes de ladite réponse. En effet,
la Glose *ad dict. Leg. ult. Cod. de usuris*, convient que
l'accumulation des usures en capital n'avoit été défen-
duë qu'en haine des usuriers & de leurs mauvaises pratiques ; mais qu'au fonds il n'y avoit pas d'abus, &
qu'à plus forte raison il n'y en avoit point dans l'accumulation des cours d'une rente en nouveau capital.
Puto, dit le Glossateur, *Anatocismum odio fœneratorum*
interdici : alias si novam sortem debitori numerare licet, &
ab eo novas alias usuras stipulari ; cur non acceptas ab eo-
dem usuras brevi manu eidem renumerare sortis instar lice-
bit ? Ut ex eâ pecuniâ novas usuras præstet.

La Cour, ouï le rapport de Mr Bruneau, a condamné le Défendeur de donner au Demandeur bonne
& suffisante hypothéque pour les sommes de 800 florins d'une part, & des 1600 florins fournis en 1665
sur la caution du Baron de Taintignies, & d'en payer
les cours depuis la présente cause intentée ; ou de payer
lesdites sommes avec les interêts depuis ledit tems : a
débouté le Demandeur des prétendus cours non payés :
a condamné le Défendeur aux trois quarts des dépens,
l'autre compensé.

I I I.

Saisie d'une rente dûë par l'Etat faite entre les mains du
Receveur de l'Etat, est valable & doit suspendre tout
paiement.

CEla se décida de cette maniere en la premiere
Chambre le 29 Octobre 1693, au procès d'entre François Baert, sieur de Neufief, en qualité de

Tuteur du fils de son oncle, Demandeur, & les Bailli & Nobles Vassaux de la Cour de Cassel, Défendeurs.

Les créanciers du sieur Delval ayant fait saisir dès le 18 de Septembre 1668, une rente de 52 florins 10 patars à lui duë par la Châtellenie de Cassel, signification faite par l'Aman ou l'Officier Exploiteur dudit Cassel, au Receveur de ladite Châtellenie, avec défenses de payer audit Delval aucuns des cours lors échus ou à échoir, sous peine de payer deux fois, avoient poursuivi le décret de ladite rente. Ensorte que le 23 Mars 1688, François Baert, pere du mineur & oncle du Demandeur, s'étoit rendu adjudicataire tant du capital que des cours échus depuis ladite saisie; desquels cours le Demandeur, en sa qualité, ayant prétendu paiement, les Défendeurs qui en avoient payé par leur Receveur quelques années audit Delval, sous la caution de Pierre Oudart, sieur de Carbeque, s'opposoient & disoient qu'en conséquence des réglemens du Roi, par lesquels il étoit ordonné aux Etats de payer chaque année un canon à leurs rentiers, on avoit bien payé audit Delval, & par conséquent que le Demandeur étoit mal fondé de demander tous les cours depuis 1668. Que la saisie n'avoit dû les empêcher de payer, d'autant qu'elle ne leur avoit pas été signifiée, mais seulement à leur Receveur, ce qui ne suffisoit pas.

Le Demandeur au contraire soutenoit que le réglement du Roi avoit bien permis à la Châtellenie de payer chaque année un canon des rentes, dont elle étoit chargée; mais à ceux dont les rentes étoient libres & sur lesquelles on n'avoit point formé de saisie. Que ledit réglement n'avoit point levé les défenses de payer à ceux, dont on avoit saisi & fait arrêter les rentes tant en capital qu'arrerages. Que la caution que les Défendeurs avoient exigée avant de payer au sieur Delval.

Delval, étoit une marque infaillible qu'ils n'avoient pas ignoré ladite faifie, & qu'ils étoient perfuadés qu'ils ne pouvoient fe dégarnir des deniers au préjudice de ladite faifie. Qu'il étoit notoire que la fignification de pareille faifie ne fe faifoit jamais autrement qu'au Receveur de la Châtellenie, qui repréfentoit le débiteur de la rente.

La Cour, vu les Conclufions du Procureur Général du Roi, ouï le rapport de M. Couvreur, a condamné les Défendeurs de payer au Demandeur les arrerages en queftion, conformément à l'attermination des réglemens de Sa Majefté ; fauf leur recours pour ceux qu'ils avoient payés à la charge de la caution, & les a condamnés aux dépens du procès.

IV.

Stipulation d'interéts pour refte d'une dot d'un Religieux eft licite, bien que pour affurance il y ait rapport, même à Valenciennes.

CEtte queftion fut ainfi réfoluë en la premiere Chambre le 18 Novembre 1693, au procès d'entre Eftienne Sohier, Marchand demeurant à Valenciennes, Appellant, & les PP. Carmes du Couvent dit de Bonne-Efpérance, Intimés.

Le fils dudit Sohier s'étant fait Carme, il avoit payé fa dot à 300 florins près, pour affurance de laquelle fomme il leur avoit rapporté une maifon fituée à Rhefmes, & par fédule du 28 Septembre 1686, il s'étoit obligé de leur en payer les interêts au feur du denier 20 jufqu'au rembourfement effectif; mais ce jeune Religieux étant mort en 1689, peu d'années après fa profeffion, ledit Sohier avoit refufé de leur payer lefdits intérêts : ce qui les avoit obligés d'agir pardevant le Magiftrat de Valenciennes pour le faire condamner au paiement defdits intérêts.

Ledit Sohier s'étoit oppofé, difant que par la mort de fon fils les Carmes s'en trouvoient déchargés, qu'ainfi il n'y avoit plus de prétexte pour appuyer la ftipulation defdits intérêts, qui de foi étoit ufuraire, & par conféquent réprouvée felon toutes les Loix de Dieu & de l'Eglife. *Can. Si quis XIV. quæft. 2. Can. Quid dicam. ibid. quæft. 4*, conformément au précepte de JESUS-CHRIST en faint Luc, *cap. 6 : Mutuum date nihil indè fperantes.* Que cette ftipulation étoit d'autant plus ufuraire, que lefdits Carmes s'étoient fait donner une Maifon en rapport pour affurance de ce qui leur reftoit dû, & que felon l'ufage & la pratique de Valenciennes, une fomme pour laquelle il y avoit rapport ne produifoit point d'intérêts.

Les Carmes d'un autre côté difoient que la dot d'un Religieux promife pour fes alimens à la décharge de fa famille, étoit une caufe privilégiée, qui de foi-même devoit produire des intérêts ; & que par conféquent la ftipulation, bien loin d'être ufuraire, étoit conforme aux obligations où fe trouvoit ledit Sohier d'y fatisfaire. Que fuivant la décifion de Paulus, *Leg. 30, Dig. de ufuris. Etiam ex nudo pacto debentur civitatibus ufuræ creditarum ab eis pecuniarum.* Qu'à plus forte raifon les Carmes étoient en droit d'exiger les intérêts d'une fomme reftante de la dot promife ; puifqu'ils agiffoient en vertu d'une convention expreffe, & non en conféquence dudit rapport, ni par exécution, ni difcuffion d'icelui. Pour lefquelles raifons le Juge ayant condamné ledit Sohier au paiement des intérêts demandés, il en avoit appellé.

La Cour, vu les Conclufions du Procureur Général

du Roi, fur mon rapport, a mis l'appellation au néant, a ordonné que la Sentence fortira effet, a condamné l'Appellant en l'amende & aux dépens.

V.

A Tournay un legs de biens meubles contient l'or & l'argent monnoyé & non monnoyé, les Marchandifes, noms & actions & les rentes.

CEla fut ainfi jugé en la premiere Chambre le 19 Novembre 1693, au Procès d'entre Valentin Hovine, & Pierre Carette, Exécuteurs du Teftament de Jean Lienard, Marchand de Tournay, Appellans, & Marie-Therefe Feneau, Intimée.

Jean Lienard par fon Codicille du 3 Mai 1693, avoit donné & affigné à ladite Feneau, qui le fervoit depuis 3 ou 4 ans dans les infirmités de fa vieilleffe, *la tierce partie de fes biens meubles par deffus fes gages.*

En vertu de cette difpofition elle prétendoit avoir le tiers de tous les meubles meublans du défunt, des marchandifes, or & argent monnoyé & non monnoyé, des noms & actions & de toutes les rentes, qui font mifes & rangées au nombre des biens meubles, fuivant la difpofition de la Coûtume de Tournay, laquelle elle difoit devoir interpréter les intentions dés Teftateurs, comme influant dans leurs contrats, & fuivant la décifion du Jurifconfulte Paulus, *Leg.* 21, *Dig. de verb. fignif.* & celle d'Ulpian, *Leg.* 49 *ibid.*

Les Exécuteurs s'oppofoient, difant que le legs en queftion ne pouvoit contenir que les meubles meublans, les marchandifes, les provifions, l'or & l'argent monnoyé & non monnoyé au plus; mais que les noms & actions faifoient une troifiéme efpece entre les meubles & les immeubles, qui ne pouvoit être envelopée fous la difpofition du Teftateur. Que ce n'étoit pas un bien qu'on pût dire être déja exiftant, & par conféquent qu'ils ne devoient pas être réputés au nombre des biens meubles du Teftateur. Que les rentes étoient des biens qui tenoient trop de l'immeuble, pour les confondre fous une difpofition générale de biens meubles. Que c'étoit fouvent le plus net & le plus beau bien des familles, lequel on verroit dans la fuite fe diffiper legerement & fouvent indignement par femblables légats : & comme le Teftateur avoit laiffé le réfidu de fes biens à une fienne Niéce foible d'efprit & innocente, à laquelle il avoit fubftitué les Pauvres de faint Brice, ils ne manquoient pas d'alléguer que la caufe des Pauvres qu'ils défendoient étoit favorable & à préférer à celle d'une fervante, qui fous prétexte de quelques legers fervices pouvoit avoir engagé l'efprit & les intentions de fon Maître moribond. Nonobftant ces raifons, lefdits Exécuteurs ayant été déboutés de leur oppofition au Magiftrat de Tournay, ils en avoient appellé.

La Cour, vu les Conclufions du Procureur Général du Roi, fur mon rapport, a mis l'appellation au néant, a ordonné que la Sentence fortiroit effet & condamné les Appellans aux dépens.

V I.

Les Décimateurs ne font pas obligés de contribuer à bâtir ni à réparer les Presbyteres, lorfque les revenus des Cures font fuffifans pour les alimens & le logement des Curés.

ON le décida ainfi en la premiere Chambre le 21 Novembre 1693, contre Mᶜ Louis Hague, Curé de Caffel, Demandeur, en faveur des Prévôt, Doyen

& Chapitre de faint Pierre audit Caffel, en qualité de Décimateurs, Défendeurs.

Le Demandeur prétendoit que les Défendeurs en leur qualité étoient obligés de lui faire bâtir une maifon ; parce qu'étant obligés de lui fournir fes alimens, ils devoient lui procurer un logement conformément à la décifion de Jauolenus, *Leg. 6, Dig. de alim. vel cib. legat. Legatis, inquit, alimentis cibaria & veftitus & habitatio debebitur, quia fine his ali corpus non poteft :* ou, comme dit la Glofe, parce que qui doit procurer la fin, doit procurer les moyens pour y parvenir. Les Défendeurs d'ailleurs, difoient & juftifioient que le Demandeur tiroit de fa Cure, du Canonicat & annexe y réunis, plus de 800 florins par an, & foutenoient qu'un aufli gros revenu devoit lui fuffire tant pour fes alimens & entretiens, que pour fon habitation. Que la Cour s'étoit fait une maxime de juger ainfi par divers Arrêts, par celui entre autres rendu contre le Curé de faint Nicolas à Cambray, & celui rendu contre le Curé de la Magdelaine à Tournay.

La Cour, vu les Conclufions du Procureur Général du Roi, ouï le rapport de M. Hendricx, a débouté le Demandeur de fes fins & conclufions avec dépens.

V I I.

Celui à qui le ferment eft déferé fur une chofe qui n'eft pas de fon fait, n'eft pas tenu de référer le ferment, qu'il ne peut prêter.

CEtte queftion fut jugée en la premiere Chambre le 23 Novembre 1693, fur l'incident meu au procès d'entre Jean des Mouveaux, demeurant à Lille, Appeliant, & Gafpard Delvigne, Marchand à Tournay, Intimé.

Ledit Delvigne avoit fait marché à Lille le 7 Juin 1692 de huit tonnes de cendres potace avec ledit des Mouveaux, & après les avoir choisies, il les avoit marquées de sa marque sur l'épreuve qu'il avoit faite de l'une des huit tonnes, qu'il avoit trouvée bien qualifiée. Ledit des Mouveaux quelques jours après avoit fait tenir à Tournay lesdites huit tonnes par le Courtier dudit Delvigne, lequel s'étant trouvé lors absent de la Ville, on n'en put faire l'ouverture qu'à son retour; & pour lors il fut bien surpris que desdites huit tonnes il n'y en avoit qu'une avec les qualités requises, & que les autres sept étoient gâtées. Il en écrit incontinent audit des Mouveaux, qui lui répond que c'étoit une affaire finie. Qu'il lui avoit envoyé la marchandise, que lui-même il avoit choisie, & qu'il n'en pouvoit autrement répondre. Et sur ce que ledit Delvigne différoit de payer, ledit des Mouveaux l'attaque à cet effet pardevant les Mayeur & Echevins de Tournay; ledit Delvigne défend & soutient que ledit des Mouveaux lui auroit répondu que les huit tonnes étoient de même qualité : des Mouveaux le dénie positivement, avouë seulement d'avoir dit que les huit tonnes venoient d'un même Marchand & faisoient partie d'un même marché; de sorte que les Parties se trouvant contraires en fait, avoient été admises à preuve.

La cause étant dans cet état, s'étoit formé l'incident en question : le Défendeur avoit conclu avant tout à ce que le Demandeur voulût déclarer par serment, si les huit tonnes litigieuses qui étoient sequestrées à la Doüane, n'étoient pas les mêmes qu'il avoit envoyées à Tournay.

Pour à quoi satisfaire ayant été ordonné le 20 Décembre 1692, au Demandeur de comparoître, il étoit effectivement venu; mais avoit déclaré qu'il ne pouvoit être obligé de faire un tel ferment, vu l'intervalle du tems écoulé depuis l'envoi & la reſſemblance qui ſe trouve entre des tonnes de pareille marchandiſe. Que d'ailleurs le changement qui pouvoit y être intervenu n'étant de ſon fait, il n'y avoit pas matiere à lui déférer un ferment. Sur ce Delvigne requiert qu'attendu le refus fait par ledit des Mouveaux de prêter le ferment à lui déféré, ledit ferment lui fut référé.

Des Mouveaux s'y oppoſe ; mais par Sentence du 16 Avril 1693, le ferment eſt référé audit Delvigne, & ladite Sentence ayant été confirmée par les Prévôt & Jurés le 29 Mai ſuivant, ledit des Mouveaux en avoit interjetté appel.

La Cour, ouï le rapport de M. Odemaer, a mis l'appellation & leſdites Sentences au néant ; émendant, a déclaré l'Intimé non recevable dans la demande par lui faite, que le ferment en queſtion lui fût référé, l'a condamné aux dépens de la cauſe d'appel, & ceux de premiere inſtance concernant l'incident.

V I I I.

Après une taxe arrêtée des dépens d'un procès, on ne doit plus recevoir la Partie à demander encore d'autres dépens du même procès.

CEla fut ainſi jugé en la premiere Chambre le 28 Novembre 1693, au différent d'entre les Abbé & Religieux d'Haſnon, Appellans, & les Peres Jéſuites du Collége de Maubeuge, Intimés.

Leſdits Jéſuites ayant gagné un procès contre leſdits Abbé & Religieux avec condamnation de dépens, avoient enſuite de l'Arrêt formé un libelle ou déclaration deſdits dépens, laquelle après diminution ſervie de la part defdits Abbé & Religieux, avoit été taxée & modérée à certaine fomme, que lefdits Religieux avoient auffi payée. Plus d'un an après les Jéfuites ayant au fujet d'un autre procès eu befoin d'avoir un extendu de l'Arrêt qu'ils avoient obtenu, y avoient effectivement fait travailler, l'avoient levé & pour cet effet payé 16 florins. Depuis pour s'en faire defintereffer ils avoient levé un exécutorial & fait affigner lefdits Abbé & Religieux aux audiences du 20 de Novembre 1693, pour s'y voir condamner au paiement defdits 16 florins, comme ils le furent en effet par Ordonnance des Commiffaires aufdites audiences, de laquelle ils avoient appellé en pleine Cour.

La Cour, ouï Mc Huberlan, Avocat pour les Appellans, & Mc Briffeau, Avocat pour les Intimés, & le Procureur Général du Roi en fes conclufions, a mis l'appellation & ce dont étoit appellé au néant; émendant, a débouté les Jéfuites de l'exécutorial par eux obtenu & les a condamnés aux dépens.

I X.

Après un Arrêt de condamnation au paiement d'une dette, l'on ne peut alléguer prefcription de la dette, même fous bénéfice de Requête civile.

CEtte thefe fut ainfi jugée en la premiere Chambre le premier de Décembre 1693, fur l'incident meu au procès d'entre la dame Comteffe Douairiere d'Hanapes, Impétrante de Lettres de Requête civile, & les Chanoines qu'on dit du Membre de S. Martin à Ypres, Oppofans.

Dom Alexandre de Robles, frere du feu Comte d'Hanapes, mari de l'Impétrante, étoit mort au mois de

de Février 1665, chargé de plusieurs dettes tant à l'é-
gard du Chapitre que de divers particuliers : ce qui
avoit obligé ledit Chapitre d'établir un Curateur à la
maison mortuaire du défunt, dont le sieur Comte
d'Hanapes son frere avoit appréhendé la succession féodale à titre de *fidéicommis* ou *substitution*. Les effets de
la maison mortuaire n'ayant pas suffi pour acquiter les
dettes, le Chapitre qui sçavoit que le défunt Chanoine
pouvoit charger sa succession féodale jusqu'à la concurrence de 10000 flor. , avoit attaqué le sieur Comte
d'Hanapes son frere & héritier *fidéicommissaire*, à ce
qu'il fût condamné de contribuer à l'acquit des dettes de sondit frere jusqu'à la concurrence desdits 10000
florins ; ce qu'il avoit effectivement obtenu par Arrêt
du 17 Janvier 1686.

Pour empêcher l'exécution de cet Arrêt, ladite
Dame s'étoit pourvuë de Lettres de Requête civile,
pour sous le bénéfice d'icelles pouvoir alléguer la prefcription de dix ans statuée par la Coûtume d'Ypres,
qui dit expressément qu'après dix ans, des créanciers
ne peuvent plus inquiéter une maison mortuaire, *&*
font déboutés de leur dû. D'où elle concluoit que les Oppofans n'ayant agi contre son mari pour les dettes du
défunt Chanoine son frere que plus de quinze ans après
fa mort, ils étoient venus trop tard pourfuivre leur
dû, qui étoit prefcrit.

Les Défendeurs difoient qu'après un Arrêt qui con-
damne à payer une dette, une Partie n'étoit plus recevable pour en empêcher l'exécution, à alléguer la
prefcription de la dette. *Nec enim instaurari finita rerum*
judicatarum patitur authoritas, difent les Empereurs
Dioclétian & Maximian, *Leg.* 5, *Cod. de re judicatâ.*
Qu'en effet, la prefcription n'ayant été inventée par
les Légiflateurs qu'afin de borner les prétentions des

C

hommes & mettre quelque fin à leurs pourſuites, ce ſeroit la faire opérer contre le deſſein & l'eſprit des mêmes Légiſlateurs, ſi on en recevoit l'exception ſur une affaire à laquelle le Juge auroit déja impoſé une fin par ſa Sentence. Que pour ces raiſons les mêmes Empereurs, *Leg.* 2, *Cod. Sentent. reſcindi non poſſe*, décidoient expreſſément, *quod judicatum non oppoſitæ præſcriptionis velamento reſcindi non poteſt.*

L'Impétrante repliquoit qu'à la vérité *rebus judicatis ſtandum eſt*; mais que néanmoins lorſque par ſimplicité d'âge ou imbécillité de ſexe des Parties avoient oublié d'alléguer les exceptions dont elles ſe pouvoient défendre, les Empereurs leur en accordoient la permiſſion même après condamnation. *Si propter ſimplicitatem allegationes competentes omiſeris; permitto tibi, ſi cœperis ex ſententia conveniri, deffenſionibus tuis uti*, dit l'Empereur Antonin à une Partie qui avoit perdu ſon procès, *Leg.* 1, *Cod. de juris & faſti ignor.* Et comme le même Empereur déclare, *Leg.* 1, *Cod. de re judicatâ*, on peut toujours ſe prévaloir des paiemens qu'on a faits, même après Sentence : *Si probare poteris eum, cui condemnatus eſt, id recepiſſe quod amiſiſſe videbatur, adverſus judicati agentem doli exceptione oppoſitâ tueri te poteris.* De ſorte qu'on ne devoit pas douter que la preſcription ne pût s'alléguer en défenſe, même après un Arrêt, comme une eſpece de ſolution à laquelle on étoit toujours recevable.

La Cour, vu les Concluſions du Procureur Général du Roi, ouï le rapport de M. Hendricx, a débouté l'Impétrante des Lettres de requête civile par elle obtenuës; ſauf ſon action au principal.

X.

Quoique des rentes aient été créées au tems du défordre des monnoyes, on n'en peut pas demander réduction ; fi par les lettres il paroit qu'elles ont été conftituées en argent permis par les Réglemens du Prince.

ON le décida ainfi en la premiere Chambre le 22 Décembre 1693, au procès d'entre le fieur Baron de Landas, Appellant, & D^e Anne Mahieu, veuve de feu le fieur Robert-Anfelme Scorion, vivant Lieutenant, Gouverneur d'Ath, comme mere & tutrice des enfans d'icelui, Intimée.

Le 27 Mars 1691, ladite D^e Mahieu, par requête préfentée aux Officiers de la Gouvernance de Douay, avoit agi en reconnoiffance d'une rente de 150 florins par an & de 2400 florins en capital contre la dame de Belvalée, Baronne douairiere de Landas, dont ledit Baron emprenant le fait & caufe difoit : Que ladite rente ayant été conftituée par feu fon pere le 21 Février 1651, lorfque les monnoyes étoient dans le plus grand defordre, il falloit avant tout en confentir & faire la réduction conformément à l'Ordonnance de 1652, à raifon de 38 pour 100, après quoi il offroit de paffer ladite reconnoiffance.

La Demandereffe au contraire foutenoit qu'il n'échéoit aucune réduction de ladite rente. Qu'on préfumoit toujours en faveur des rentes, qu'elles avoient été conftituées en monnoye permife & fuivant l'évaluation réglée par les Ordonnances, à moins que le contraire ne fût prouvé. Mais qu'on ne devoit pas douter à l'égard de la rente en queftion, dont les lettres de conftitution portoient & déclaroient formellement que les 2400 florins avoient été comptés au confti-

tuant en argent évalué felon les Placards de Sa Majefté Catholique.

Pour lefquelles raifons le Juge ayant par Sentence
du 24 Avril 1693, déclaré lefdites lettres de rentes exé-
cutoires à la charge du Défendeur, il en avoit appellé.

La Cour, vu les Conclufions du Procureur Général
du Roi, fur mon rapport, a mis l'appellation au
néant, a ordonné que la Sentence fortira effet & condamné l'Appellant en l'amende & aux dépens.

X I.

*Un Curé primitif n'eft pas tenu de la portion congruë de fes
Vicaires, lorfqu'il ne jouit pas des dimes és Paroiffes
de fefdits Vicaires.*

CEla fut ainfi décidé en la premiere Chambre le 8
Janvier 1694, au procès d'entre les Doyen &
Chanoines de fainte Valbruge de Furnes, transférés à
Ypres, Appellans, & les Abbé & Religieux de faint
Nicolas audit Furnes, Intimés.

Les Comtes de Flandres avoient donné aux Appellans dès l'an 1100, toutes les dîmes des environs, &
cette donation leur avoit été confirmée par plufieurs
Bulles de divers Papes. Environ l'an 1200, Jean I.
Evêque de Therouanne, ayant réuni à l'Abbaye de
faint Nicolas neuf Paroiffes, leur avoit affigné, fans
fpécifier à quel titre, la troifiéme gerbe des dîmes defdites Paroiffes. En conféquence de cet affignation les
Intimés ayant lors prétendu entrer en jouiffance de
ladite portion de dîme, & à cet effet intenté diverfes
actions contre le Chapitre, enfin pour tout terminer
intervint tranfaction entre les Parties l'an 1249, par
laquelle l'Abbé de faint Nicolas céda purement & fim-

plement audit Chapitre tout tel droit qu'il pouvoit prétendre aux dîmes defdites Paroiffes , & moyennant ce l'Abbé jouiroit d'une Prébende dudit Chapitre.

Environ l'an 1656, les Religieux , Curés Defferviteurs defdites Paroiffes , fe trouvant obligés par la pauvreté & défolation des facheux tems de fe pourvoir pour fupplément de portion congruë , avoient attaqué au Confeil de Flandre à Gand lefdits Doyen & Chanoines, comme gros Décimateurs efdites Paroiffes,& les avoient fait condamner audit fupplément. Les chofes dans cet état , le Chapitre avoit agi en garantie contre l'Abbé , difant qu'il étoit Curé primitif & qu'en cette qualité il devoit pourvoir aux néceffités de fes Religieux , Curés Defferviteurs. Que lors de la donation defdites Paroiffes ledit Abbé avoit apparemment été fuffifamment doté pour la compétence de fes Religieux par le tiers des dîmes qui lui avoit été cédé. Que depuis ayant échangé fon droit à la troifiéme gerbe avec une Prébende du Chapitre , dont l'Abbé jouiffoit encore aujourd'hui, cette Prébende lui devoit tenir lieu de compétence en fa qualité de Curé primitif , & à fes Religieux comme Defferviteurs ; & par conféquent qu'elle devoit avant tout être employée à la fubfiftance defdits Religieux Defferviteurs.

L'Abbé convenoit de fa qualité de Curé primitif, mais il foutenoit que n'ayant en cette qualité aucun fonds ni revenu pour l'entretien de fes Religieux, Curés defdites Paroiffes, il n'étoit point tenu d'y contribuer : dénioit abfolument que ladite Prébende lui eut jamais été cédée à titre de portion congruë pour lefdits Defferviteurs ; mais feulement en confidération qu'il auroit renoncé au droit qu'il pouvoit avoir au tiers defdites dîmes , lequel droit il avoit cédé purement & simplement avec les charges y naturellement inhérentes, telle que l'obligation de subvenir aux alimens des Curés, de même qu'en acceptant la prébende il s'étoit tacitement engagé de contribuer *pro ratâ* avec les Chanoines Décimateurs ausdites portions & compétences des Curés.

Et pour ces raisons le Conseil Provincial de Gand ayant débouté le Chapitre de la garantie par lui prétenduë par Sentence du 20 Janvier 1666, il en avoit appellé au Grand Conseil de Malines, d'où l'affaire avoit depuis été évoquée par Requête du 28 Septembre 1680.

La Cour, vu les conclusions du Procureur Général du Roi, sur mon rapport, a mis l'appellation au néant, a ordonné que la Sentence sortiroit effet, & condamné les Appellans en l'amende & aux dépens.

X I I.

Il ne suffit de faire signifier l'Avocat ou Procureur de Partie, pour agir en désertion d'appel.

IL a été réglé de cette sorte en la premiere Chambre le 14 Janvier 1694, sur le fournissement par déboutement entre Daniel Bayart, Impétrant de Lettres d'anticipation, & Robert Nuy & Consors, Défaillans.

L'Impétrant de commission d'anticipation s'étoit contenté de faire signifier l'Avocat Despretz, qui apparemment avoit occupé à Valenciennes pardevant le Juge *à quo* pour les Appellans, tant desdites Lettres d'anticipation, que des défauts obtenus sur icelles ; de sorte que les Appellans n'avoient jamais comparu ni personne pour eux aux jours assignés : pourquoi l'affaire ayant été réglée à fournir, l'Anticipant avoit fourni par intendit.

La Cour, fur mon rapport, a déclaré les fignifications mal & incompétamment faites, a ordonné à l'Anticipant de les faire faire à la perfonne ou domicile des
Appellans, & l'a condamné aux dépens de l'intendit.

XIII.

*Un Curé qui fait bâtir fur le fonds de la Cure de fon pro-
pre mouvement, eft préfumé le vouloir faire à fes fraix
& pour fon plaifir.*

ON en jugea ainfi en la premiere Chambre le 15
Janvier 1694, au procès d'entre Maître Denis
Honnoré, Curé de Dourlers, Appellant, & les Ab-
bé & Religieux d'Aumont, Intimés.

Ledit Honnoré ayant trouvé à fon entrée dans la
Cure de ladite Paroiffe le Presbytere dans un état qui
demandoit des réparations, fit tout jetter à bas de fon
autorité privée ; & enfuite fit bâtir une nouvelle maifon à fa fantaifie fur de nouveaux fondemens, fans in-
terpeller perfonne ni judiciairement ni autrement :
mais quelque tems après il avoit attaqué pardevant le
Prévôt de Maubeuge lefdits Abbé & Religieux,
comme gros Décimateurs en ladite Paroiffe, pour les
obliger de lui rembourfer les fraix & fommes par lui
avancées au bâtiment du Presbytere.

Les Défendeurs difoient que ledit Curé ayant fait
abbatre le vieux Presbytere de fon propre mouvement,
fans interpellation de perfonne, & en ayant fait bâtir
un nouveau à fa mode, lorfqu'il fuffifoit de faire quelques réparations au vieux, étoit cenfé l'avoir fait pour
fa propre fatisfaction & fon plaifir, & par conféquent
l'avoir voulu faire à fes dépens & fans deffein de recours. Pourquoi le Juge ayant débouté le Demandeur
de fes fins & conclufions, il en avoit appellé.

La Cour, vu les conclusions du Procureur Général du Roi, ouï le rapport de M. d'Hermaville, a mis l'appellation au néant, a ordonné que la Sentence sortiroit effet, & a condamné l'Appellant aux dépens à cet égard; ayant ordonné quelque réglement sur d'autres prétentions.

X I V.

Les fruits d'un titre sacerdotal subsidiaire & non patrimonial, ne se peuvent demander que pour l'avenir, & les arrerages en échus ne se peuvent exiger par le Prêtre, ni arrêter par ses créanciers.

CEla fut jugé de cette sorte en la premiere Chambre le 20 Janvier 1694, au différent entre demoiselle Gertrude de Landas, veuve du sieur Luytens, Ecuyer, Appellante, & Antoine Tieffry, demeurant à Tournay, Intimé.

Ledit Tieffry ayant obtenu Sentence de condamnation à la charge de Maître François Hellink pour une somme de 120 flor. qu'il lui devoit, & sçachant que la demoiselle de Landas avoit constitué une rente viagere de 100 flor. par an au profit dudit Hellink pour lui servir de titre sacerdotal, avoit fait saisir entre ses mains le 20 Mars 1693, ce qu'elle pouvoit devoir audit Hellink des arrerages de ladite rente, pour sur lesdits deniers saisis recouvrer ladite somme de 120 florins.

La demoiselle de Landas convenoit que le 8 Mars 1672, à la sollicitation d'Henry Hellink, Clerc à saint Brice, elle avoit constitué une rente viagere de 100 florins au profit de François Hellink, frere dudit Henry, pour procurer sa promotion aux Ordres sacrés. Qu'au moyen de cette rente, que M. Jonart, Archevêque de Cambray, avoit acceptée pour titre dudit

François,

François , il avoit été fait Prêtre. Mais elle difoit qu'elle ne s'étoit obligée à cette rente , que dans l'affurance qu'on lui avoit donnée de n'en rien payer. Qu'en effet ledit Hellink depuis vingt-deux ans ne s'étoit jamais avifé de lui en rien demander. Qu'en tout cas cette rente n'étoit qu'un titre fubfidiaire , pour fubvenir aux alimens du Prêtre & l'empêcher d'être réduit à la mendicité contre la bienféance de l'Ordre Eccléfiaftique , & en ce cas fervir de garantie à l'Ordinaire. Que ces fortes de titres ne produifoient point d'obligation qu'à l'égard du Prêtre , en cas qu'il vînt en néceffité. Que par conféquent ils n'étoient exigibles tout au plus que pour l'avenir , mais jamais pour le paffé : *Quia non vivitur in præteritum.* Qu'ainfi les arrerages échus ne fe pouvoient répéter , & encore moins arrêter par des créanciers du Prêtre.

Au contraire , le Demandeur foutenoit que ladite rente pouvant produire de véritables cours , la fomme des arrerages échus étoit exigible & par conféquent arrêtable , & qu'ainfi il ne reftoit à l'Oppofante qu'à fe purger par ferment de ce qu'elle devoit , ou faire apparoir de ce qu'elle pouvoit avoir payé à compte de ladite rente : à quoi ayant effectivement été condamnée par Sentence des Prévôt & Jurés dudit Tournay du 7 Août 1693 , elle en avoit appellé.

La Cour , vu les conclufions du Procureur Général du Roi , fur mon rapport , a mis l'appellation & Sentence au néant : émendant , a déclaré l'Intimé non fondé ni recevable dans fes fins & conclufions ; en conféquence a fait main-levée à l'Appellante de ladite faifie , a condamné l'Intimé aux dépens de la caufe d'appel & ceux de premiere inftance.

D

X V.

La continuation des guerres qui ont regné au quartier de Flandre depuis 1645 jusqu'en 1694, n'ont pas interrompu le cours de la prescription.

IL fut ainsi déclaré en la premiere Chambre par Arrêt du 22 Janvier 1694, rendu au rapport de M. Hendricx entre Guillaume le Clerc, demeurant à Eſtaires, Demandeur par commiſſion de commandement du 6 Juillet 1680, en vertu de deux cédules, l'une en date du 27 Février 1643, & l'autre du 28 Juin 1646, & les héritiers de Gilles de Sonneville, demeurans à Meris, Châtellenie de Bailleul, Défendeurs.

X V I.

Lorſqu'aux audiences d'un Vendredi il a été ordonné que nouvelle aſſignation ſeroit faite à quinzaine, on peut la faire le même jour pour le ſecond Vendredi ſuivant ; mais il ne ſuffiroit de la faire le lendemain pour ledit ſecond Vendredi.

CEla fut jugé en la premiere Chambre à mon rapport, ſur les concluſions du Procureur Général du Roi, le 23 Janvier 1694, au Procès par intendit entre les Communautés de Marlies, Saint-Sauve & Anzin lez Valenciennes, emprenant le fait & cauſe de Martin Monchicour, & le Procureur du Roi audit Valenciennes, aſſigné.

Il a depuis encore été jugé en la troiſiéme Chambre, au rapport de M. de la Place, le 12 Juillet 1694, au profit de Guillaume d'Helft, Greffier d'Elchin St. Genois, Demandeur par commiſſion ſur Jugement exécutoire du 20 de Janvier 1694, contre la veuve de Guillaume Van Loo,

demeurante à Deynſe, aſſignée & défaillante, & les dé-
fauts accordés les deuxièmes Vendredis, ſur aſſignations don-
nées à quinzaines les premiers Vendredis, furent déclarés
bien & valablement obtenus.

XVII.

1. *Les Arrêts de la Cour confirmatifs de Sentences renduës*
   par des Juges ſubalternes, peuvent néanmoins s'exécuter
   par des Huiſſiers de la Cour.

2. *Un légataire univerſel, ou même d'une partie des meu-*
   bles, eſt chargé des dettes de la maiſon mortuaire pro
   quotâ, *& non d'autres.*

AInſi furent jugées ces deux queſtions en la premiere Chambre le 29 Janvier 1694, entre les
Mayeur & Echevins de la Ville de Tournay du diſtrict
de S. Brice, joint à eux le Procureur Fiſcal de ladite
Ville, Demandeurs, & les Exécuteurs teſtamentaires
de feu Jean Lienard, Intervenans, d'une part, &
Antoine Delmé, Défendeur, d'autre part.

Ledit Défendeur au nom de Marie-Thereſe Feneau
ſa femme, ayant le 19 Novembre 1693, obtenu l'Arrêt dont eſt ci-devant fait mention à la charge des Exécuteurs dudit Jean Lienard, par lequel le tiers des
biens meubles dudit Lienard avoit été adjugé à ſadite
femme, avoit fait ſignifier ledit Arrêt auſdits Exécuteurs le premier Décembre, par Meurillon, Huiſſier
de la Cour, en vertu de commiſſion du Sceau adreſſant
au premier Huiſſier Royal.

Leſdits Mayeur & Echevins, Demandeurs, avoient
pour ce ſujet préſenté Requête le 10 dudit mois de
Décembre, ſe plaignant de ce que le Défendeur auroit
fait mettre en exécution ledit Arrêt par un Huiſſier de

la Cour au préjudice des Sergens de leur Siége , qu'ils
difoient être en poffeffion d'exécuter les Sentences renduës en leurdit Siége en premiere inftance , lorfqu'elles
fe trouvoient confirmées par les Prévôt & Jurés , fuivant les priviléges à eux accordés par les Empereurs :
qu'il en devoit être de même lorfqu'elles étoient confirmées par Arrêt de la Cour ; aufquelles raifons &
moyens lefdits Exécuteurs intervenans adhéroient auffi.

Le Défendeur au contraire difoit que la Cour étant
faifie de la caufe par l'appel interjetté , & y ayant fait
droit par Arrêt , c'étoit à la Cour qu'il appartenoit
d'exécuter fon Arrêt. Que bien que la Sentence fût
confirmée , c'étoit un nouveau Jugement , par où l'appellation étoit mife au néant. Que l'intervention man-
diée du Magiftrat n'étoit qu'un effet de la chicane des
Exécuteurs , qui par ce moyen vouloient différer de
faire part au Défendeur du tiers des meubles à lui adjugé. Que fous ce prétexte ils fe flatoient d'en demeurer longtems les maîtres , le menaçant d'ailleurs de con-
fumer & abforber la totalité des meubles au paiement
des dettes , aufquelles ils vouloient l'affujettir ; quoiqu'en qualité de légataire d'une partie defdits meubles
il n'en dût pas être chargé.

Lefdits Exécuteurs conteftant fur ce chef difoient
que ladite exécution étoit prématurée , qu'on ne pouvoit pas les obliger de donner au Défendeur le tiers
des meubles à lui légués , qu'après avoir payé lefdites
dettes , il n'apparût de la hauteur & valeur defdits biens
meubles ; qu'avant ladite déduction , *non erant bona* ,
felon la définition du Jurifconfulte Paulus , *Leg.* 39 ,
Dig. de verb. fignifi. & par conféquent qu'il venoit pré-
maturément demander le tiers des biens meubles. Que
tout ce qu'ils avoient reçu de la vente des meubles depuis la mort du Teftateur fe trouvoit employé au paie-

ment des fraix funéraires , des dépens des procès qu'ils avoient été obligés de foutenir contre ledit Défendeur, & aux alimens de la niéce du défunt Jean Lienard.

La Cour , vu les conclufions du Procureur-Général du Roi , fur mon rapport , a déclaré lefdits Mayeur & Echevins & les Exécuteurs Intervenans , non recevables ni fondés és fins & conclufions de leur requête du 10 Décembre 1693 , & les a condamnés en la moitié des dépens.

Et faifant droit fur le chef de la conteftation d'entre lefdits Exécuteurs & le Défendeur, a déclaré ladite exécution prématurée avant que la hauteur des biens meubles & réputés pour tels foit arrêtée : pour quoi liquider a renvoyé les Parties pardevant lefdits Mayeur & Echevins , a ordonné qu'en ladite liquidation feroient préalablement déduites les dettes perfonnelles dudit Lienard , les legs particuliers , les fraix des Funérailles , ceux de l'inventaire , de la vente & du compte à en rendre; a cependant déchargé le légat fait au Défendeur des dépens du procès intenté contre lui , & des fraix des alimens & entretiens de la niéce & héritiere du Teftateur , les dépens du débat compenfés.

XVIII.

On ne doit condamner une Partie par défaut à l'accompliffement d'une obligation , fans qu'il paroiffe qu'elle ait été fignifiée du titre avec la demande.

NOus le jugeames ainfi à mon rapport fur les conclufions du Procureur Général du Roi, en la deuxiéme Chambre le 11 Février 1694 , entre les Abbé & les Religieux de faint Martin en cette Ville, Demandeurs par commiffion de commandement du 12

Septembre 1693, pour l'exécution du bail de leurs dîmes au Village de Luyne, & Roger Courouble, Fermier defdites dîmes, Affigné & Défaillant.

XIX.

1. *Les Décimateurs doivent contribuer aux réparations des Eglifes le tiers de leurs dîmes pendant fix ans, ou deux années de fix, y compris les pots-de-vin des baux.*

2. *Mais quelque ruinée que foit une Eglife, les Décimateurs ne font pas obligés de contribuer plus que les revenus de deux années de fix de leurs dîmes pour l'entiere réparation de ladite Eglife.*

LA premiere queftion avoit été jugée au rapport de Mr Jacquerie dès le 31 Janvier 1693, en faveur des Echevins, Affeyeurs & Notables du Village de Noort-Peene, Demandeurs par requête du 25 Février 1690, aux fins d'obliger les Chapitres de Notre-Dame & de faint Pierre à Caffel, de contribuer à la réparation de leur Eglife en qualité de Décimateurs en ladite Paroiffe.

La deuxiéme queftion fut jugée en la deuxiéme Chambre le 12 Février 1694, entre les mêmes Parties. Le tremblement de terre arrivé pendant l'exécution de l'Arrêt précédent avoit donné occafion à la difficulté ; car la Fléche ayant été ébranlée par les fecouffes du tremblement de terre & renverfée fur la Nef de la Paroiffe, elle en avoit fait fondre une partie & caufé un grand dommage.

Cet accident extraordinaire avoit porté les Demandeurs à augmenter leurs conclufions & à demander aux Défendeurs un plus grand fecours que les deux années de fix de la dîme. Ils difoient qu'un nouveau mal exigeoit un nouveau remede, & que cette ruine étant survenuë depuis que les Défendeurs avoient été condamnés à contribuer deux années de six à la réparation des ruines antérieures, ils devoient encore en contribuer deux des six suivantes, ou pour le tout quatre des douze premieres années.

Les Défendeurs disoient que suivant l'Ordonnance de 1613, ils n'étoient obligés de contribuer aux réparations de l'Eglise, que deux années de six des revenus de leur dîme, ou le tiers du revenu pendant les six premieres années, quelques considérables que fussent les réparations à faire. Que si cela ne suffisoit pas, l'Ordonnance indiquoit aux Demandeurs le moyen de trouver le surplus des deniers nécessaires, sçavoir par voie de collecte.

La Cour, vu les Conclusions du Procureur Général du Roi, ouï le rapport de Mr Jacquerie, a déclaré les Demandeurs non fondés dans l'augmentation de leurs conclusions.

X X.

Preuve par témoins ne se reçoit en matiere même de dépôt, lorsqu'elle excede la somme de 300 florins.

CEla fut jugé en la deuxiéme Chambre le 25 Février 1694, entre Jacques d'Oultreman, Cabaretier à Valenciennes, Appellant, & Charles Vitté, Intimé.

Ledit Vitté disoit avoir en 1684, lors du séjour du Roi à Valenciennes, laissé en dépôt audit d'Oultreman un pot de grès rempli d'argent monnoyé; pour la restitution duquel ayant attaqué ledit d'Oultreman le 27 Mai 1693, pardevant le Magistrat de Valenciennes, ledit d'Oultreman avoit dénié que ledit Vitté lui auroit rien donné en dépôt, qu'il ne le lui eût rendu.

Sur quoi les Parties ayant été admifes à preuve par Sentence du 6 Juin fuivant, ledit Vitté s'étoit mis en devoir de faire entendre des témoins, & fur l'oppofition dudit d'Oultreman s'étoit formée la difficulté. Il difoit que la demande dudit Vitté excédant de beaucoup la fomme de 300 florins, on n'en devoit point recevoir la preuve par témoins, conformément à la difpofition de l'Edit perpétuel de 1611, *art.* 19.

Vitté difoit que la matiere de dépôt fait en Hôtellerie étoit notoirement exceptée de la rigueur des Edits à ce fujet. Que tel étoit le fentiment d'Argentré, de Charondas, & autres Gloffateurs de l'Ordonnance de Moulins, qui avoit à peu près réglé la même chofe que l'Edit perpétuel. Qu'il avoit été ainfi décidé par plufieurs Arrêts rapportés par Perault & Charondas, & entre autres par Arrêt du Parlement de Paris du 25 Octobre 1582, rapporté par M. Louet, *lettre D, Arrêt* 33. Que la preuve par témoins n'étoit refufée, lorfqu'il s'agiffoit de découvrir la perfidie & le dol des dépofitaires, *quod eft genus Latronum furatiffimum.* Qu'Anfelmo, Commentateur de l'Edit perpétuel, le déclaroit ainfi *diƈto art.* 19, §. 34, & pour raifon de ce il dit : *Quod alioquin nutrirentur & foverentur circumventiones, impofturæ & omnis generis technæ.*

D'Oultreman au contraire, difoit que le dépôt fait par Vitté, n'étoit point un dépôt néceffaire & privilégié, tel que ceux dont les Loix chargent les dépofitaires fur le dire des dépofans & des témoins. Que le dépôt en queftion étoit entierement volontaire, dans lequel Vitté avoit fuivi fa foi, & fur la reftitution duquel il devoit de même s'en rapporter à fa bonne foi, & par conféquent que la preuve par témoins n'étoit recevable. Qu'il avoit ainfi été jugé par Arrêt du Parlement de Paris du 28 Juin 1599, rapporté par le même

Louet

Louet *ibid.* & qu'il y avoit eu du particulier dans l'Arrêt ci-devant cité réfultant de la qualité des Parties. Qu'admettre en cette matiere la preuve par témoins, c'étoit également favorifer le dol & la perfidie des méchans, puifqu'il n'y avoit pas moins de fraude à répéter un dépôt qu'on n'avoit point donné, comme à dénier celui qu'on a reçu, comme remarque bien Brodeau fur lefdits Arrêts. Mais nonobftant ces raifons ledit Magiftrat ayant par Sentence du 17 Juillet dudit an 1693, admis ledit Vitté à vérifier par témoins fes prétentions, d'Oultreman en avoit appellé.

La Cour, ouï le rapport de M. Hendricx, a mis l'appellation & Sentence au néant; émendant, a déclaré ledit Vitté non recevable ni fondé à faire preuve par témoins du dépôt prétendu, & l'a condamné aux dépens.

XXI.

Selon les Ufages du Pays provifion ne s'accorde fur cédules furannées de dix ans.

ON le régla ainfi en la deuxiéme Chambre par Arrêt rendu le 5 Mars 1694, au rapport de M. de Roubaix, entre Marie-Marguerite Grau, Demandereffe par requête du 23 Février 1693, en vertu d'un billet du 31 Mai 168a, & Henry Thery, Huiffier de la Cour, Oppofant.

XXII.

On ne doit demander qu'une chofe foit déclarée fidéicommifcée ou fubftituée avant l'ouverture du fidéicommis.

CEla fut ainfi déclaré par Arrêt rendu en la deuxiéme Chambre le 6 Mars 1694, au différent d'entre le fieur de Madre, Ecuyer, Confeiller-Secrétaire du Roi en la Chancellerie près la Cour, & Confors,

Demandeurs, & le fieur de la Hamaïde, Ecuyer, fieur de Soubrechies, Défendeur.

Les Demandeurs avoient d'abord prétendu part dans la maifon occupée par le Défendeur à Tournay : mais ayant depuis reconnu par l'ouverture & communication du teftament de feu le fieur de la Hamaïde, Procureur Général de la Cour, fon pere, en date du 20 Juin 1684, que ladite maifon lui avoit été donnée & affignée pour égalifer fon lot au port de mariage de fes fœurs, femmes des Demandeurs, ils avoient par écrit du 12 Janvier 1694, reftreint leurs conclufions, à ce qu'il fût déclaré que ladite maifon étoit liée de *fidéicommis* par ledit teftament.

Il eft vrai que la claufe étoit claire & expreffe ; mais le Défendeur difoit que leur demande étoit prématurée, qu'ils n'étoient quant à préfent Parties compétentes pour faire déclarer que ladite maifon étoit chargée de *fidéicommis*, & que telles prétentions n'étoient recevables, tandis qu'il n'y avoit point d'ouverture du *fidéicommis*, comme au cas préfent, que l'Oppofant vivoit encore & avoit des enfans.

La Cour, ouï le rapport de M. d'Hermaville, a déclaré les Demandeurs non recevables quant à préfent à prétendre ladite déclaration, & les a condamnés aux dépens.

XXIII.

1. *Un Cohéritier ne peut être contraint par les autres d'intervenir és procès qu'ils veulent intenter pour la fucceffion.*

2. *Et il n'eft pas obligé de contribuer és frais des procès, que fes Cohéritiers ont foutenus fans fon intervention, foit qu'ils aient gagné ou perdu.*

LE même jour que devant furent auffi jugées en la deuxiéme Chambre les deux queftions ci-deffus entre ledit fieur de Madre & Confors, Demandeurs,

& Pierre de la Hamaïde, Ecuyer, fieur de Warnave, Défendeur.

Les Demandeurs ayant fait condamner le fieur de Soubrechies par les Arrêts des 9 & 10 Janvier 1693, à leur laiffer fuivre leur part dans la Cenfe du Croquet, leur en reftituer les fruits perçus, à rendre à chacun les titres concernans fon lot de la fucceffion de leur pere, & à partager le refte des biens impartis, dans la pourfuite defquels procès le Défendeur n'étoit point intervenu comme Partie, mais feulement comme Sol-liciteur, & dont cependant il prétendoit également profiter comme les Demandeurs, fans rien contribuer aux fraix & dépens des procédures; lefdits Deman-deurs, par placet du premier Avril 1693, avoient at-taqué le Défendeur, & conclu à ce qu'il fût condamné d'intervenir aux fraix communs dans toutes les inftan-ces que les Demandeurs foutenoient encore contre le fieur de Soubrechies, & de contribuer aux fraix des inftances finies à concurrence de fa part ; puifqu'en fai-fant l'avantage commun des cohéritiers, chacun pou-voit demander l'indemnité de ce qu'il avoit été obligé d'expofer pour l'interêt de tous, *cum non bona dicantur nifi deducto ære alieno & expenfis ;* les Loix ayant pour ce fujet inftitué diverfes actions : *Negotiorum geftorum, pro focio, de communi dividundo, familiæ ercifcundæ.*

Le Défendeur difoit qu'il n'avoit jamais intervenu dans les procès vuidés. Que les Arrêts ne faifoient pas même mention de lui en aucune maniere dans les qua-lités des Parties. Que les Demandeurs avoient agi pour leur part feulement, & non pas *communi nomine.* Que lui Défendeur agiroit en particulier contre le fieur de Soubrechies quand il le trouveroit bon. Que l'Arrêt rendu en faveur des Demandeurs ne l'exemtoit pas non plus d'avoir un procès contre le fieur de Soubrechies. Que cet Arrêt n'étoit qu'un moyen, non pas un titre à son avantage. Quant aux instances non décidées, le Défendeur soutenoit n'être obligé d'y intervenir, disoit qu'il avoit de grandes raisons pour ne pas se joindre aux Demandeurs, que leur Société auroit pour lui des conséquences trop préjudiciables.

La Cour, ouï le rapport de M. d'Hermaville, a déclaré les Demandeurs non recevables ni fondés dans les deux chefs de leurs conclusions, & les a condamnés aux dépens.

XXIV.

1. *Les Conseillers du Parlement de Tournay, qui ont été obligés de quitter leur Patrie par leur promotion à cette dignité, conservent non-seulement les honneurs & les priviléges de leur ancien domicile; mais ils sont toujours réputés vouloir se conformer aux Loix, Us & Coûtumes de leur origine.*

2. *Mais si contractant Mariage à Tournay, ils stipuloient en cas de prédécès des avantages en faveur de leurs veuves par rapport à la Coûtume dudit lieu, on devroit s'y conformer pour l'exécution desdites conventions.*

CEs deux importantes questions furent jugées, les Chambres consultées le 19 Mars 1694, au procès d'entre les Tuteurs des enfans mineurs de feu Messire Adrien Mondet, Conseiller de la Cour, Demandeurs, & dame Marie-Anne Scorion, sa veuve, Défenderesse.

Ledit sieur Mondet étoit originaire de Courtray, il s'y étoit marié deux fois, & de son deuxiéme mariage il avoit eu un garçon. Ayant été élevé à la Charge de Conseiller de Tournay, il y avoit transporté sa famille; depuis après la mort de sa deuxiéme femme, il avoit épousé en troisiémes noces la dame Défende-resse : il lui avoit accordé par contrat de mariage la liberté de renoncer à la communauté, de se tenir à son port de mariage & douaire conventionnel, renon-çant à cette fin à toutes Coûtumes contraires. En con-séquence desdites clauses, immédiatement après la mort dudit sieur Mondet, ladite dame avoit par-mise de fait, suivant les Usages & Coûtumes de Tournay, pris des assurances sur les effets & biens de feu son mari, & renonçant à la communauté, avoit déclaré de se tenir à son port de mariage, douaire & conven-tions nuptiales.

Contre ces prétentions les Tuteurs des enfans de feu le sieur Mondet s'étoient opposés par requête du 7 Décembre 1693, ils soutenoient que ladite veuve n'é-toit aucunement privilégiée pour les conventions con-formément à la Coûtume de Courtray, selon laquelle ils disoient que devoit se régler la maison mortuaire dudit sieur Mondet, & même qu'elle étoit héritiere nécessaire de feu son mari selon ladite Coûtume, & par conséquent chargée de toutes les dettes & obliga-tions du defunt. Qu'il étoit de maximes du Conseil de Malines, auquel le Parlement de Tournay avoit été subrogé, que les Conseillers qui y étoient appellés d'ailleurs, n'étoient pas réputés pour cela changer de domicile, mais qu'ils en acqueroient seulement un nouveau ; parce qu'ils étoient toujours censés être à la suite du Prince, indifférens à tout autre domicile que celui de la patrie. Que cette Jurisprudence étoit conforme à l'interprétation que tous les Docteurs donnent à la réponse faite par les Empereurs Valentin, Théodose & Arcade au Sénat, rapportée *Leg.* 8, *Cod. de incolis* ; par laquelle bien qu'il soit décidé que *Sena-tores in sacratissimâ urbe domicilium habere videntur, co-*

pendant selon l'explication du Jurisconsulte Paulus, *Leg.* 11, *Dig. de Senatorib.*, il est expressément déclaré que : *Ibi undè oriundi sunt domicilium habere intelliguntur, quia dignitas domicilii adjectionem dedisse potiùs videtur quàm permutasse :* comme remarque Peckius, *Lib.* 4, *de Testam. conjug. Cap.* 35, où il dit que bien que par les troubles le Conseil de Malines eût été transféré à Namur, cependant les Conseillers qui s'y étoient transportés n'avoient point changé leur domicile en changeant de demeure. Que Costallius disoit qu'il se jugeoit ainsi vulgairement dans tous les Parlemens de France. Que Brodeau sur Louet, *lett. I,* en rapportoit divers Arrêts rendus au sujet des maisons mortuaires d'Officiers du Grand Conseil, & d'Officiers de la Cour, du partage desquelles il s'agissoit. Que par ces Arrêts il avoit été décidé que les maisons mortuaires desdits Officiers ne devoient pas se régler selon les maximes de la Ville de Paris, ou de la résidence de la Cour, mais selon le domicile d'origine desdits Officiers.

Ladite veuve au contraire disoit qu'il y avoit quatorze ans que le sieur Mondet avoit quitté Courtray pour venir résider à Tournay. Que depuis il s'y étoit marié & par contrat de mariage s'étoit obligé selon la Coûtume de Tournay, ayant même renoncé en faveur des conventions matrimoniales à toute autre Coûtume. Elle ajoutoit qu'elle ne s'étoit engagée & donnée audit sieur Mondet qu'en considération desdites clauses & stipulations, sans quoi elle ne se seroit jamais résoluë de l'épouser. Qu'elle convenoit qu'un Conseiller par sa dignité ne perdoit pas son domicile & qu'il s'en acqueroit un nouveau ; mais que cela s'entendoit quant aux honneurs & priviléges, & non pas pour la destruction des obligations qu'il contractoit dans son second & nouveau domicile. Que d'ailleurs les

Loix ordonnoient dans ces cas, où il s'agiſſoit de décider quelles Coûtumes on devoit ſuivre pour la diverſité des domiciles d'une même perſonne, qu'il falloit examiner l'intention de ladite perſonne, & obſerver s'il n'avoit pas fait choix de l'un plûtôt que de l'autre, ſur tout dans les principales actions de la vie. Que ſur ce pied il étoit ſans doute que la maiſon du défunt le ſieur Mondet devoit ſe régler ſelon l'Uſage de Tournay, y ayant accepté une Charge importante qui l'obligeoit d'y fixer pour toujours la demeure, s'y étant marié à une demoiſelle de Tournay, y ayant ſtipulé les clauſes de ſon contrat conformément aux diſpoſitions de la Coûtume de Tournay, *tit. de douaire*, avec expreſſe renonciation à tous autres Uſages & Coûtumes contraires; par où l'on ne pouvoit pas marquer un choix plus formel de ſon domicile, ce qui ſe trouvoit enfin conſommé par la mort dudit ſieur Mondet ſurvenuë audit Tournay.

La Cour, vu les concluſions du Procureur Général du Roi, ouï le rapport de M. Poilet, a déclaré que la Défendereſſe étoit bien fondée de prétendre l'execution de ſes conventions matrimoniales, ſans pour ce être tenuë aux dettes de la maiſon mortuaire dudit Conſeiller Mondet conformément à la Coûtume de Tournay, ſans préjudice neanmoins aux droits acquis par les mineurs des Demandeurs, leſquels ont été condamnés aux dépens à cet égard.

X X V.

Un mineur pourſuivant l'entérinement de Lettres de reſtitution en entier d'avoir apprehendé une ſucceſſion, doit faire intimer tous les creanciers intereſſes.

IL fut ainſi jugé contradictoirement par la premiere Chambre, ſur le partage de la ſeconde, le 24 Mars 1694, entre Charles-Hubert de la Motte, Ecuyer, Im-

pétrant de Lettres de reftitution en entier du premier
de Juillet 1693 , contre l'appréhenfion de l'hérédité
de fa mere , & Michelle Baes , veuve du fieur de Pen-
teville , Oppofante.

La Cour , vu les conclufions du Procureur Général
du Roi , fur mon rapport , avant de faire droit fur ledit
entérinement , a ordonné à l'Impétrant de faire intimer tous les créanciers , pour iceux ouïs , être procédé
ultérieurement comme de raifon , dépens refervés.

XXVI.

Touchant les reliefs précis reçus en Haynaut.

IL n'y a que le Parlement dans la partie du Haynaut
qui eft de fon reffort , qui foit compétent d'accorder les reliefs précis , comme repréfentant feul la fou-
veraine Cour de Mons & le fouverain Bailli du Haynaut. Le relief précis eft un fecours que les Chartres
du Haynaut accordent aux Parties plaidantes par fimple apoftille fur leur requête , pour être relevées de
toutes fautes & omiffions faites au procès , pour alléguer faits nouveaux , changer de conclufions , produire titres &c. Et par le moyen duquel les Parties condamnées par forclufion & contumace , peuvent dans
les dix jours de la fignification des Sentences & Jugemens revenir & fe pourvoir contre iceux.

Il y a eu de la difficulté , fçavoir fi l'on devoit recevoir les gens du Haynaut plaidant à la Cour à fe pourvoir par cette voie contre les Arrêts y rendus , & le 7
de Mai 1694, il fut jugé à mon rapport dans la feconde
Chambre , que cela ne devoit pas fe faire fur la requête
préfentée par Meffire Eugene de Sainte-Aldegonde ,
Baron de Bours & de Rieulay. Il difoit que le troifiéme
d'Avril

d'Avril dernier il étoit intervenu Arrêt contre lui , fur déboutement de fournir ; ce qu'il avoit été empêché de faire par la continuation de fes maladies , qui ne lui avoient pas permis de pouvoir donner à fon Procureur les inftructions néceffaires ; duquel Arrêt il n'avoit été fignifié que depuis neuf jours. Caufe qu'il requeroit la Cour de le vouloir rétablir au même état que devant l'Arrêt , par voie de relief précis , conformément aux Ufages & Coûtumes du Haynaut.

La Cour , vu la réfolution prife par la Compagnie le 17 Mai 1693 , de fe conformer aux Coûtumes & Chartres du Pays & Comté de Haynaut pour la décifion du mérite & du fond des procès de ladite Province , mais de fe régler fuivant le ftyle de la Cour pour l'inftruction & ordination defdits procès , déclara que ce qui fe requeroit ne pouvoit s'accorder.

Depuis la Jurifprudence ayant varié , on s'eft enfin fait une maxime d'accorder des reliefs précis contre les Arrêts rendus par contumace contre gens du Haynaut ; la Cour ayant eftimé être équitable d'avoir la même facilité à relever les Défaillans fuivant les Chartres dudit Pays , chap. 79 , art. 10 , qu'on a à les condamner fuivant les mêmes Chartres , chap. 78 , art. 23. Et cela à l'occafion d'un certain Philippe Bentignies , demeurant à Saint-Pithon , contre lequel Henry Carbon , demeurant à Maubeuge , ayant obtenu condamnation fur contumace par Arrêt du 2 Juillet 1699 , ledit Arrêt lui ayant été fignifié le 20 Octobre fuivant , il fe pourvut à la Cour par requête le 30 dudit mois dans les 10 jours prefcrits pour fe pourvoir par voie de relief précis , & après la huitaine écoulée dans laquelle on peut fuivant l'Edit du mois de Mars 1674 , fe pourvoir par fimple requête contre les Arrêts.

La Cour , au rapport de M. Odemaer , en la troifiéme Chambre , les autres confultées , accorda le relief demandé.

F

XXVII.

1. Un fidéicommis universel n'est pas censé lier la légitime, si elle n'est spécialement comprise.

2. Un testament n'est pas nul, pour avoir été reçu par un Juge qui se trouve parent du Testateur, & même légataire & fidéicommissaire.

3. Un testament n'est pas précisément nul faute de date lorsqu'il conste de la volonté du Testateur.

CEs trois points furent jugés le 13 Mai 1694, par Arrêt rendu en révision de 26 Juges ; sçavoir, 8 étrangers & 18 de la premiere & de la deuxiéme Chambre.

Il s'agissoit au procès de la validité du testament de Dame Jeanne Hardy , veuve du sieur Pesin , par lequel elle avoit substitué son bien à ses freres & sœur en cas que son fils vint à décéder sans hoirs ; au préjudice de laquelle clause de substitution sondit fils Alexandre Pesin , sieur du Hameau, avoit par testament du 30 Septembre 1670, disposé de tout son bien au profit de dame Marguerite-Pierre le Moyne, sa femme, dont il n'avoit laissé aucuns enfans à sa mort arrivée le 15 Août 1688.

Pourquoi lesdits freres & sœur de la Testatrice, ou plutôt leurs enfans, par requête présentée le 30 Septembre suivant au Magistrat de Valenciennes, domicile des Parties , avoient demandé les biens à eux dévolus en vertu de la substitution qui se trouvoit ouverte en leur faveur , & avoient conclu à la restitution des fruits en perçus depuis la mort dudit sieur du Hameau ; auxquelles conclusions ladite le Moyne, sa veuve & héritiere testamentaire d'icelui, s'étoit opposée.

Elle convenoit affez de la claufe de fubftitution, mais elle difoit que le teftament par lequel elle étoit ordonnée, étoit nul, & ce pour deux raifons. La premiere, parce que ledit teftament ne fe trouvoit pas réalifé par un nombre compétent de Juges aux termes de la Coûtume de Valenciennes, qui requiert qu'il foit reçu & paffé pardevant deux Echevins : ce qui doit s'entendre de deux Echevins qualifiés, c'eft-à-dire, Juges indifférens au contrat qu'ils paffent, & qui n'aient aucun interêt au teftament qu'ils reçoivent : au lieu que ledit teftament fe trouvoit écrit de la main de Pierre le Preux, & paffé & reconnu pardevant lui & Jean Muret feulement, en leurs qualités d'Echevins de ladite Ville ; quoique ledit le Preux fût neveu de la Teftatrice, & intereffé dans ladite fubftitution qui étoit faite au profit de fa mere & de fes oncles ; & que d'ailleurs ledit le Preux s'étoit lui-même adfcrit un légat, ce qui rendoit ledit teftament nul conformément au réglement de l'Edit perpétuel, *art.* 13, ou du moins induifoit une forte préfomption contre ledit teftament d'avoir été fuppofé ou fuggéré. La feconde raifon étoit, que le teftament étoit fans date ; ce qui emportoit une nullité abfoluë felon les Loix & au fentiment des Auteurs les plus graves. Que l'Empereur Juftinian, *Nov.* 47, prefcrivant la maniere dont on devoit pourvoir à la fûreté & mémoire des actes publics, ordonnoit : *Ut præfcribatur quidem Imperium, fequatur verò Conful & indictio atque menfis & dies fecundùm quam geruntur & confcribuntur quæ aguntur.* Que le même Empereur, *Nov.* 107, en même-tems qu'il exemtoit les teftamens faits par les peres entre leurs enfans des folemnités requifes pour les autres teftamens, déclaroit fur tout & en premier lieu que lefdits teftamens devoient être conftans par leur date : *Volumus ut Tefta-*

tor primum quidem ejus subscriptione tempus declaret. Que par ce même esprit l'Empereur Constantin, *Leg.* 4, *Cod. de diversis rescript.* vouloit que, *si qua beneficia personalia sine die & consule fuerint deprehensa, authoritate careant.* Que les Docteurs avoient suivi cette Jurisprudence des Loix Romaines, & tenu que dans les actes judiciaires, principalement en matieres importantes, comme de testament, il étoit nécessaire *quod appareat de tempore ; quia ratum esse debet, quod est ultimum*, dit le Président Everard, *ad Leg. ultim. Cod. de Testam.* Que Charondas, *Resp.* 49, Christin, *Decis.* 29 & 64, étoient de même sentiment. Que les Cours souveraines s'étoient conformées à cette doctrine par leurs Arrêts ; comme celle de Toulouse par les Arrêts rapportés par Despeisses, *Traité des success. testament.* & Malines, au rapport de Stockmans, *Decis.* 21. Qu'enfin la raison, plus forte que les Loix & que les sentimens des Auteurs, le vouloit ainsi ; puisque comme remarque Jean-Marie Ricard, *Traité des donat. part.* 1, *chap.* 5, *sect.* 7, on ne peut sçavoir au vrai si le Testateur étoit suffisamment âgé, s'il étoit sain d'esprit, & si les témoins étoient capables, lorsque le testament a été passé, si l'on ne sçait précisément le tems auquel il a été fait. Qu'en un mot, toutes les circonstances & présomptions de fraude, dol, fausseté & suggestion, que les héritiers *ab intestat* avoient droit de proposer, dépendoient particulierement de la date. En tout cas, l'Oppposante soutenoit que ladite substitution ne pouvoit opérer à l'égard de la légitime de son mari, qui n'ayant pas été expressément liée, étoit présumée libre ; ainsi qu'il avoit été souvent décidé par Arrêts des Parlemens de Tournay & de Malines.

Les Demandeurs au contraire soutenoient que le testament étoit bon & valable. Que tout ce que la Défenderesse avoit allégué de Loix pour la nécessité de la date, ne concernoit au plus que les actes faits sous seing privé, & non les instrumens passés sous la bonne foi d'une autorité publique, tel que le testament dont étoit question : *Quæ constanter judicavimus valere*, dit Stockmans, *Decis. 10, licèt destituantur iis solemnitatibus, quas præscripsit Edictum perpetuum* : parce que, ajoute-t-il ensuite, l'autorité publique dont ils sont munis, *privatas cautiones omnes superat*. Que ce que l'Empereur Justinian avoit prescrit pour la date des testamens, *Nov. 107*, étoit plûtôt par forme de conseil que de précepte, pour ôter tout prétexte de difficulté : *Ut litteræ undique claræ & indubitatæ consistant, & ita omnia sint declarata ut nullam ulterius contentionem filiis derelinquant* ; à peu près comme ce qu'il insinuë ensuite, *Cap. 3 : Ut pater filios evocans faciat subscribere divisionibus & ratas eas judicare.* Ce qu'on ne sçauroit jamais regarder pour une Loi. Que bien loin que ce fût un sentiment reçu des Auteurs, que le défaut de date rendoit un testament nul ; au contraire la meilleure partie des Auteurs n'exigeoit la date dans les Testamens, que lorsqu'il y avoit de l'incertitude pour la pluralité des testamens : mais que lorsqu'il n'y en avoit qu'un, & qu'il constoit suffisamment de la volonté du Testateur, ils convenoient tous que la date n'étoit point essentielle, comme Julius Clarus, Faber, Immola, Baldus, & Cravetta, *Consil. tom. 1, Conf. 347, n. 3,* qui dit que c'est un usage universellement reçu par toute la France, *indictionis non habetur ratio in terris Galliæ.* Que les Arrêts étoient conformes à cette doctrine au rapport de Despeisses, *Traité des succeff. testam. sect. 14, n. 10,* qui dit avoir été ainsi jugé à Bourdeaux l'an 1573, & à Toulouse en 1627. Que selon A Sande, *Decis. lib. 4, tit. de testam. defin. 9,* telle étoit aussi la

Jurifprudence du Pays, fuivant laquelle il dit qu'il auroit ainfi été jugé en la Cour de Frife, pour un cas
tout pareil le 23 Décembre 1609 : *Refciffâ inferioris Ju-*
dicis fententiâ, conformément à la décifion du Jurifconfulte Scœvola, *Leg.* 34, §. 1, *Dig. de pignor. &*
hypoth. où il réfout : *Non idcircò obligationem pignorum*
ceffare quod dies & confules additi vel tabulæ fignatæ non
fint. Qu'à la rigueur on ne pouvoit pas même dire que
le teftament dont il s'agiffoit fût fans date, puifqu'il
étoit conftant par la fignature des Echevins, qu'il étoit
de l'an 1654, & environ du 16 Mars dudit an, par re-
lation au Codicille dudit jour, qui faifoit mention dudit Teftament & pour ainfi dire le ratifioit : ce qui feul
étoit fuffifant pour foutenir qu'il apparoiffoit de la date
du teftament : *Hæc enim omnia propter vim relationis va-*
lent tanquam in ipfo teftamento fcripta, dit Stockmans,
Decif. 12, *n.* 2, à l'exemple de ce qui eft décidé *Leg.*
38, *Dig. de condit. & demonftrat.*

Qu'il n'importoit pas que la Teftatrice eût fait écrire
fon teftament par le fieur Pierre le Preux fon neveu,
dont la mere étoit fidéicommiffaire & lui-même légataire ; car on convenoit que ledit le Preux étoit mort
avant la Teftatrice, & qu'ainfi le légat étoit devenu
caduc. Que d'ailleurs l'Edit perpétuel ne défendoit pas
aux héririers prochains de s'adfcrire quelque chofe dans
un teftament, fuivant l'interprétation d'Anfelmo, *art.*
11, 12 & 14. Qu'il étoit encore moins défendu qu'un
Echevin ne pût recevoir en fa qualité d'Echevin le teftament d'une perfonne, parce qu'il lui feroit parent :
que l'ufage étoit formellement contraire à Valenciennes. Qu'en tout cas la Défendreffe ne pouvoit pas dif-
convenir que la volonté de la Teftatrice ne fût inconteftable par fa fignature : qu'elle avoit été reconnuë
telle par fon mari, lequel avant fon mariage, tandis que

rien n'avoit corrompu sa liberté & l'obéiffance filiale qu'il devoit aux volontés de fa mere, avoit pendant plus de 16 ans approuvé & exécuté ledit teftament, en contractant de concert avec les Exécuteurs, entendant leurs comptes & paffant par fes apoftilles les recettes & mifes conformément au prefcrit dudit teftament. Qu'il n'avoit jamais reclamé contre ledit teftament, ni témoigné vouloir fe faire relever de ladite fubftitution : que ce n'étoit que depuis fon mariage, que par les importunités de fa femme il en auroit autrement agi, tachant de faire paffer dans la famille étrangere de fa femme un bien, que fa mere avoit fouhaité de conferver dans la fienne.

Suivant ces principes le Magiftrat de Valenciennes, par Sentence du 29 Mai 1690, avoit déclaré les Demandeurs bien fondés dans leurs fins & conclufions, fauf à la Défendereffe d'agir pour recouvrement de la légitime de fon mari ; dont ayant appellé & relevé fon appel par commiffion du 3 Juin dudit an, ladite Sentence avoit été réformée par Arrêt rendu le 15 Mars 1691, au rapport de M. de Mullet, les Demandeurs déboutés & condamnés aux dépens ; dont ils avoient intenté révifion.

La Cour, ouï le rapport de M. Jacquerye, a déclaré erreur être intervenuë dans l'Arrêt du 15 Mars 1691, & faifant droit fur l'appellation interjettée de la Sentence renduë le 29 Mai 1690, a mis ladite appellation au néant, a ordonné que ladite Sentence fortira effet, fauf à l'égard de la légitime dudit Alexandre Pefin, que la Cour a adjugée à la Défendereffe à liquider, a condamné ladite Défendereffe en trois quarts de tous les dépens, l'autre compenfé, fauf ceux difpofés par l'Edit des révifions du mois d'Avril 1688, a ordonné que la fomme confignée par les Révifans pour l'amende leur fera reftituée.

XXVIII.

On releve quelquefois une Partie déboutée de faire preuve ultérieure testimonielle , même après publication d'enquête & signification de celle de l'Partie adverse , en jurant qu'elle n'en a pris aucune connoissance.

NOus le jugeames ainsi en la deuxiéme Chambre le 18 Mai 1694, sur l'incident meu au procès d'entre Mr le Baron d'Avelin & Confors, Impétrans de requête civile, contre la Dame Baronne d'Avrincourt & ses enfans, Oppofans.

Le procès au principal entre les Parties étant en termes de preuve, les Oppofans après avoir fait débouter les Impétrans d'enquête ultérieure, & avoir obtenu ouverture de celles faites, avoient fourni leurs reproches contre l'enquête des Impétrans, & les leur avoient fait fignifier avec copie de leur propre enquête, pour qu'ils n'en prétendiffent caufe d'ignorance ; & les avoient enfuite fait débouter de reproches & falvations.

Les chofes en cet état les Impétrans avoient obtenu Lettres de requête civile pour être relevés defdits déboutemens, & ayant préfenté Placet aux fins de les faire entériner, les Oppofans avoient déclaré y confentir pourvu obferver l'Edit perpétuel, c'eft-à-dire, à condition que les Impétrans attendu la publication des enquêtes ne pourroient point faire entendre d'autres témoins. Les Impétrans foutenoient qu'ils pouvoient encore le faire ; parce que nonobftant la fignification à eux faite, ils n'avoient jamais pris directement ni indirectement connoiffance defdites enquêtes, fur quoi ils offioient de l'affirmer ainfi par ferment, conformément au prefcrit de l'Ordonnance de Juftinian, *Nov.* 90.

90 , qui veut *petitam produ&ionem teftium dandam , primitus Sacramento dando ab eo qui petit , quòd neque fubtraxit , neque percun&atus eft teftationes , neque ipfe , neque aliquis advocatorum ejus , neque aliquis pro eo agens.* Que cette grace leur devoit d'autant moins être refufée, que les Oppofans, contre le ftyle & les réglemens de la Cour, leur avoient fait fignifier à perfonne leur enquête, pour les furprendre & les empêcher de fe pouvoir faire relever du déboutement de preuve ultérieure ; que ce dol ne leur pouvoit pas préjudicier. Qu'il ne fuffifoit pas que *publicata effent teftimonia ;* mais qu'il falloit auffi qu'ils fuffent *didicita. Auth. atqui femel, Cod. de probat.* pour les exclure d'ultérieure preuve & ne pouvoir être relevés de femblable déboutement. Que ce qui les avoit empêchés d'agir & de fe faire plûtôt relever contre la pourfuite irréguliere des Oppofans, étoit la fufpenfion des Procureurs qui fe trouvoient interdits par Edit du Roi.

Les Oppofans au contraire difoient que leur procédé ne contenoit rien d'irrégulier, qu'il étoit même conforme aux réglemens du Code civil. Que ce n'avoit été que pour obvier aux longueurs que les Impétrans affe&oient en traînant depuis plus de fix ans leur enquête, qu'ils leur avoient fait fignifier copie de leur propre enquête, après l'ouverture & la communication qui en avoit été accordée. Qu'ils ne la leur avoient fait fignifier à perfonne , que parce que pour la fufpenfion des Procureurs, ils ne fçavoient où, ni à qui la faire ailleurs fignifier.

La Cour, ouï le rapport de M. de Roubaix , a entériné les Lettres de requête civile obtenuës par les Impétrans aux fins de pouvoir faire ultérieure preuve, en affirmant par ferment qu'eux, leurs Avocats, Procureurs, ni autres perfonnes interpofées, n'ont pas pris

lecture ni connoiſſance des copies d'enquête à eux ſig-
nifiées, dépens reſervés.

XXIX.

1. *Les circonſtances peuvent faire qu'on ajoute plus de foi à
deux témoins inſtrumentaires, qu'aux deux Notaires qui
ont paſſé l'aĉte, ſur tout s'il y a inſcription de faux formée contre l'aĉte.*

2. *Un teſtament où il ſe trouve un aĉte de faux, ne peut
ſubſiſter, & eſt nul pour le tout, ſi le faux concerne les
ſolemnités eſſentielles.*

ON en jugea ainſi en la troiſiéme Chambre le 26
Juin 1694, au procès d'entre Pierre Heren, Martin & Baudine Trigault, Appellans, & Maître Phili-
bert-Louis Trigault, Prêtre, Chanoine de la Collégiale de ſaint Amé à Douay, Intimé.

Il s'agiſſoit du teſtament de la nommée N. Heren,
dite Sœur Anne, laquelle avoit diſpoſé de tous ſes
biens, qui étoient aſſez conſidérables, en faveur des
pauvres de la Ville de Douay, à l'excluſion des Appellans ſes légitimes héritiers & pauvres. Deſquelles
fondations elle avoit fait le Défendeur Exécuteur &
Directeur ſans charge de compte, & après la mort dudit Défendeur, ceux qu'il auroit voulu dénommer à
ce ſujet.

C'étoit le Défendeur qui avoit couché par écrit tout
ledit teſtament, & même formé l'acte de la maniere
que le devoient paſſer les Auditeurs ; il n'y manquoit
que le nom des témoins dont il falloit remplir le blanc
& la date. Par cet acte il étoit énoncé, *que le 16 Mai
1681, la Teſtatrice avoit porté ſon teſtament chez le nommé
Deſruelle, Auditeur Royal, où étoit auſſi George Everard,*

auſſi Auditeur Royal ; qu'elle leur avoit préſenté ſondit teſta-
ment & les avoit priés de vouloir bien le paſſer ſans le lire,
& ce en préſence de deux témoins Jean-Joſeph Barbé &
Jean-François Mattelin, leſquels l'auroint ſigné de ce re-
quis, comme la Teſtatrice, qui auroit fait ſa marque : après
quoi leſdits Auditeurs l'auroient paſſé.

Cependant leſdits deux témoins ſoutenoient qu'il en avoit été tout autrement, & diſoient qu'au commencement d'Avril 1681, la Teſtatrice ſeroit venuë chez la veuve Lannoy, où eux étudians lors en Philoſophie demeuroient. Que la Teſtatrice auroit prié ladite de Lannoy de les appeller pour ſigner un papier ; que ſur le refus qu'ils en faiſoient, ladite Teſtatrice leur avoit dit : *Signez hardiment, c'eſt mon teſtament* : ce qu'ils firent à la priere que leur en fit auſſi ladite de Lannoy, ſans qu'il y eût autre perſonne préſente. Qu'enſuite la Teſtatrice les avoit menés chez le nommé Bacquet, Auditeur Royal, pour paſſer ſondit teſtament ; ce qu'il ne voulut faire, ſur ce qu'ils lui dirent qu'ils l'avoient ſigné ſans en avoir eu lecture, & les renvoya ; lequel Bacquet étoit mort quelques jours après. Qu'ils ne croyoient pas que lors ladite Heren eût encore ſigné ou marqué ſondit teſtament ; mais qu'ils ſe ſouvenoient très-bien que depuis ils n'avoient jamais été chez aucune perſonne publique : ce qu'ils avoient pareillement ſoutenu auſdits Auditeurs Defruelle & Everard dans la confrontation ordonnée au procès ſur l'inſcription de faux formée contre leſdits Auditeurs.

Les Auditeurs au contraire ſoutenoient que le tout s'étoit paſſé ainſi qu'il étoit énoncé par l'expoſé de l'acte ; diſoient néanmoins qu'ils ne ſe ſouvenoient pas ſi les deux témoins, qui avoient comparu devant eux à la paſſation dudit teſtament, & avoient reconnu les ſignatures y appoſées pour les leurs, étoient les mêmes que lefdits Dépofans à eux confrontés, pour ne les pas reconnoître à caufe du long tems depuis écoulé ; mais qu'ils étoient fûrs que la Teftatrice leur en avoit amené deux. Qu'à la vérité ils n'avoient pas figné en leur préfence, non plus que la Teftatrice, parce que cela étoit déja fait ; mais qu'ils avoient été interpellés s'ils fçavoient écrire fuivant l'Ordonnance de l'Edit perpétuel de 1611, & que fur leur réponfe on leur avoit montré & demandé s'ils reconnoiffoient les fignatures & marque appofées audit teftament pour les leurs : qu'après l'avoir affirmé, eux en leur qualité avoient clos & figné ledit teftament, lefquelles formalités étoient ufitées audit Douay.

Comme l'on ne devoit pas préfumer que la Teftatrice eut fuppofé à la paffation de fon teftament deux autres témoins que les fouffignés, il y avoit affez d'apparence que lefdits Auditeurs l'avoient paffé en particulier, fans avoir vu lefdits témoins, fur la bonne foi de la Teftatrice, qui leur auroit apporté fon teftament, & dit qu'il étoit déja figné : ce qu'ils n'ofoient avouer, crainte de fe rendre repréhenfibles & criminels, pour avoir autrement énoncé un acte qu'il ne s'étoit paffé ; mais on ne les en pouvoit convaincre.

Il s'agiffoit donc de décider, fçavoir fi l'énoncé dans l'acte public defdits deux Auditeurs ne devoit pas plûtôt être cru que la dépofition des deux témoins qui l'avoient figné ; auquel cas le teftament fubfiftoit comme étant revêtu des formalités effentielles : ou fi la foi des deux témoins inftrumentaires, qui n'avoient aucun intérêt dans l'affaire, l'emportoit fur celle de l'acte public, ou des deux Auditeurs qui étoient intereffés à en foutenir l'énoncé, pour fe décharger de l'accufation du crime de faux ; auquel cas il reftoit à juger fi la fauffeté de l'acte, du moins matérielle attendu l'in-

nocence du deſſein des Auditeurs, rendoit nul le teſtament.

Les Appellans le ſoutenoient ainſi, & avoient demandé en premiere inſtance qu'en vertu de la commiſſion de miſe de fait ou ſaiſie par eux obtenuë le 29 Octobre 1689, les biens de la défunte leur fuſſent adjugés
comme héritiers *ab inteſtat*; & pour moyens ils diſoient
qu'une des ſolemnités eſſentielles d'un teſtament étoit
d'être fait d'un contexte ſuivant le réglement des Empereurs Theodoſe & Valens rapporté *Leg.* 21, *Cod. de
teſtamentis*, par lequel ils preſcrivent *teſtes omnes videlicet ſimul nec diverſis temporibus ſcribant*, *ſignentque teſta-
mentum*; que cependant il conſtoit de la dépoſition des
témoins & même de l'aveu des Auditeurs, que le teſtament étoit ſigné avant d'être apporté auſdits Auditeurs. Il eſt vrai que les Auditeurs diſoient que les témoins avoient enſuite reconnu leurs ſignatures en leur
préſence; mais outre qu'ils le diſoient d'une maniere
chancelante, n'oſant affirmer que c'étoit leſdits Barbé
& Mattelin ou autres, que la malice de la Teſtatrice
avoit pu leur ſuppoſer; leſdits témoins leur avoient
ſoutenu en face n'avoir jamais comparu devant eux.
Que dans ce cas la meilleure partie des Auteurs convenoient qu'il falloit s'en rapporter au dire des témoins &
croire qu'un acte étoit vicieux, lorſque le témoin inſ-
trumentaire deſavouoit le Notaire qui l'avoit paſſé.
Que tel étoit le ſentiment de Farinacius & de Cravetta,
Conſil. 56, parce que, comme dit Boërius, les témoins
ſont deſintereſſés, & les Notaires ont interêt de main-
tenir leur fait: c'eſt ce qu'exprime encore plus au long
Faber *in ſuo Cod. tit.* 13, *ad Leg. Cornel. de falſis*, *deff.*
3, *pag.* 1173, en ces termes: *Debet plus credi Notario
& publico inſtrumento quam teſtibus inſtrumentariis adverſus Notarii & inſtrumenti fidem teſtificantibus*, *quandiu*

inftrumenti fides folemni accufatione falfi non labefaƐatur : fed poft inftitutam accufationem folemnemque infcriptionem, cùm vix nifi per teftes falfitas probari poffit , magis eft ut teftibus inftrumentariis quàm Notario vel inftrumento credatur, fi vel omnes vel majori ex parte ab inftrumenti fcriptura diffentiant. De forte que le teftament en queftion ayant été accufé de faux , il étoit fans doute qu'il falloit s'en rapporter aux témoins ; ce qui étoit conforme à la difpofition du Droit au fait des teftamens, *Leg. 1 , §. 2 , Dig. teftamenta quemadmodùm aperiantur*, où le Jurifconfulte Gajus difoit : *Si quis neget figillum fuum agnofcere , non ideò quidem minus aperiuntur tabulæ, fed alias fufpeƐæ fiunt* , & que c'étoit pour cela que tous les Docteurs convenoient que cette matiere dépendoit de l'arbitrage du Juge ; ce qui leur faifoit efpérer que le teftament dont il s'agiffoit feroit déclaré nul par toutes les circonftances , qui détruifoient la prétenduë vérité de la paffation.

Ledit Maître Trigault au contraire défendoit la validité du teftament fondé fur la Doctrine commune des Auteurs , qui foutiennent qu'un inftrument fait foi de ce qu'il contient ; parce que *inftrumentum eft probatio probata & non probanda*, dit Balde *in Leg fi pupilli , Cod. de ufuris.* Et qu'en tout cas il s'en falloit rapporter à l'acte plutôt qu'à perfonne, de ce qui fe trouvoit énoncé dans l'acte. Que Speculator, *de inftrum. Ed.* affuroit que *creditur Notario notam fuam exhibenti , fi fit bonæ famæ , propter officium.* Que Faber, *loco citato*, difoit que lorfque les témoins avoient figné, ils ne pouvoient plus contredire l'acte qu'ils avoient figné : *Si teftes propriam fubfcriptionem impugnare velint , audiendi non funt ; nifi evidentiffimis probationibus doceant fe vel Notarii vel alicujus ex contrahentibus dolo per nimiam fuam facilitatem circumventos , aduƐofque, ut falfo fubfcriberent*, conformément à la décifion de l'Empereur Juftinian , *Inftit. lib. 3 , tit. 20, de inutilibus ftipul.* §. 12 , où il dit que *propter celeritatem dirimendarum litium introductum eft tales fcripturas , quæ partes præfto effe indicant , omninò effe credendas.* Que d'ailleurs, *per cap relatum*, deux témoins fuffifoient pour valider un teftament *ad pias caufas* , tel que celui de queftion ; parce que la faveur de la caufe pie y faifoit fuppléer les formalités , qui fe préfumoient auffi de droit au fentiment même de Dumoulin , fi elles étoient exprimées : *Solemnitas extrinfeca* , dit - il , *præfumitur , fi exprimatur.* Suivant lefquelles raifons le Lieutenant-Général de la Gouvernance de Douay , ayant par Sentence du premier Juin 1690 , révoqué la mife de fait dudit Heren & Confors , ils en avoient appellé.

La Cour , vu les conclufions du Procureur Général du Roi , ouï le rapport de M. de Flines , a mis l'appellation & Sentence au néant ; émendant , a décrété ladite mife de fait , & en conféquence a adjugé aux Appellans leurs fins & conclufions , & a condamné l'Intimé aux dépens.

X X X.

Des Gens de Loi, qui font les Officiers des Juftices des Seigneurs , condamnés en leur qualité, ne font obligés de payer en leur propre & privé nom.

ON le jugea ainfi en la troifiéme Chambre le premier de Juillet 1694 , au rapport de M. Couvreur, fur les conclufions du Procureur Général du Roi , contre les Gens de Loi modernes du Village d'Auchy, Demandeurs, en faveur des Echevins dudit d'Auchy defcendus d'Office , Défendeurs.

XXXI.

Un débiteur peut en tout tems répéter d'un créancier les inte-
rêts qu'il s'eſt fait payer d'un argent prêté, même des
hétitiers du créancier.

CEla fut décidé en la troiſiéme Chambre le 2 de
Juillet 1694, au procès d'entre Jean-Denis-Leon
Dupont, Appellant, & Françoiſe Flamin, veuve du
ſieur Recbois, Intimée.

L'an 1686, ladite veuve avoit emprunté de Jeanne
Boucaut, veuve de Michel Defaux, ſa tante, la ſomme
de 3000 florins ſur ſimple cédule, lui promettant de
les lui rendre, ou à ſon ordre, à la premiere demande.
Ladite Boucaut ayant depuis préſenté requête au Magiſtrat de Valenciennes le 9 Octobre 1690, pour avoir
ſon argent, l'Intimée offrit incontinent de le rendre,
diſant qu'elle ne l'avoit gardé que pour faire plaiſir à ſa
tante, & qu'elle n'en avoit eu aucunement beſoin : ce
qui fut ainſi ordonné par ledit Magiſtrat le 18 dudit
mois, & le lendemain ladite Intimée avoit rendu leſdits 3000 florins avec les interêts à l'avenant de $4\frac{1}{4}$
pour 100, dont elle exigea que ſadite tante lui en fît
une reconnoiſſance au pied de ſa cédule, qu'elle retira.

Comme l'Intimée, en qualité de niéce de ladite
Boucaut, eſpéroit d'en être avantagée par ſon teſtament, elle ſe tut pendant plus de deux ans, que vécut
encore ladite Boucaut ; mais ayant vu qu'elle ne lui
avoit laiſſé que 12 livres par ſon teſtament, elle avoit
préſenté requête au commencement de Mars 1693,
contre ledit Dupont, en qualité d'héritier univerſel de
ladite Bouchaut, concluant à la reſtitution deſdits interêts & aux dépens.

Ledit Dupont diſoit que la Demandereſſe étoit mal
fondée

fondée de venir après la mort de sa tante répéter des interêts qu'elle lui avoit volontairement payés. Que de droit il étoit constant que des usures une fois payées ne pouvoient plus se répéter, comme il étoit décidé *Leg.* 3 , *Cod. de usuris*, où l'Empereur dit que *usuræ solutæ neque ut indebitæ repetuntur, neque in sortem accepto ferendæ sunt*, sur tout lorsqu'elles n'excédoient pas un feur raisonnable, comme il est spécifié *Leg.* 26 , *Dig. de condict. indeb.* car pour lors, dit Ulpian : *Si quis usuras indebitas solvit, repetere non potest.*

La Demanderesse disoit qu'il y avoit une grosse différence du Droit moderne au Romain ; que les interêts étant permis dans celui-ci, on ne pouvoit plus les répéter après les avoir payés : mais qu'aujourd'hui tout interêt étant défendu en matiere de prêt suivant les dispositions du Droit Canonique, *tot. tit. de usur. & eod. tit. in 6, distinct.* 47 *&* 14, *quæst.* 3 *&* 4, aussi-bien que suivant les régles de l'Evangile, qui dit : *Mutuum date nihil inde sperantes*, on étoit toujours en droit de les répéter après les avoir payés, n'étant dûs *neque naturaliter, neque civiliter*, comme explique Barthole.

Le Défendeur au contraire disoit que pour n'être reçu à répéter une chose payée, il suffisoit qu'elle fût dûë *vel naturaliter vel civiliter.* Qu'il étoit vrai qu'il n'y avoit aucune Loi qui obligeât aujourd'hui à payer des interêts, & par conséquent point d'obligation civile : mais que la nature obligeant tout le monde à la reconnoissance d'un plaisir reçu, on pouvoit dire qu'un paiement d'interêts volontairement fait, étoit fondé sur une obligation naturelle de reconnoissance, *in formam antidori*, dont on ne pouvoit plus prétendre la répétition.

La Demanderesse soutenoit que jamais motif de reconnoissance ne l'avoit poussée à payer lesdits interêts ; mais qu'elle n'avoit osé les refuser à sa tante qui les exigeoit, crainte qu'elle ne la maltraitât par son testament. Que depuis sa mort rien ne l'obligeoit à dissimuler & ne l'empêchoit de répéter ce qu'elle avoit induëment exigé. Que c'étoit dans ce dessein qu'elle avoit prétendu de sa tante une quittance, pour lui servir de titre contre ses héritiers : qu'on ne prend jamais de quittance de ce qu'on veut bien donner. Qu'enfin elle étoit fondée sur les Ordonnances des Rois & Edits des Princes, tel que l'Edit Impérial de 1540. Sur quoi Sentence étant intervenuë au Magistrat de Valenciennes le 8 Octobre 1693, par laquelle le Défendeur auroit été condamné à la restitution desdits interêts & & aux dépens, il en avoit appellé.

La Cour, ouï le rapport de M. Couvreur, a mis l'appellation au néant, a ordonné que la Sentence sortira effet, a condamné l'Appellant en l'amende & aux dépens.

XXXII.

Un débiteur après sommation en exécution peut bien encore payer un de ses créanciers, mais il ne peut facilement transporter à un créancier tous ses biens & effets, & les retenir par une clause précaire sans soupçon de fraude.

ON le jugea ainsi en la troisiéme Chambre le 9 Juillet 1694, au procès d'entre Bauduin Penincq, Marchand demeurant à Tournay, Appellant, & Jean Duforest, demeurant à Lille, Intimé.

Ledit Penincq ayant fait sommer en exécution le nommé Martin Screve, demeurant à Lille, le 28 Janvier 1692, par l'Huissier Cochart, pour la somme de 519 livres 8 sols, échuë le 30 Novembre 1691, en vertu d'acte grossoyé du 18 Novembre 1690, ledit Screve, pendant l'intervalle des fataux de ladite sommation, avoit quatre jours après, sçavoir le premier

de Février, tranſporté audit Duforeſt , pour des ſommes qui ne paroiſſoient pas fort conſtantes , tous &
quelconques ſes meubles ſpécifiés par un inventaire,
énonçant que la délivrance deſdits meubles auroit été
effectivement & réellement faite audit Duforeſt , quoique cependant par une eſpece de conſtitut confidentiel
ils fuſſent tous reſtés ſans déplacer en la poſſeſſion dudit Screve , avec pouvoir de les conſumer & de s'en ſervir, en rendant l'eſtimation qui étoit fort modique.
Nonobſtant ledit tranſport l'Huiſſier Cochart ayant au
bout des fataux voulu achever ſon exécution , ledit
Duforeſt s'y étoit oppoſé , ſous prétexte dudit tranſport, par requête du 9 Février 1692. Voilà le fait.

Penincq pour ſes raiſons diſoit que ſemblables tranſ-
ports étoient nuls de droit faute de délivrance effective,
Leg. 20 , *Cod. de pact.* qui décide expreſſément : *Quod
traditionibus non nudis pactis dominia rerum transferuntur.*
Que contenant généralement tous les meubles , ils
étoient réputés frauduleux , *Leg.* 17 , *Dig. quæ in fraud.
cred. facta ſunt* , & par conſéquent ſujets à la reſtitution & compris ſous l'Edit qui ordonne *ut reſtituantur.*
Voilà les termes de Jullian , §. 1 : *Lucius Titius cùm ha-
beret creditores libertis ſuis univerſas res tradidit , reſpondi
quamvis non proponatur conſilium fraudandi habuiſſe , tamen qui creditores habere ſe ſcit , & univerſa bona ſua alie-
navit , intelligendus eſt fraudandorum creditorum conſilium
habuiſſe ;* cette univerſalité faiſant préſumer qu'en donnant tout à un , il avoit voulu frauder les autres. Que
le tems auquel avoit été fait ledit tranſport , ſçavoir
après une ſommation juridique dans le terme des fataux , étoit un fait qui ne permettoit pas de douter de
la fraude , comme explique Ulpian , *Leg.* 10, §. 3 *ibid.*
dans un cas à peu près ſemblable : *Si quis particeps quidem fraudis non fuit , verum tamen vendente debitore teſtato*

conventus eft à creditoribus ne emeret. Il fe demande : *An in factum actione teneatur ?* Et il répond : *Et magis eft ut teneri debeat ; non enim caret fraude qui teftato conventus perfeverat.* Que l'incertitude de la date, ou la modicité du prix pour lequel le tranfport paroiffoit être fait, en découvroit vifiblement le dol & la fraude : ce que le Jurifconfulte Paulus, *Leg. 7, Dig. ibid.* dit avoir ainfi été décidé par Proculus : *Si debitor minore pretio fundum fcienti emptori vendiderit, Proculus exiftimat reftituendum effe fundum :* que femblables ceffions étoient également défenduës par les Placards des Princes comme par les Loix, entre autres par celui du Roi d'Efpagne du 29 Juillet 1653, adreffé à toutes les Juftices du Pays-Bas, & en particulier au Bailli & Gouverneur de Lifle.

Qu'il y avoit même une Ordonnance de la Salle de Lifle du 21 Février 1669, qui déclaroit toutes ces fortes de tranfports de nulle valeur, & que nonob-ftant iceux les meubles qui fe trouvent en la poffeffion des débiteurs pouvoient être valablement exécutés. Qu'enfin c'étoit une Jurifprudence univerfellement reçuë, confirmée par deux Arrêts de la Cour, l'un du 16 Septembre 1684, rendu au rapport de M. Bruneau, lors Confeiller, aujourd'hui Préfident à Mortier, par lequel la vente des meubles faite fans délivrance par Anne Colbaux, veuve de Jean Delecour, à Pierre Tieffry, Sergent d'Armes à Tournay, l'un de fes créanciers, depuis la fommation en exécution à elle faite par François Gouy, auffi fon créancier, laquelle fommation étoit également connuë au ceffionnaire comme à la cédante, auroit été déclarée nulle & frauduleufe, & en conféquence auroit été ordonné que l'exécution s'acheveroit, qu'à cet effet les meubles feroient repréfentés ; & à raifon de la fraude, que les piéces du procès feroient mifes és mains du Procu-

reur Général du Roi pour faire les fonctions de fa charge. Par autre Arrêt du 14 Août 1691, rendu au rapport de M. de Roubaix, le tranfport fait le 5 Juin
1687, par Louis Bauduin, de tous fes meubles, à
Ferdinand Bauduin, chez qui il demeuroit, fut pareillement déclaré nul.

Ledit Duforeft foutenoit au contraire que fon appellation étoit légitime ; que pour rendre un tranfport
valable, il n'étoit pas néceffaire de délivrer effectivement la chofe tranfportée : que de droit la propriété
des chofes s'acqueroit auffi-bien par fiction que par
une délivrance réelle ; *Leg.* 1, §. 21, *Dig. de acquir.
vel amit. poffef.* où le Jurifconfulte Paulus rapporte la
décifion de Prifcus en ces termes : *Si jufferim venditorem
procuratori rem tradere cùm ea in præfentiâ fit, videri mihi
traditam Prifcus ait ; non enim corpore & aEtu neceffe eft
apprehendere poffeffionem fed etiam oculis & affeEtu.* Que
toutes les Loix rapportees par Penincq ne pouvoient
induire le moindre foupçon de fraude contre le tranfport en queftion. Qu'il n'y avoit point de Loi qui em-
pêchàt un créancier de fe faire payer : qu'il eft toujours permis de s'affurer fur les effets d'un débiteur
tandis qu'ils ne font point faifis, ainfi Julian dit au
rapport d'Ulpian, *Leg.* 6, §. 7, *Dig. quæ in fraud. cred.
Eo nos uti Jure, ut qui debitam pecuniam recepit antequam
bona debitoris poffideantur, quamvis fciens prudenfque folvendo non effe recipiat, non timeat hoc ediEtum, fibi enim
vigilavit.* Car les Loix aident ceux qui veillent à leurs
affaires par leur diligence. Que cette Jurifprudence
étoit reçuë de tous les anciens Jurifconfultes : que La-
beo, §. 6 *ibid.* décidoit auffi : *Eum qui fuum recipit, nullam videri fraudem facere.* Que Scævola, *Leg.* 22 *ibid.*
réfolvoit de même qu'un créancier fans foupçon de
fraude pouvoit *in vetus creditum à debitore pignora acci-*

pere. Que le Placard du Roi Catholique de 1653, n'a-voit jamais été reçu à Lille, *vel in desuetudinem abierat.* Que l'Ordonnance de la Salle de Lille de 1669, bien loin d'être observée, avoit été cassée & annulée par Arrêt de la Cour du 5 Avril 1691, rendu au rapport de M. Bruneau, comme ayant été incompétamment portée. Qu'enfin il étoit constant que pareils transports étoient reçus & approuvés journellement.

Pour ces raisons les Mayeur & Echevins dudit Lille, par Sentence du 9 Février 1693, avoient reçu l'opposition dudit Duforest, révoqué l'exécution de Penincq, & l'avoient condamné aux dépens, dont il avoit appellé.

La Cour, ouï le rapport de M. de Flines, a mis l'appellation & Sentence dont il avoit été appellé au néant ; émendant, a déclaré ledit Duforest non fondé dans son opposition, & l'a condamné aux dépens de premiere instance & de la cause d'appel.

XXXIII.

En condamnant une Partie au paiement d'une somme compo-sée de diverses années d'arrerages d'une rente, on la con-damne aussi aux interêts de ladite somme depuis la de-mande en faite judiciairement.

C'Est une Jurisprudence reçuë en ces Provinces, à laquelle on se conforma par Arrêt contradictoire-ment rendu en la troisiéme Chambre le 12 Juillet 1694, entre Messire Joseph-Isidore du Chastel, Sei-gneur de Merieu & d'Houardrie, Demandeur, & Dame Henriette de Berlaymont, Douairiere d'Esple-chin, Défenderesse.

Le Demandeur avoit fait saisir le 11 Octobre 1692,

les biens de la Défendereffe pour la contraindre au paiement de deux fommes, l'une de 1000 florins d'une part, & l'autre de 1200 florins, provenans de 12 années d'arrerages échus d'une rente viagere de 100 florins par an, dont elle étoit chargée; à faute de ce faire avoit conclu au décretement de fes faifies, avec dépens, dommages & interêts.

La Défendereffe après quelques procédures & conteftation au principal avoit offert paiement defdites fommes; mais elle foutenoit que du moins la fomme de 1200 florins provenante des cours & interêts échus de la rente viagere de 100 florins par an, ne pouvoit produire d'interêts fans un anatocifme défendu par les Canons & même par les Loix & tous les Arrêts des Cours Souveraines. *Leg. ult. Cod. de ufuris Clem. unicâ eod. & plurimis aliis Canonibus.*

Le Demandeur au contraire difoit que cette fomme de 1200 florins dûë au jour de la demande ne fe devoit pas confidérer comme un amas d'interêts accumulés, mais comme un capital dont la Défendereffe jouiffoit injuftement & qu'elle détenoit par chicane & tergiverfation à fon préjudice. Que c'étoit la doctrine des meilleurs Auteurs, *Præftationes annuæ horum redituum debentur principaliter & per fe non autem accefforiè ad fortem*, dit Grivel, *decif.* 103, *nec funt acceffiones fortis fed quid principale.* Que telle étoit la Jurifprudence des Cours & Tribunaux du Pays, qui eftimoient même qu'on peut créer une nouvelle rente d'une fomme compofée d'arrerages accumulés ou en augmenter le capital de l'ancienne; qu'à plus forte raifon en devoit-on adjuger les interêts depuis la demande en faite, par laquelle le débiteur étoit conftitué en défaut. Que felon la décifion du Jurifconfulte Paulus, *Leg.* 17, §. 3, *Dig. de ufuris propter moram non folventium ufuræ infliguntur.* Qu'à

en juger autrement ce feroit autorifer les débiteurs à
faire continuellement de mauvais procès à leurs créanciers pour gagner du tems, & que pour réprimer leur
mauvaife foi, ou du moins leur pareffe & négligence,
Papinian, *Leg. 7*, *Dig. ibid.* déclaroit que *fi conventus
debitor moram fecerit, ex eo tempore nummi fteriles non
erunt*, à l'exemple de ce qui eft décidé, *Leg. 2, Cod. de
fruct. & lit. expenf.* d'autant que celui qui paie plus
tard qu'il ne doit, n'eft pas réputé payer tout ce qu'il
doit, comme dit l'Empereur Juftinian, *Inftitut. lib. 4,
tit. 6, de action.* §. 34. En effet, fi la Défendereffe
avoit payé le Demandeur lors de fa demande, il en auroit pu conftituer une rente, ou employer fes deniers
autrement utilement.

La Cour, ouï le rapport de M. de la Place, a décrété lefdites faifies pour être exécutées felon leur forme & teneur, & condamné l'Oppofante au paiement
defdites fommes, dépens & interêts.

XXXIV.

*Lorfque plufieurs cohèritiers vendent quelque héritage indi-
visible, fi quelqu'un d'eux s'en rend adjudicataire, il
n'eft fujet aux droits de courtage ou priferie qu'à raifon
des parties qu'il acquiert.*

NOus le jugeames de cette maniere en la troifiéme
Chambre le 19 Juillet 1694, au procès entre
Maître Antoine-François Joffon, Confeiller du Roi
au Bailliage de Tournay, Appellant, & Paul-Jofeph
le Sceultre, faifant l'Office de Courtier des ventes
d'héritages en ladite Ville, Intimé.

Pour l'intelligence de la difficulté il faut fçavoir que
la Ville de Tournay levoit autrefois pour droit de
vente

vente de tous les héritages de la Ville fix patars à la livre de gros du prix defdits héritages vendus, c'eft-à-dire, juftement la vingtiéme dudit prix. Que paffé deux à trois cens ans le Magiftrat voyant qu'il falloit employer dans ces fortes de ventes d'héritages diverfes perfonnes, les uns pour les prifer & eftimer, les autres pour les annoncer & crier, outre les Sergens pour exécuter divers devoirs & recevoir les deniers, créa trois Offices héréditaires pour ces fonctions ; fçavoir, de Prifeur fermenté, de Courtier public & de Sergent defdites ventes ; à chacun defquels Offices, outre le falaire ordinaire de leurs peines, devoirs & journées, il attribua un patar à la livre de gros des fix qu'il percevoit du prix de la vente des héritages, enforte qu'il ne referva que trois patars des fix pour le droit de la Ville.

Cela fuppofé il eft dans le fait que le 29 Novembre 1691, Charles-François Capelier, ayant repréfenté aux Prévôt & Jurés de Tournay qu'il lui appartenoit trois dixiémes d'une maifon dite l'Ecaille d'Or, fituée fur les Poiffonceaux à l'encontre dudit Joffon, à qui appartenoient les autres fept dixiémes, de laquelle communion il fouhaitoit fortir par la vente de ladite maifon, il fut ordonné qu'elle feroit venduë. Depuis quoi ayant été adjugée audit Joffon pour le prix de 6019 florins le 7 Février 1692, ledit le Sceultre en fa qualité avoit fait ajourner ledit Joffon fur commiffion de commandement en paiement de 50 florins 8 patars pour les droits de courtage à raifon du prix total de la demeurée ou adjudication : pourquoi il fe feroit pourvu en oppofition par requête du 4 Mars 1692. Il difoit qu'à raifon des 7 dixiémes à lui appartenans il n'étoit fujet à aucuns droits, parce qu'il n'en étoit dû que pour ce qui étoit vendu, n'ayant pu acheter ce qui lui appartenoit, sa part ne pouvoit être réputée venduë, *quia quod nostrum est amplius nostrum fieri non potest.* Que ces sortes de ventes devoient se considérer comme une espece de partage, où selon tous les Auteurs un Comparçonnier acquereur de la totalité d'un héritage commun ne payoit aucuns droits seigneuriaux pour sa part, ni pas même pour les parts acquises de ses Comparçonniers selon quelques Auteurs, ainsi qu'explique au long Argentré, *Tractatu de laudimiis*, §. 24. Que cependant pour mettre ledit le Sceultre dans son tort, il offroit de payer ledit droit de courtage pour les 3 dixiémes acquis, & de plus les salaires ordinaires des criées, ainsi qu'ils auroient été payés, si après les devoirs la maison n'avoit pas été venduë.

Ledit le Sceultre au contraire soutenoit que le nombre des Comparçonniers n'empêchoit pas que la maison pour son indivisibilité n'eût été venduë toute entiere : *Eò quòd natura venditionis & emptionis sit indivisa.* Leg. 139, *de verb. oblig.* Que les criées, les encheres, & enfin l'adjudication s'étoit faite de toute la maison. Que l'acheteur ne se pouvoit prévaloir de la part qu'il avoit dans la maison, à raison qu'il avoit été dépouillé de la propriété par la force du décret qui emportoit deshéritance. Que d'ailleurs il n'étoit pas contre le droit qu'on pût acheter son bien, le contraire étant expressément décidé *Leg.* 12, *Dig. de in diem addict,* en pareil cas que celui dont étoit question, où le Jurisconsulte dit que, *Emere cum totâ re etiam partem nostram possumus.*

Josson repliquoit qu'un décret n'emportoit jamais deshéritance qu'au cas de saisie judiciaire, par où les choses étoient mises hors des mains des particuliers sous la garde de Justice, & non dans les ventes volon-

taires , où les Parties étoient toujours obligées de se
deshériter : que les Priseurs de la Ville ayant voulu
pour la même maison exiger de lui semblable droit ,
en avoient été déboutés par Arrêt rendu condictoire-
ment au rapport de M. Boullé le 8 Août 1693 , quoique leur ministere fût plus nécessaire dans les ventes
publiques que celui du Courtier , qui ne consistoit que
in laudatione & jactatione rei vendendæ. Selon l'explication de Godefroy & de Wesembecius , *ad Legem 3 ,
Dig. de proxeneticis.* Mais nonobstant ces raisons ledit
Josson ayant été condamné par Sentence du 14 Octobre 1692 , il en avoit appellé.

La Cour , sur mon rapport , vu les Conclusions du
Procureur Général du Roi , a mis l'appellation & Sentence au néant ; émendant , a déclaré les offres de
l'Appellant bonnes & valables , & a condamné l'Intimé aux dépens de premiere instance , & ceux de la
cause d'appel,

XXXV.

*Une Partie n'est pas obligée de répondre par serment de
calomnie sur des questions de droit.*

IL fut ainsi décidé en la troisiéme Chambre le 21
Juillet 1694 , en jugeant l'incident d'entre Michel-
le-Elizabeth & Marie-Marguerite Bellaire , demeurantes à Douay , Appellantes , & François Gonthier
& Consors , Intimés.

Les Parties avoient été admises à vérifier au principal par Sentence renduë le 10 Décembre 1691 , par le
Lieutenant Général de la Gouvernance de Douay.
Dans le principal , il s'agissoit d'entérinement des Lettres Royaux obtenuës par lesdites Bellaire , aux fins d'ê-
tre autorisées de vendre les biens de la succession de leur
grand-pere , auquel entérinement ledit Gonthier étoit

oppofant. Celui-ci pour parvenir à fa preuve avoit d'a-
bord interpellé lefdites Bellaire de répondre fur divers
articles de fon intendit du 6 Novembre 1692, fur ferment, de calomnie ou comme l'on dit communément,
per verbum credit vel non. Et entre autres au premier article; fçavoir, *fi les biens qu'elles prétendoient être autorifées
de vendre, n'étoient pas chargés de fidéicommis;* ce qui étoit
toute la difficulté du principal, plufieurs Jurifconfultes
foutenant que la claufe, dont lefdits biens avoient été
liés, n'étoit qu'un réglement *ab inteftat.* Pourquoi lefdites Bellaire avoient répondu, *qu'elles vouloient bien fuppofer ledit* fidéicommis *fans l'avouer, fe référant aux Lettres
Royaux, où leurs intentions étoient plus amplement expli-
quées,* foutenant ne pouvoir & ne devoir plus pofitivement répondre à cet article; parce qu'il s'agiffoit plus de
décider un point de droit, que de répondre fur un fait,
auquel cas, felon tous les Auteurs, elles n'étoient pas
même obligées de répondre, comme déclare Damhou-
der, *in praxi civ. cap.* 153. Myfinger, *fingul. obfervat. cent.*
5, *obf.* 88. Et comme nonobftant cela ledit Juge, fur
le foutenement au contraire dudit Gonthier, leur avoit
ordonné par Sentence du 12 Juin 1693, de répondre
plus pertinemment audit article, & les avoit condamnées aux dépens de l'incident, elles en avoient appellé.

La Cour, fur mon rapport, a mis l'appellation & Sentence au néant ; émendant, a déclaré les réponfes des
Appellantes fuffifantes.

XXXVI.

*La Cour eft compétente en premiere inftance par action fur
délation de ferment, fur tout entre les Flamands.*

IL fut ainfi jugé en la troifiéme Chambre le 24 Juillet 1694, fur l'incident entre Me Jean-François Vertegans, Avocat en la Cour, ceffionnaire de Pierre-

Ignace Van-Steenkiſte, Demandeur, & André Van-Rooſebeke, joints à lui les Bourguemeſtre & Echevins de Courtray, Défendeurs & requerans de renvoi.

Ledit Van-Steenkiſte prétendant d'être deſintereſſé par ledit Van-Rooſebeke pour avoir été obligé de payer à ſa décharge en qualité de caution la ſomme de 1200 florins aux Fermiers des impôts, avoit cédé & tranſporté les droits & actions audit Vertegans pour les pourſuivre ; pourquoi faire il avoit préſenté requête le 12 Mai 1694, concluant à ce que ledit Van-Rooſebeke, ſuivant l'indemnité par lui promiſe à ſon cédant, fût condamné à la reſtitution deſdits 1200 florins & aux dépens, ſe rapportant à ſon ſerment ſur la promeſſe d'indemnité.

Les Bourguemeſtre & Echevins de Courtray Intervenans, demandoient le renvoi avec le Défendeur ; ils ſoutenoient que l'action intentée par Requête contre ledit Van-Rooſebeke leur Bourgeois, étant purement perſonnelle, étoit irrégulierement & incompétamment adreſſée à la Cour. Qu'on ne devoit & ne pouvoit pas les dépouiller de la Juriſdiction naturelle & immédiate qu'ils avoient ſur tous leurs Manans, ſous prétexte d'une délation de ſerment : laquelle Juriſdiction leur étoit attribuée par les conceſſions Carolines, *art.* 12, & confirmée par l'Edit de Sa Majeſté du 26 Mai 1686, touchant les premieres inſtances.

Le Demandeur diſoit que le Défendeur & Intervenans étoient mal fondés dans le renvoi par eux requis, parce qu'en action ſur ſerment tout Juge Supérieur étoit compétent ; que celui à qui le ſerment étoit déféré étant rendu Maître & Juge en ſa propre cauſe, ne pouvoit décliner ſans turpitude. Que tel étoit l'uſage du Pays, auquel l'Ordonnance de 1686 n'avoit rien innové : que cet uſage étoit conſtamment obſervé au

Conseil de Flandre à Gand, & qu'il y avoit divers préjugés de cette Cour.

La Cour, vu les conclusions du Procureur Général du Roi, ouï le rapport de M. de Roubaix, a ordonné au Défendeur d'emprendre le serment déféré, & l'a condamné aux dépens avec les Intervenans.

XXXVII.

En Haynaut après sept ans d'absence, les biens d'une personne qui a quitté son Pays & dont on n'a point de nouvelles, sont dévolus à ses plus proches héritiers pour en jouir à caution, & ceux qui en ont obtenu la jouissance en transmettent le droit & la propriété à leurs hoirs en cas de non retour.

CEtte question fut jugée en la troisiéme Chambre le 26 Juillet 1694, au procès d'entre Jean Chartier, en qualité de pere & tuteur des enfans qu'il avoit de feuë Marie Caffeau, Appellant, & Jean Caffeau, & Jean Bridoul, comme mari & bail de Marie-Jacqueline Caffeau, Intimés.

Il s'agissoit au procès d'une portion de Maison située à Valenciennes ruë Montoise, venant de Jean Flamen, qui s'étoit retiré du Pays depuis l'an 1650, de laquelle Martine Flamen sa sœur & mere desdits du surnom Caffeau, ayant jouï avec Antoine Caffeau son mari jusqu'à sa mort arrivée en 1680, & depuis lesdits Jean, Marie & Me Jacqueline Caffeau, ayant aussi jouï en vertu de partage fait entre eux jusqu'au décès de ladite Marie Caffeau avenu en l'an 1692, lesdits Jean Caffeau & Jean Bridoul, mari de ladite Marie-Jacqueline, intenterent action à la charge dudit Jean Chartier, veuf de Marie Caffeau leur sœur, concluant à ce qu'il fût condamné de leur abandonner la part de ladite Maifon, dont il avoit jouï jufqu'alors en commun avec eux du chef de feuë fa femme.

Ledit Chartier difoit que fa femme étant en pareil degré de parenté qu'eux audit Jean Flamen, il lui appartenoit une part égale dans fa fucceffion. Que les enfans qu'elle avoit laiffés la repréfentoient dans les droits à elle dévolus ; que felon la Coûtume du Haynaut, *chap.* 98, *art.* 8, l'abfence d'une perfonne qui a quitté le Pays donnoit droit au bout de fept ans aux héritiers de jouir de fes biens, & à cet effet d'intenter plainte de propriété ou d'agir pour la propriété. Que les Parties en avoient ainfi ufé dès l'an 1680, lors du vivant de fa femme, qui dès lors y avoit acquis un plein droit de propriété qu'elle avoit tranfmis par fa mort à fes enfans.

Les Demandeurs au contraire foutenoient que la repréfentation n'avoit pas lieu en ligne collatérale. Qu'il s'agiffoit des biens d'un oncle, dont on ne jouiffoit pas même encore à titre de fucceffion, mais à titre d'abfence, à charge d'en rendre compte. Pour ces caufes le Magiftrat de Valenciennes ayant condamné le Défendeur par Sentence du 17 Février 1693, il en avoit appellé.

La Cour, vu les conclufions du Procureur Général du Roi, ouï le rapport de M. Couvreur, a mis l'appellation & Sentence au néant ; émendant, a déclaré les Intimés non recevables, ni fondés dans leurs fins & conclufions, les a condamnés és dépens de premiere inftance & ceux de la caufe d'appel.

XXXVIII.

L'on ne peut pas raccommoder des nullités essentielles d'un acte par un relief précis.

IL fut ainsi décidé le même jour 26 Juillet 1694, en la troisiéme Chambre au différent d'entre André Everard, demeurant à Avesnes, Demandeur, & Marguerite & Aldegonde Mesnil, demeurantes à Maubeuge, Défenderesses.

Les Parties ayant été réglées à preuve par Sentence renduë sur le principal par le Prévôt de Maubeuge, le Demandeur avoit présenté requête audit Juge, pour vouloir autoriser les Avocats Boutry & Fabry, demeurans à Avesnes, de vaquer à son enquête ; ce que le Juge lui ayant accordé, ledit Demandeur y avoit fait procéder sans aucune signification, ni advertance faite aux Défenderesses. Depuis quoi il s'étoit pourvu à la Cour par requête du 9 Juillet 1693, demandant relief précis, pour être relevé d'avoir omis cette solemnité, suivant qu'il étoit permis par la Coûtume du Haynaut, *chap.* 2, *art.* 47. Les Défenderesses s'y étoient opposées, disant que la Cour pouvoit bien relever des simples omissions, mais non des solemnités & formalités essentielles dont le défaut rend un acte nul, tel que celui dont étoit question, conformément à ladite Coûtume, *chap.* 70, *art.* 22.

La Cour, ouï le rapport de M. de Buissy, a débouté le Demandeur du relief par lui requis, & l'a condamné aux dépens.

XXXIX.

XXXIX.

Un créancier peut obliger les plus proches de son débiteur défunt à se déclarer pour héritiers, ou à faire établir dans un certain terme un Curateur aux biens.

IL fut ainsi jugé en la troisiéme Chambre le 28 Juillet 1694, au rapport de M. Odemaer, entre Me Ant. Tieffry, Demandeur, & les enfans de feu le sieur Baron de Taintignies, Défendeurs, ausquels il fut ordonné de se déclarer dans deux mois de la signification de l'Arrêt pour héritiers de leur pere, à peine qu'il seroit établi Curateur à sa Maison mortuaire, ou succession.

XL.

1. *Lorsqu'après une Sentence d'ordre renduë sur une distribution de deniers, quelqu'un des créanciers poursuit seul son opposition & succombe, il paie seul les interêts de la somme entiere arrêtée.*

2. *Et si plusieurs ayant poursuivi leurs oppositions succombent, il se doit faire une répartition desdits interêts, à raison du tems qu'ont duré lesdites oppositions & des sommes pour lesquelles elles ont été faites.*

LA premiere des deux questions fut jugée en la deuxiéme Chambre le 6 Octobre 1694, au procès d'entre Jean-Barthelemy Vander Meulen, Appellant, & les Manans du Village de Vandeville, Intimés.

La Terre de Vandeville, Justice de Templemare, enclavement de Flandre, ayant été venduë par décret sur le sieur Dominique de Thieulain, les Manans dudit Vandeville furent mis en ordre Prieur par Ordon-

K

nance de deniers du 16 de Décembre 1672, contre lequel ordre les autres créanciers, felon le ftyle & l'ufage ordinaire, avoient fait leurs oppofitions, & entre autre ledit Vander Meulen : contre lequel les Manans de Vandeville ayant pourfuivi l'exécution de la Sentence d'ordre, ils avoient obtenu, & ledit Vander Meulen avoit été débouté des caufes de fon oppofition par Arrêt du 25 Juin 1678, & condamné aux interêts de la fomme arrêtée à l'avenant de 6¼ pour 100.

Les Parties en conféquence de cet Arrêt étant entrées en liquidation defdits interêts, ledit Vander Meulen avoit prétendu qu'il ne devoit pas feul payer tous les interêts defdits deniers, mais feulement fa quotepart ; fauf aufdits Manans à fe pourvoir contre les autres créanciers auffi Oppofans.

Les Manans au contraire difoient que les autres créanciers ne s'étoient oppofés que *de ftylo*, & non pas *de facto*. Qu'ils avoient depuis confenti à la levée des deniers, ou s'étoient déportés de leurs oppofitions. Qu'il n'y avoit que Vander Meulen qui avoit feul entré en procès & donné fes moyens d'oppofition. Que lui feul avoit été condamné aufdits interêts, & par conféquent qu'ils pouvoient agir contre lui feul pour être payés, n'y ayant point de condamnation contre les autres.

Vander Meulen repliquoit que de droit c'étoit l'oppofition des créanciers à l'ordre, qui en empêchoit l'exécution & la levée des deniers ; & qu'ainfi tous les créanciers qui avoient formé des oppofitions, étoient tenus des interêts chacun pour leur quote : qu'autrement fi chaque créancier conteftant étoit tenu de tous les interêts, il s'enfuivroit que celui qui feroit mis en ordre Prieur n'auroit qu'à attaquer les Oppofans l'un après l'autre, & les faire condamner aux interêts ; il tireroit ainsi de chacun l'interêt de la somme entiere. Que d'ailleurs il n'étoit point dû aucuns interêts, avant que tous les créanciers qui s'étoient opposés, se fussent déportés ou eussent été condamnés ; d'autant que si quelqu'un venoit à gagner contre celui qui avoit obtenu l'ordre, on pourroit lors dire que son opposition étoit juste, que les deniers étoient légitimement arrêtés, & par conséquent qu'il n'étoit dû aucuns interêts même contre ceux dont l'opposition n'étoit fondée.

Les Manans soutenoient en duplique que semblables oppositions des créanciers ne se faisoient que par maniere d'acquit *ex stylo*, & que par la simple opposition ils n'étoient pas réputés empêcher la levée des deniers, mais seulement lorsque par une contestation formée ils donnoient leurs causes d'opposition, de laquelle lorsqu'ils venoient à être déboutés, ils étoient condamnés aux interêts, sans pouvoir s'en prendre aux créanciers, qui n'avoient point fourni les causes de leur opposition ni été sommés d'intervenir en cause. Que cette division prétenduë par ledit Vander Meulen seroit impraticable, attendu l'inégalité des sommes dûës à chaque créancier, & des tems ausquels chacun auroit pu former opposition. Pourquoi les Bailli & Hommes de Fief de la Justice de Templemare avoient condamné ledit Vander Meulen à payer seul tous les interêts de la somme arrêtée, par Sentence du 24 Novembre 1685, de laquelle il avoit appellé.

La Cour, vu les conclusions du Procureur Général du Roi, ouï le rapport de M. Delvigne, a mis l'appellation au néant ; ce faisant, a ordonné que la Sentence sortiroit effet & condamné l'Appellant en l'amende & aux dépens.

La deuxiéme question fut jugée en la même Chambre le 20 dudit mois, au rapport de M. d'Hermaville, entre Marie & Magdelaine Schellens, d'une part, & les Curateurs à la Maison mortuaire de Théodore Bigot, demeurant à Lille, d'autre part.

X L I.

Une fille après ses fiançailles peut bien encore contracter & s'obliger pour cause, pourvu que ce ne soit point en fraude de son futur époux.

ON le jugea ainsi en la deuxiéme Chambre le 3 Novembre 1694, au procès d'entre Mathieu Clynwert, Appellant, & Maître Pierre Haeghe, Avocat à Cassel, Intimé.

Clynwert ayant fiancé en 1675 Therese Schooneer, cousine germaine dudit Haeghe, & en ayant obtenu des faveurs, n'avoit point voulu passer au Sacrement. Pour l'y obliger sa fiancée le poursuivit pardevant l'Official d'Ypres, qui le condamna de l'épouser, ce qui fut ensuite confirmé à Bruges & depuis à Gand.

Enfin après dix ans de procédures, ledit Clynwert se rendit à Cassel, dont il s'étoit retiré, & fit sçavoir le 14 Juin 1685, sur les 7 heures du matin, à ladite Schooneer, qui demeuroit chez le Doyen de Cassel, frere dudit Haeghe, qu'il étoit dans le dessein de l'épouser; laquelle lui fit répondre que s'il avoit cette envie, il pouvoit le lui venir dire lui-même chez elle: & neanmoins comme ledit Haeghe & son pere avoient fait beaucoup de fraix, & rendu bien des soins dans les procès que ladite Schooneer avoit été obligée d'entreprendre pour poursuivre ledit Clynwert à la réparation de son honneur, elle passa le même jour pardevant Notaire sur les 8 heures du matin une obligation de 600 florins au profit dudit Haeghe, pour le rembourſer des avances & débours que lui & ſon pere avoient faits pour elle, auſſi-bien qu'en paiement des ſalaires qu'ils méritoient. Après pluſieurs pourparlers & différentes intrigues ledit Clynwert ayant enfin épouſé cette fille, avoit été arrêté au corps à la requête dudit Haeghe en paiement de ladite obligation.

Clynwert pour défenſes diſoit que cette obligation étoit nulle, ayant été contractée par une fille fiancée, qui n'eſt plus en puiſſance de s'obliger : *Cùm mulier poſt contracta cùm aliquo ſponſalia in facie Eccleſiæ, & poſtquam hinc inde de bonis in ſubſidium futuri matrimonii importandis plenè conventum & ſtipulatum eſt, non poſſit valide bona ſua alienare antequam matrimonium ſit contractum,* ſuivant le ſentiment des Docteurs & ſpécialement du Préſident Everard, *Conſil.* 20, de Peckius, *de Teſtamen. conjug. lib.* 4, *cap.* 5, *n.* 4, & de Chriſtin, *ad Leges Mechlin. tit.* 10, *n.* 8, où il aſſure que *communiter tenetur talem alienationem à ſponsâ factam revocari poſſe per actionem paulianam in factum.* Que d'ailleurs il paroiſſoit que ladite obligation étoit ſimulée & frauduleuſe, comme toutes les circonſtances le faiſoient préſumer, ſçavoir le tems, le lieu, les perſonnes, & la cauſe de l'obligation, dont l'aſſemblage rend un contrat tout ſuſpect, *& penè nullum,* dit Rebuffe, *ad conſtit. reg. tract. de litteris obligator. art.* 1, *Gloſſ.* 9, *num.* 23.

Le Demandeur ſoutenoit au contraire que ladite obligation étoit parfaitement bonne & pour cauſe. Que la Coûtume n'ôtoit point à une fille fiancée la liberté de contracter : qu'il n'y avoit que le mariage qui aſſujettiſſoit une femme ſous la loi du mari. Qu'il n'y avoit point de raiſon, pour laquelle une fiancée ne pût pas s'obliger ; ſur tout lorſqu'il ſe trouvoit quelque néceſſité ou cauſe urgente, comme au cas de queſtion, où ladite Schooneer s'étoit cruë dans l'obligation de ſatisfaire à ce qu'elle devoit à ſon parent pour les ſervices qu'il lui avoit rendus, & pour leſquels, ceſſant même ladite obligation, le Défendeur ſeroit toujours pourſuivable. En conformité de quoi les Aman & Echevins de Caſſel ayant condamné le Défendeur au paiement de la ſomme demandée, il en avoit appellé.

La Cour, ouï le rapport de M. Odemaer, a mis l'appellation au néant ; ce faiſant, a ordonné que la Sentence ſortiroit effet & condamné l'Appellant en l'amende & aux dépens.

XLII.

Lorſqu'une Partie fait quelque ſoutenement incidentel ou nouvelle demande, ſur laquelle le Juge ordonne à Partie de conteſter ; ledit Juge ne peut plus décider le principal, ſans débouter Partie de ſon ſoutenement, ou autrement y faire droit, quelque irrelevant qu'il paroiſſe.

ON en jugea ainſi ſur mon rapport en la deuxiéme Chambre le 19 Novembre 1694, au procès d'entre Charles Leſne, Cenſier demeurant à Wallers, Appellant, & Euſtache le Veau, Bailli de la Terre & Seigneurie d'Hertaing, Intimé.

XLIII.

1. *Un propriétaire qui vend une partie de son fonds, doit spécifier les servitudes qu'il prétend se conserver sur la partie venduë ; autrement le fonds vendu est tenu exemt de toutes servitudes, à moins que lors de la vente elles ne fussent apparentes & visibles.*

2. *Pour que le fait d'un particulier qui établit une servitude sur un fonds, puisse passer pour une véritable destination de pere de famille, il faut qu'il ait la puissance & la volonté d'établir ladite servitude.*

CEs deux questions furent préjugées en la deuxiéme Chambre le 24 Novembre 1694, au procès entre Gilles Deschamps, Maître Tailleur à Tournay, Appellant, & Jean-Baptiste Lucas, Marchand de ladite Ville, Intimé.

Par les titres du procès & les aveux des Parties il résultoit qu'un certain Lefebvre & M. Nolf sa femme, avoient acheté ensemble deux héritages contigus, l'un plus grand que l'autre, situés ruë de la Vellerie à Tournay, vis-à-vis celle des Maudyes. Que ledit Lefebvre étant mort & ayant laissé quelques enfans, ladite Nolf sa veuve, à qui appartenoit à titre de la communauté la moitié des deux héritages en propriété & l'autre en usufruit, avoit épousé en secondes noces le nommé Caumont, Procureur, avec qui elle étoit allée demeurer dans lesdites deux Maisons. Que dans chacune desdites deux Maisons il y avoit le long de la muraille mitoyenne un petit ruisseau venant de la cour qui traversoit deux chambres pour conduire les eaux de chaque Maison sur la ruë. Que ledit Caumont ayant établi son Etude ou Comptoir dans la chambre

fur ruë de la petite Maifon, fa femme avoit établi &
monté fa Boutique de Graifferie de l'autre côté dans la
grande Maifon. Que ledit Caumont, afin de rendre
fon Comptoir plus propre, avoit percé la muraille mitoyenne en bas au-deffus dudit Comptoir, & interrompu le ruiffeau de la petite Maifon pour en faire
écouler les eaux par le ruiffeau de la grande. Qu'ils
avoient occupé ladite Maifon en cet état deux ou trois
ans, jufqu'à ce que l'an 1672, lefdits deux héritages
avoient été décrétés à la pourfuite des créanciers dudit
Caumont, fçavoir pour la propriété d'une moitié &
l'ufufruit de l'autre, & avoient été adjugés à Antoine
de Berlaymont le 27 Août dudit an 1672, la propriété
d'une moitié demeurant toujours aux enfans dudit Lefebvre, jufqu'à ce qu'en 1691, à la pourfuite des
Comparçonniers lefdits deux héritages furent vendus,
& la petite Maifon achetée par ledit Lucas, qui étoit
un des cohéritiers du fonds commun, & la grande
5 jours après, fçavoir le 30 de Mai dudit an 1691,
par ledit Gilles Defchamps.

Il eft à remarquer, que depuis que ledit Caumont
avoit détourné les eaux de la petite Maifon dans la
grande, les chofes avoient refté dans cet état, fans
cependant qu'il en eût été fait aucune mention dans la
vente enfuivie ; les acheteurs n'ayant fait inférer autres claufes que les générales de ftyle, *ainfi que lefdites
Maifons s'extendent & fe comprennent.* Pourquoi ledit
Defchamps quelque tems après fon achat ne fe croyant
pas obligé de fouffrir ladite fervitude, avoit bouché
le trou par où les eaux de la Maifon dudit Lucas s'écou-
loient dans la fienne. Lucas l'ayant fait déboucher,
Defchamps préfenta requête le 4 Juin 1693, aux
Mayeur & Echevins de Tournay, concluant à ce que
le Défendeur fût condamné à réparer l'ouverture qu'il
avoit

avoit faite, comme n'ayant point de titre pour établir pareille servitude.

Le Défendeur disoit que ses lettres d'achat du fonds dominant, aussi-bien que celles du Demandeur du fonds servant, lui servoient de titre; puisqu'ils avoient tous deux acheté leurs Maisons, *ainsi qu'elles s'extendent & comprennent;* ce qui déterminoit l'état des choses & assujettissoit respectivement les fonds à ce, à quoi ils se trouvoient sujets lors de l'achat. Que passé vingt ans ladite servitude avoit été établie par un pere de famille, dont la destination vaut titre, selon la doctrine de Despeisses, *Part. 2, des Contrats, tit. 1, des servit. art. 4, des réelles, sect. 2, §. 13 sur la fin,* qui cite divers Arrêts rendus au Parlement de Paris sur ce sujet en diverses Coûtumes, rapportés par Charondas, Chopin & Bouvot. Que la question dans les mêmes circonstances ayant été décidée au Magistrat de Tournay en faveur d'un nommé Lefebvre, contre Sauvage, au rapport du sieur Conseiller de Molembay, la Sentence avoit été confirmée par Arrêt de la Cour.

Le Demandeur au contraire soutenoit que les clauses, *ainsi qu'elles s'extendent & comprennent,* étoient des claufes de style; que c'étoit contre l'interprétation des Loix que d'en induire aucune servitude; qu'elles ne déterminoient point les charges, mais seulement l'espace, l'étenduë, les abouts & tenans du terrein : qu'au lieu de servitude, elles ne ressentoient & ne disoient rien que liberté, comme remarque Ulpian, *Leg. 90, Dig. de verb. signifi. Qui uti optimæ maximæque sunt ædes tradit, non hoc dicit servitutem illis deberi, sed illud solum ipsas ædes liberas esse.* Qu'il falloit donc une claufe expresse, & que les ordinaires étoient trop générales pour assujettir un fonds, sur tout dans la Coûtume de Tournay, où tout héritage, *tit. des prescript. art. 1,* est

L

réputé libre, & où une poſſeſſion, même immémoriale, ne peut pas détruire cette liberté & introduire
la moindre ſervitude ſans titre exprès, paſſé pardevant
les Echevins. Et quand on conviendroit avec le Défendeur que deſtination du pere de famille vaut titre,
ce qui peut avoir lieu dans d'autres Coûtumes que celle
de Tournay, & en d'autres cas que celui dont eſt queftion, il ne s'enſuivroit pas qu'un fonds étant vendu
par le propriétaire à qui il auroit ſervi, la ſervitude
dût demeurer, ſi elle n'étoit expreſſément conditionnée & reſervée ; parce qu'autrement l'héritage eſt
toujours réputé vendu avec ſa premiere & naturelle liberté, au ſentiment de Faber, *ad Codicem, lib. 3, tit.
24, defi. 2, n. 9,* où il déclare : *Quod nunquam ex eò
quòd quis in ſuo fundo facit pro arbitrio ſumi jus poteſt, ut
in poſterum idem facere compellatur ; præſertim quoad ſer-
vitutes attinet : cum nemo rei ſuæ quandiu ſua eſt, ſervitu-
tem imponere poſſit, & ſic judicatum refert.* En effet, Brodeau ſur Louet, *lett.* S, *ſommaire* 1, *n.* 40, rapporte
qu'il fut ainſi jugé à Paris le 26 Mai 1601, par Arrêt
rendu en la Grande Chambre : tout ce qu'a fait un pere
de famille dans ſon fonds venant à ſe réſoudre *ipſo jure,*
lorſqu'il paſſe à un tiers acheteur. Il diſoit que Deſ-
peiſſes étoit de la même opinion, *Part. 2, tit. 1, art. 4,
ſect. 3, §. 3,* décidant que les ſervitudes ſe perdoient
par la confuſion de la propriété du fonds dominant &
du fonds ſervant dans une même perſonne, ſuivant la
déciſion de Gajus, *Leg. 1, Dig. Quemadmod. ſervit.
amit.* & d'Affricanus, *Leg. 33, Dig. de ſervit. ruſt. præd.*
fondée ſur la maxime : *Quod res ſua nemini ſervit.* Enſorte que ſi ledit propriétaire vendoit enſuite l'un ou
l'autre fonds, il ſeroit réputé libre, ſi la ſervitude n'é-
toit expreſſément conditionnée, *Leg. 7, Dig. commun.
præd.* par laquelle il eſt réglé que *in tradendis unis ædi-*

tus ab eo qui binas habet, species servitutis exprimenda est.
Que les claufes générales ne profitoient qu'aux étrangers, comme explique Ulpian, *Leg.* 10, *Dig. eod. ad extraneos pertinet generalis clausula, ipsi nihil prospicit venditori ad jura ejus conservanda* ; parce que *nulla habuit, cum nemo sibi servitutem debeat.* Il ajoutoit que tous les Auteurs fuivoient cette Jurifprudence ; fi bien, dit Zoëfius *ad Dig. lib.* 8, *tit.* 6, *n.* 2, qu'un pere de famille vendant l'un ou l'autre fonds, *liberum vendere censeatur, nisi nominatim servitus imponatur :* quand même cette fervitude auroit précédé la confufion qui auroit été faite de la propriété par la réunion des fonds en une même perfonne, comme explique amplement Paulus, *Leg.* 30, *Dig. de servit. urb. prædior.* Mais ce qui étoit décifif au cas préfent pour le Demandeur, c'eft que par les faits avoués il réfultoit que Caumont, qui avoit établi la fervitude dont étoit queftion, n'avoit les qualités fuffifantes pour rendre la deftination du pere de famille conftante, faute de pouvoir & même de deffein ; car il eft certain que pour que le fait d'un particulier dans l'établiffement d'une fervitude paffe pour une deftination de pere de famille, il faut que ce particulier foit autorifé d'établir ladite fervitude, & qu'outre l'autorité il en ait encore le deffein : or Caumont, qui n'avoit que la moitié defdites deux Maifons en propriété & même du chef de fa femme, ne pouvoit établir une fervitude fur le fonds commun, fuivant la décifion d'Ulpian, *Leg.* 2, *Dig. de servit.* qui dit que *unus ex dominis communium ædium servitutem imponere non potest.* Il lui étoit même défendu de le faire, parce que fes Comparçonniers étoient des mineurs, & il ne pouvoit l'entreprendre fans prévarication ; d'autant qu'elle étoit préjudiciable à des mineurs, dont il devoit conferver les interêts & les droits. Le préju-

dice réfultoit de ce que pour méliorer la plus petite des deux Maifons, il détérioroit beaucoup la plus grande en l'affujettiffant à une vilaine & fale fervitude : auffi n'apparoiffoit-il point que c'eût été fon deffein, n'ayant pratiqué ce trou que pour fa commodité particuliere. Il en étoit de même de ceux qui lui avoient fuccédé, lefdits fonds étant toujours demeurés communs entre plufieurs perfonnes ; d'où il concluoit à ce que le Défendeur fût condamné de reboucher le trou.

Les Mayeur & Echevins ayant par Sentence du 13 Juillet 1693, admis les Parties à preuve, le Demandeur en avoit appellé aux Prévôt & Jurés, qui par Sentence du 25 Septembre 1693, déclarerent le Demandeur bon Appellant & mal fondé au principal, le condamnant aux dépens de premiere inftance, l'Intimé en ceux de la feconde, fauf ceux de la Sentence compenfés ; de quoi le Demandeur avoit appellé.

La Cour, fur mon rapport, a mis l'appellation & Sentence dont étoit appel au néant ; & faifant droit par nouveau Jugement, a ordonné à l'Intimé de retirer fes eaux, permis à l'Appellant de boucher le trou en queftion, a condamné l'Intimé aux deux tiers des dépens des deux inftances & de la caufe d'appel, le furplus compenfé.

XLIV.

1. Il n'est dû droits seigneuriaux des ventes, que lorsqu'elles se trouvent consommées tant par l'adhéritance de l'acheteur que par la deshéritance du vendeur.

2. En Haynaut les rentes partageres ou réalisées faisant partie du fonds hypothéqué, doivent contribuer aux vingtiémes, si elles n'en sont expressément déchargées : mais elles n'y doivent contribuer qu'à proportion de ce que paie tout le fonds hypothéqué pour ses revenus.

CEs questions furent ainsi décidées en la deuxiéme Chambre le 13 Décembre 1694, au procès d'entre Messire François-Robert de la Pierre, sieur de Marcq, Demandeur, & Messire Alexandre de Carondelet, Baron de Noyelles, Opposant.

Le sieur de Carondelet avoit une rente partagere de 50 florins l'an, réellement hypothéquée sur la Seigneurie de Marcq, & tenuë en Fief de ladite Seigneurie, échéante au 18 d'Avril, dont il étoit dû dix années en 1682, au paiement desquelles ledit sieur de Marcq fut condamné par Arrêt du 7 Février 1682. Et comme ledit sieur de Marcq différoit de le faire, le Baron de Noyelles l'avoit fait sommer d'y satisfaire le 18 Septembre 1688, à peine d'exécution. Ledit sieur de Marcq se voyant menacé, se pourvut en surséance par requête du 30 Septembre suivant, soutenant que ladite exécution étoit nulle & tortionnaire à raison de l'excès ; attendu que sur la somme de 500 florins prétenduë pour les dix années d'arrerages, il prétendoit premierement, déduction de la somme de 160 florins pour droits seigneuriaux de la vente que le sieur Antoine de Carondelet & Dame Marie-Louise de Lannoy, pere & mere dudit fieur Alexandre, avoient faite de ladite rente le 6 Février 1681, à Me Guillaume Dehaut, Avocat à Valenciennes, pour la fomme de 600 florins, & dont ils avoient paffé les devoirs de deshéritance le 8 Février fuivant pardevant la Cour Féodale de Marcq, & ce en conformité des Chartres du Haynaut, *chap.* 104, *art.* 9. Secondement, déduction de 210 florins pour vingtiémes de ladite rente, qui n'auroient point été déduites pendant les 21 années antérieures à l'échéance de 1682, & ce fuivant ce qui eft réglé par l'inftruction des Députés des Etats du Haynaut, pour le redreffement des cahiers, *art.* 19, qui porte expreffément que les débirentiers des rentes réalifées peuvent déduire aux crédirentiers, *& rabatre le vingtiéme denier entier defdites charges.*

Le Baron de Noyelles s'oppofoit à la furféance, & foutenoit que ledit fieur de Marcq étoit mal fondé dans la déduction par lui prétenduë de la fomme de 160 florins, pour droits feigneuriaux de la vente en queftion ; d'autant que ledit Dehaut n'ayant jamais pris adhéritance, ladite vente n'avoit point été confommée : qu'elle étoit même réputée réfoluë felon lefdites Chartres, *chap.* 99, *art.* 2, qui décident pofitivement qu'en fait de rentes adhéritance faute d'adhéritance prife dans l'an, le droit de la chofe venduë retourne à celui qui s'en étoit deshérité. En fecond lieu, que ledit fieur de Marcq ne demandoit pas avec plus de juftice la déduction de 210 florins pour des vingtiémes ; qu'en fait de rentes partageres, les vingtiémes ne fe devoient point déduire, d'autant que ces rentes tenant lieu d'alimens, étoient privilégiées & devoient être exemtes de toutes charges : que fi elles étoient fujettes aux vingtiémes, du moins ce ne pouvoit être qu'à raifon & proportion de ce que payoit tout le fonds hypothéqué, fuivant la valeur de fes revenus, comme l'avoit fouvent réglé la Cour de Mons, & fpécialement par Sentence du 24 Novembre 1655, renduë entre Jean Templart & Confors, Appellans, contre Gafpard Defmoulins.

La Cour, ouï le rapport de M. Vifart, a déclaré l'Impétrant de furféance mal fondé, fauf pour la déduction des vingtiémes à proportion de ce qu'il paie annuellement pour les revenus de la Terre de Marcq, & l'a condamné en deux tiers des dépens, l'autre compenfé.

X L V.

Les interêts adjugés par un Arrêt de quelque fomme fe paient jufqu'au plein paiement de ladite fomme, fur tout lorfqu'il paroît que le créancier a fait fes diligences pour fe faire payer & mettre l'Arrêt à exécution.

CEla fut jugé en la deuxiéme Chambre le 14 Décembre 1694, entre Antoine Tieffry, demeurant à Tournay, Demandeur, & Fréderic de Ricq, Curateur commis à la Maifon mortuaire de feu le fieur Baron de Taintignies, Défendeur.

Le 27 Octobre 1693 ledit Tieffry avoit obtenu Arrêt au rapport de Mr Bruneau, par lequel le Baron de Taintignies étoit condamné de lui payer la fomme de 1600 florins, & les interêts depuis le 22 Avril dudit an, jour de la demande. Le Baron de Taintignies étoit mort fur ces entrefaites; Tieffry qui pourfuivoit l'exécution de fon Arrêt, trouva bien des difficultés, parce que les Tuteurs des enfans mineurs dudit Baron n'ayant pas voulu fe déclarer héritiers, il avoit été contraint de faire établir un Curateur, ce qui avoit traîné par les oppofitions defdits Tuteurs : pourquoi il demandoit que les interêts à lui adjugés par ledit

Arrêt lui fuffent continués jufqu'au plein paiement de ladite fomme.

Le Défendeur ne difoit autre chofe, finon que les interêts ne fe devoient point payer que jufqu'au jour de l'Arrêt qui les avoit adjugés ; qu'autrement un créancier à qui pareils interêts feroient adjugés, ne pourfuivroit jamais le paiement de la fomme principale pour en proroger les interêts.

La Cour, vu les conclufions du Procureur Général du Roi, ouï le rapport de M. Odemaer, a adjugé audit Tieffry les interêts de ladite fomme jufqu'au plein paiement d'icelle, a condamné l'Oppofant aux dépens.

XLVI.

Un Procureur eft payé par préférence aux autres créanciers de fon client de fes falaires, vacations & débours, fur l'acte de taxe des dépens adjugés à fondit client.

ON le jugea ainfi, les Chambres confultées, le 18 Décembre 1694, au procès entre Pierre Roger Wallard, Procureur à Courtray, Demandeur, & Adrien Vanbelghem, demeurant au Village de Belghem, Défendeur.

Pierre Mahieu, à la follicitation du Demandeur, qui le fervoit en qualité de Procureur, avoit obtenu dans certains procès qu'il foutenoit contre Jean Vlieghe, avec condamnation de dépens à la charge dudit Vlieghe. Le Demandeur en fa qualité les avoit fait taxer fous le nom de fon client & en avoit levé acte. Jean Vialette, un des créanciers dudit Mahieu, ayant plainti ledit acte, c'eft-à-dire, faifi ce qui en pouvoit revenir, ledit Jean Vlieghe en avoit configné les deniers és mains du Greffier Van-Steenkifte, & depuis ledit
Vanbelghem

Vanbelghem, auſſi créancier dudit Mahieu, les avoit fait ſaiſir pour ſes prétentions. Pour ces cauſes le Demandeur s'étoit pourvu à la Cour, afin que les deniers dudit acte de taxte nantis lui fuſſent adjugés, & cependant la main-levée accordée, attendu qu'il méritoit d'être préféré ſur iceux pour ſes débours, ſalaires & vacations, à concurrence deſquels ledit acte étoit affecté à ſon profit par préférence aux autres créanciers non privilégiés, de même qu'une Maiſon reſte affectée au paiement des ouvriers qui l'ont édifiée, tant pour le matériaux qu'ils y ont fournis, que pour la main-d'œuvre y employée, ſuivant la déciſion du Juriſconſulte Paulus, *Leg.* 29, §. 2, *dig. de pignorib. & hypoth.*

Le Défendeur ſoutenoit que ledit acte n'ayant jamais été tranſporté au profit du Demandeur, les deniers en appartenoient toujours audit Mahieu, & par conſéquent qu'il les avoit pu faire ſaiſir en qualité de créancier. Que le Demandeur pouvoit ſe pourvoir contre ledit Mahieu pour ce qui lui étoit dû, ainſi qu'il le trouveroit bon. Que s'il avoit fait des débours & vacations pour Mahieu, il s'en étoit rapporté à la foi de ſon client & lui en avoit fait crédit : que dans cette confiance il ne méritoit aucune préférence au préjudice de la ſaiſie faite par un autre créancier. Qu'en tout cas il falloit faire une grande diſtinction des débours avancés par un Procureur & des ſalaires par lui mérités ; que ſi les Arrêts avoient quelquefois adjugé préférence aux Procureurs pour leurs débours ſur les actes de taxes par eux obtenus, on ne leur en avoit jamais donné pour leurs vacations.

Au contraire, le Demandeur diſoit que la même raiſon qui rendoit les débours des Procureurs privilégiés, favoriſoit le paiement de leurs ſalaires & vacations, & que les Arrêts avoient eſtimé les ſalaires également préférables comme les débours. Que la Cour l'avoit ainfi décidé en faveur du Procureur Vanberghe, contre le Receveur des Tailles d'Harlebecq, par Arrêt rendu au rapport de M. Hendrix le 20 Octobre 1678, & pour le Procureur Waymel contre le Greffier Maloteau, par Arrêt rendu au rapport de M. Cordouan le 21 Octobre 1679, & par autre rendu au rapport de M. de Flandre le 14 Juillet 1681, *confultis Claffibus*.

La Cour, ouï le rapport de M. Vifart, a adjugé au Demandeur préférence fur ledit acte de taxe, tant pour fes falaires & vacations, que pour les débours par lui faits, a condamné le Défendeur aux dépens.

XLVII.

Les voyages extraordinaires & honoraires d'Avocats, qui n'ont pu paffer dans la taxe des dépens, ne fe peuvent porter dans l'état des dommages & interêts.

CEla fut ainfi décidé en la troifiéme Chambre, après confultation des deux autres, le 22 Décembre 1694, au fujet de la taxe des dommages & interêts adjugés par Arrêt rendu en révifion au profit de la demoifelle du Mefnil, à la charge de madame la Princeffe d'Efpinoy. La Demanderefle en dommages & interêts n'ayant pu faire comprendre dans la taxe des dépens à elle adjugés, divers voyages extraordinaires qu'elle avoit été obligée de faire pour la pourfuite & follicitation de fon procès, non plus que les honoraires extraordinaires de fes Avocats, en avoit groffi le libelle de fes dommages & interêts, & foutenoit qu'il étoit d'un ufage conftant dans les Confeils de Gand & de Malines, de paffer ces fortes de chofes par forme de defintereffement; parce que les dommages & interêts comprenoient tout ce en quoi la Partie pouvoit avoir été intereffée.

La dame Princesse d'Espinoy disoit au contraire, que la Jurisprudence de la Cour étoit en cela bien différente de celle de Malines & de Gand, ensuite de divers Arrêts qui avoient établi de ne point comprendre ces sortes de mauvais dépens dans l'état des dommages & interêts. Que cela avoit été jugé le 21 Octobre 1692, même les Chambres consultées, entre le sieur de Ghove, Demandeur sur dommages & interêts, & le sieur du Sart & Consors, & depuis encore entre Delvalée & le Camus, au rapport de M. Bruneau, & cela avec d'autant plus de justice, que ce qui est dépens de sa nature, ne peut devenir dommages & interêts par le fait de la Partie. Que ces sortes de dépens qu'une Partie fait pour une augmentation de preuve & un surabondant éclaircissement de son droit, étant réputés volontaires, sont justement rayés de la taxe des dépens ; après quoi ils ne peuvent venir en considération dans l'état des dommages & interêts, sans rendre la taxe des dépens illusoire.

La Cour, ouï le rapport de M. Cordouan, a déclaré la Demanderesse non fondée, & l'a condamnée aux dépens.

XLVIII.

1. *Bien que par une Coûtume il ne soit pas dû de remploi en ligne collatérale ou autrement des biens aliénés, on peut toujours néanmoins en faisant un acquêt, le subroger en la place d'un bien qu'on a aliéné ou d'une rente qui a été remboursée.*

2. *Des Partageurs peuvent échanger les propres pour la commodité d'un partage, ou pour autres raisons de convenance.*

IL en fut ainsi jugé le 12 Janvier 1695, en la troisième Chambre, au procès d'entre Marie-Magdelaine Tasche, veuve de Jacques Dehaut, & Consors,

demeurans à Berghes, Appellans, & François Harlebout & Confors, Intimés.

Le fait étoit tel, Jean Tafche, pere commun des
Parties, avoit époufé en premieres noces Marie Michiels, dont il avoit eu quatre enfans, fçavoir Maria-
nus & Marie qui avoient embraffé l'état de Religion,
Anne qui avoit été mariée à Olivier de la Fontaine, &
dont l'Intimé & fes Confors étoient enfans ou avoient
époufé les filles, la quatriéme étoit Therefe Tafche,
qui étoit morte à marier, & des biens de laquelle il
s'agiffoit de faire partage. En fecondes noces ledit Jean
Tafche avoit époufé Elizabeth Jacobs, dont il avoit eu
Marie-Magdelaine & Ifabelle Tafche, Appellantes.

La difficulté confiftoit à régler le partage dé neuf
mefures de Pâture fituées à Gywelde, Châtellenie de
Berghes, que ladite Therefe avoit achetées en 1682.
Pour entendre le fujet de cette difficulté, il eft à obferver qu'ayant été queftion de partager les biens de Jean
Tafche après fa mort entre les enfans de fes deux lits,
& fe trouvant que les enfans du premier avoient du
chef de Marie Michiels leur mere les trois quarts dans
une rente, dont l'autre quart étoit propre de leur pere
commun, les Juges-Partageurs afin de ne point laiffer
de communion entre lefdits enfans, avoient cédé &
affigné toute ladite rente entiere aufdits enfans du premier lit, qui en échange & remplacement avoient rapporté à la fucceffion paternelle l'équivalent en biens de
fonds venant de leur mere pour le quart de ladite rente,
qui par cet échange fait le 6 Décembre 1670, tenoit
toute entiere lieu de propre maternel aufdits enfans du
premier lit.

Cette rente, par le partage fait entre les enfans dudit premier lit des biens de leur mere, étoit tombée à
Therefe, & lui ayant depuis été rembourfée, elle

avoit, pour en conferver la valeur à la ligne de fa mere, fait achat des neuf mefures de terre en queftion, dont en prenant l'adhéritance le 5 Février 1682, elle avoit déclaré que c'étoit en remploi & fubrogation des rentes maternelles qui lui avoient été rembourfées.

En vertu de cette claufe ledit Harlebout & Confors avoient, du chef de leur mere, prétendu pardevant les Bourguemeftre & Echevins de Berghes, que lefdites neuf mefures de terre leur appartenoient; à quoi ladite Marie-Magdelaine Tafche & fa fœur s'étoient oppofées, pour deux raifons. La premiere étoit que dans la Coûtume de Berghes n'étant point dû remploi en ligne collatérale, ni permis à des acquereurs de conditionner leurs acquêts contre l'ordre des fucceffions, ladite Therefe n'avoit pu en achetant lefdites terres en changer la nature par fa déclaration, & d'un acquêt en faire un propre maternel au préjudice de fes fœurs du deuxiéme lit, pour le donner à celles du premier; parce que perfonne ne peut faire, *quin leges locum habeant in fuo teftamento:* fi bien que ce qui fe fait contre la Loi, *non folum nullum, fed pro infecto habetur. Leg. Non dubium, Cod. de Legib.* & qu'il en avoit ainfi été jugé par divers Arrêts rapportés par Loifeau. La deuxiéme raifon & qui faifoit une feconde difficulté du procès, étoit que la rente en queftion étoit du moins pour un quart originairement paternelle. Que par l'échange fait en 1670, elle n'avoit pu devenir maternelle; les Juges-Partageurs n'ayant pu faire ce changement fans y être fpécialement autorifés, de quoi il n'apparoiffoit point.

Harlebout au contraire foutenoit que bien qu'il ne fût point dû remploi en ligne collatérale des biens aliénés, il n'étoit pas auffi défendu: qu'au contraire, on le devoit préfumer permis par une efpece d'équité, afin de conferver les biens dans la côte & ligne d'où ils procedent. Que bien que la Coûtume de Berghes ne permette pas expreſſément aux acquereurs de conditionner leurs acquêts, du moins ne le défendoit-elle pas ; ſur tout lorſqu'il s'agiſſoit de remploi, & du remploi d'une rente rembourſée, dont le rembourſement eſt forcé, & ſe fait par le débiteur, même malgré le propriétaire de la rente. Que la Coûtume permettoit au propriétaire d'une rente rembourſée d'employer & de diſpoſer des deniers à ſa volonté, & par conſéquent d'en faire des achats en ſubrogation deſdites rentes rembourſées. Qu'elle permettoit à tous majeurs de diſpoſer de ſes héritages d'entre-vifs ; qu'en tout cas la déclaration de ladite Théreſe tenoit lieu d'une donation d'entre-vifs, puiſque par ce remploi l'héritage acheté devenoit irrévocablement affecté à la ligne ſuivant les intentions de l'acquereur. Et quant à la ſeconde difficulté, il diſoit qu'après le Jugement des Partageurs ladite Oppoſante ne pouvoit plus revendiquer le quart de ladite rente, pour lequel on avoit pris l'équivalent ſur les biens maternels. Que s'il s'agiſſoit de quelque terre conſidérable, laquelle on pourroit avoir une affection particuliere de retenir dans la famille, il y auroit plus d'apparence de raiſon : mais que s'agiſſant d'une rente toujours rédimible & qui peut à tous momens être éteinte, elle avoit tort de la revendiquer, ſur tout n'y ayant qu'un quart, que les Partageurs avoient jugé à propos d'échanger pour le repos des Parties & la facilité du partage.

Suivant quoi le Magiſtrat de Berghes, par Sentence du 28 Juillet 1693, avoit déclaré l'Oppoſante & Conſors non recevables ni fondés dans leur oppoſition, & les avoit condamnés aux dépens, dont ils avoient appellé.

La Cour, ouï le rapport de M. Pollet, a mis l'ap-

pellation au néant & ordonné que la Sentence fortiroit effet, a condamné l'Appellante & Confors en
l'amende & aux dépens.

XLIX.

1. *La penfion des Procureurs Penfionnaires des Commu-*
nautés, n'eft pas réputée leur fervir de paiement pour
aucuns falaires.

2. *Les falaires mérités par les Procureurs ne fe prefcri-*
vent pas par l'efpace de deux ans écoulés, depuis les
Jugemens rendus dans les caufes dont on répete les fa-
laires, fi depuis lefdits Jugemens les Procureurs ont con-
tinué de fervir les Parties en d'autres caufes.

ON jugea ainfi ces deux queftions, les Chambres
affemblées, le 24 Janvier 1693, au procès entre
Claude-Fréderic le Ricq, Curateur commis aux biens
de feu Maître Antoine Van Predelles, Procureur en
la Cour, Demandeur, & le Magiftrat de Berghes-
Saint-Winocq, Défendeur.

Ledit Predelles en fa qualité de Procureur avoit
fervi pendant fa vie continuellement jufqu'à fa mort,
arrivée au mois de Novembre 1690, le Magiftrat de
Berghes : depuis le Demandeur ayant été établi Curateur aux biens dudit Predelles après fa mort, avoit
remarqué par les notices du défunt que dans plufieurs
procès & inftances, où le Magiftrat de Berghes avoit
été obligé d'intervenir comme Juge appellé depuis
1667 jufqu'en 1683, ledit Predelles n'avoit point été
payé de fes falaires & vacations par lui faites à ce fujet, defquelles procédures partie étoit finie par Arrêt,
& partie encore en état ; pourquoi ledit le Ricq en
ayant dreffé une déclaration, avoit attaqué ledit Ma-

giftrat en diminution defdits falaires par requête du 4 Juillet 1692.

Le Magiftrat combatoit cette déclaration par deux moyens ; fçavoir , que ces fortes de vacations extraordinaires ne fe répétoient jamais par les Procureurs Penfionnaires , aufquels leurs penfions tenoient lieu de falaires. En fecond lieu , que la plûpart des vacations dont on répétoit le paiement , regardoit des inftances qui avoient été terminées par Jugement paffé plus de deux ans , & dont par conféquent l'action étoit prefcrite conformément aux Ordonnances & Placards du 4 Octobre 1540 & 30 Juin 1650.

Le Demandeur foutenoit au contraire que les Procureurs Penfionnaires , non plus que les autres , n'étoient point réputés travailler pour rien ; que s'ils avoient quelque honoraire fixe , c'étoit par forme de retenuë & non de récompenfe de leurs vacations extraordinaires , qui feroient bien mal récompenfées par la petiteffe de leurs penfions. Il avouoit que partie des caufes dont on demandoit les falaires , étoit finie par des Jugemens rendus depuis plus de deux ans ; mais il difoit que ledit Predelles ayant continué fes fervices de Procureur pour ledit Magiftrat en différentes autres caufes jufqu'à fa mort , la prefcription defdits falaires avoit toujours été interrompuë par la continuation des fervices , felon l'explication d'Anfelmo , *in Triboniano Belgico , cap. 3 , de falariis exig. intra biennium , §. 3* , où il dit que *Biennium illud non incipit currere , nifi à tempore finiti officii* , conformément à l'interprétation donnée le 14 Février 1549 , par la Reine d'Hongrie , fur l'Edit du 4 Octobre 1540 , & contenuë dans le Recueil des Placards , *liv. 3 , rubr. 1 fur la fin.*

La Cour , ouï le Procureur Général du Roi en fes conclufions , le rapport de M. Delvigne , a ordonné audit

audit Magiſtrat de fournir de diminution dans le mois aux états du Demandeur, a condamné ledit Magiſtrat aux dépens.

L.

Un Clerc en peut pourſuivre un autre pardevant la Cour en aɛtion perſonnelle réſultante d'une adminiſtration des biens des pauvres.

IL fut ainſi décidé en la deuxiéme Chambre le 29 Janvier 1695, entre les Prévôt, Doyen & Chapitre de ſaint Sauveur à Harlebecq, Demandeurs, contre Me Thomas Omaer, Licentié és Loix, Chanoine audit lieu, Défendeur.

Le 19 Avril 1694, les Demandeurs avoient préſenté requête à la Cour, concluant à ce que le Défendeur, en qualité d'héritier de feu le ſieur Thomas Bonte ſon oncle, auſſi vivant Chanoine audit Harlebecq, fût condamné de payer diverſes ſommes dont ſondit oncle étoit demeuré redevable par les comptes qu'il avoit rendus de l'adminiſtration des biens des pauvres d'Harlebecq, laquelle ledit Chapitre lui avoit confiée.

Le Défendeur avant de conteſter au fonds avoit requis ſon renvoi pardevant le Juge Eccléſiaſtique : il diſoit que les Parties étant Eccléſiaſtiques, & l'aɛtion purement perſonnelle, & la matiere concernant une cauſe pieuſe, le tout étoit de la compétence du Juge d'Egliſe, conformément aux Réglemens des ſaints Canons, *Cap. Si diligenti*, ⚔ *de foro competenti*, qui décident que les Clercs *non ſolum inviti ſed etiam voluntariè pacifci non poſſunt, ut Judicia ſæcularia ſubeant.* Que bien que ſon inclination le portât aſſez à ſe ſoumettre aux déciſions de la Cour, ſa conſcience ne le lui permettoit pas, & que la crainte d'encourir les cenſures eccléſiaſtiques l'obligeoit d'en décliner. Que l'Ordon-

N

nance toute récente du 2 Décembre 1688, renduë par feu Mr de Choiseul, Evêque de Tournay, dans sa visite à Harlebecq, le défendoit expressément sous peine d'excommunication, *& quidem latæ sententiæ.*

Les Demandeurs s'opposoient au renvoi, & disoient que le Défendeur représentoit la personne de son oncle, *qui cum eadem erat persona, Leg.* 59, *de Regul. Juris.* Que le défunt s'étant immiscé dans une administration temporelle, s'étoit par là soumis à la Jurisdiction du Juge Laïque; que cette maxime étoit établie par divers Arrêts que rapporte Papon dans son Recueil, *tit.* 5, *de la Jurisd. temp. art.* 1, 9, 10 *&* 12, & fondée sur les décisions des saints Canons, *toto titulo Decretal. Ne Clerici vel Monachi rebus sæcularibus se immisceant.* Que d'ailleurs les pauvres étant immédiatement sous la garde & protection du Roi, avoient leurs causes commises à la Cour, *tot. tit. Cod. Quando Imperator inter pupillos vel viduas vel alias miserabiles personas cognoscat.*

La Cour, vu les conclusions du Procureur Général du Roi, ouï le rapport de M. Visart, a débouté le Défendeur du renvoi par lui requis, en conséquence lui a ordonné de pertinemment contester, & l'a condamné aux dépens de l'incident.

L I.

Les deniers qu'on prétend avoir été fournis pour l'achat d'un héritage, n'ont point de préférence & privilége sur les hypothéques antérieures, si par le premier acte de l'achat il n'apparoît qu'ils ont été fournis à ce sujet, & non pas par acte fait depuis l'achat.

LA question fut jugée en la troisiéme Chambre le premier de Février 1695, entre Gilles Percou, Appellant, & Philippe Drupsin, Intimé.

Il s'agiſſoit au procès de la diſtribution des deniers
d'une Maiſon ſituée à Seclin, portant pour Enſeigne
ſaint Martin, ci-devant appartenante à Jacques Dubois, laquelle avoit été venduë par décret rendu à la
pourſuite de ſes créanciers. Le Juge de la Gouvernance
à Lille avoit, par ſon Ordonnance du 23 Juin 1690,
mis en ordre prieur ledit Drupſin pour une rente de 25
florins par an, en capital de 400 florins, venant de
Jean Outreſſon, en date du 20 Août 1619, laquelle
ledit Jacques Dubois avoit reconnuë exécutoire le 24
Janvier 1676, ſous le ſcel engendrant hypothéque ſur
tous ſes biens préſens & futurs. Et après lui étoit mis
en ordre ledit Percou pour une rente annuelle de 37
florins 10 patars, portant 600 florins en capital, créée
par lettres du 6 Novembre 1677, auſſi paſſées pardevant ledit ſcel.

Ledit Percou s'étoit oppoſé à cette Ordonnance, diſant que bien que la conſtitution de ſa rente fût d'une
date poſtérieure à celle de Drupſin, cependant il lui
devoit être préféré; parce que par ſeſdites lettres il
apparoiſſoit & étoit exprimé que les 600 florins en faiſant le capital avoient été levés par ledit Dubois, *pour
purger en partie les deniers dont il étoit redevable pour l'a-
chat de ladite Maiſon.* Qu'étant ainſi conſtant que ladite
Maiſon avoit été acquiſe de ſes deniers, elle n'étoit entrée entre les biens dudit Dubois qu'avec cette charge,
& ſous la condition que lui oppoſant *auroit*, ainſi qu'il
étoit ſtipulé, *préférence pour ſeſdits deniers ſur ladite Maiſon à toutes les hypothéques antérieures.*

Drupſin au contraire diſoit que ſon hypothéque
étoit antérieure, la reconnoiſſance étant de l'an 1676:
que la rente de Percou ne méritoit aucun privilége,
parce que les deniers n'en avoient été fournis que
pour employer à purger l'achat de la Maiſon acquiſe

par Dubois, qui lors de la purge étoit déja véritable propriétaire par la deshéritance du vendeur & l'adhéritance prise par l'acheteur, & par conséquent après que l'hypothéque générale de sa rente avoit affecté le fonds acquis : au préjudice de quoi la stipulation inférée dans les lettres de Percou, ne pouvoit opérer ni lui donner aucun privilége, ayant été faite *ex intervallo*, & par un contrat postérieur à l'achat. Pour ces raisons ledit Juge, par Sentence du 16 Mars 1691, en déboutant Percou de son opposition, avoit confirmé l'ordre desdits deniers, de quoi il avoit appellé.

La Cour, ouï le rapport de M. Couvreur, a mis l'appellation au néant, & ordonné que la Sentence sortiroit effet, a condamné l'Appellant en l'amende & aux dépens.

L I I.

Lorsqu'un créancier arrête les effets, que son débiteur méditant faillite détourne & veut sauver au préjudice de tous ses créanciers, il mérite d'être préféré pour sa créance sur lesdits effets arrêtés.

ON le jugea de cette sorte en la troisiéme Chambre le 7 Février 1696, au procès d'entre Laurent Masure & Antoine du Gardin, Curateurs commis aux biens abandonnés de Pierre Rau, Me Tailleur d'habits à Tournay, Demandeurs, & Antipas James, Marchand demeurant à Rouen, Défendeur.

Le fait étoit que ledit James étant venu à Tournay pour se faire payer dudit Rau, avoit remarqué qu'il n'étoit pas bien dans ses affaires, ce qui l'obligea de veiller sur sa conduite ; si bien que le 18 Juillet 1694, s'étant apperçu que le nommé Jean de le Croix, Porte-faix, sortoit de chez ledit Rau sur les dix heu-

res du foir chargé d'un gros ballot, il avoit crié *Haro*
deffus, & l'avoit fait arrêter par les Soldats de la
Garde, qui avoient accouru à la clameur, lefquels
tranfporterent ledit ballot au Corps-de-Garde. Ce
coup éclatant fit que ledit Rau ne parut plus le lendemain dans fa Maifon, ni depuis, & fe réfolut d'a-
bandonner fes biens à fes créanciers, dont il en paffa
acte ledit jour 19 en fe retirant. James ne manqua
pas auffi, dès le même jour 19 au matin, de fe pourvoir à la Cour, pour fur l'expofé du fait obtenir permiffion d'arrêter les effets & la perfonne dudit Rau,
parce qu'il étoit un des fuppôts de la Chancellerie ;
ce qu'il obtint, & en vertu de ce, il avoit fait tranf-
porter ledit ballot dans la Conciergerie du Palais par
l'Huiffier Delzenne, & l'y avoit fait vendre.

Mais le 30 dudit mois les Demandeurs, qui depuis
la retraite dudit Rau avoient été établis Curateurs
à fes biens, fe pourvurent en interdiction, afin que
ledit Huiffier n'eût à fe dégarnir defdits deniers au
préjudice de la généralité des créanciers. Ils difoient
que tous les biens & effets d'un débiteur après la
faillite étoient acquis à fes créanciers, en conformité
des réglemens de Sa Majefté fur le fait des banque-
toutes, & fuivant les Placards des Souverains de ce
Pays. Que c'étoit un ufage inconteftable dans le
commerce, confirmé par plufieurs Arrêts, qui avoient
même déclaré les ceffions & tranfports faits par des
débiteurs méditant de faire banqueroute, nuls & de
nul effet, comme frauduleux & doleufement concer-
tés au préjudice de la généralité des créanciers : *Neque*
enim præripere debuit cæteris, cum jam par conditio om-
nium creditorum facta effet, dit Ulpian *Leg.* 6, §. 7, *Dig.*
Quæ in fraudem credit. Qu'il ne falloit pas prendre garde fi, lorfque ledit ballot avoit été arrêté, ledit Rau

n'avoit pas encore fait abandon defdits biens, & s'il ne s'étoit pas encore retiré ; qu'il fuffifoit qu'il fauvoit fes effets dans le deffein de faire banqueroute : que cet acte même étoit un acte de faillite, & par conféquent révocable, comme fait au préjudice des créanciers. Que fi ledit James avoit été affez heureux, pour arrêter ledit ballot & le recouvrer, *caufam omnium fecerat meliorem*, & que cela devoit tourner à l'acquit de la dette commune, fans que ledit James put prétendre deffus aucune préférence, fi ce n'étoit au plus pour les fraix des efpions qu'il pouvoit avoir employés à ce fujet.

James au contraire foutenoit qu'ayant fait arrêter ledit ballot avant la retraite de Rau, il en devoit confuivre le prix par préférence en diminution de fa créance, conformément à la décifion des mêmes Loix rapportées par les Demandeurs, Ulpian difant, §. *eodem*, que c'eft une Jurifprudence reçuë, *ut qui debitam pecuniam recipit antequam bona debitoris poffideantur, quamvis fciens, prudenfque folvendo non effe recipiat, non timeat hoc edictum* ; parce que, dit-il, *fibi vigilavit*. Que l'ufage s'étoit conformé à cette maxime dans Tournay, où contre la rigueur de la Jurifprudence Françoife, l'on tient bons tous les contrats qu'un débiteur fait avec fes créanciers, & toutes les ceffions qu'il leur fait avant fa banqueroute, lorfque les créanciers n'ont point encore pris poffeffion des biens abandonnés par l'établiffement des Curateurs. Que cet ufage avoit été confirmé par divers Arrêts, & entre autres par un célébre rendu en la caufe de Bauduin, contre les créanciers de la veuve Bodechon fa belle-fœur, qui avoit fait banqueroute. Il ajoutoit, que quand même les ceffions faites par un débiteur immédiatement avant fa faillite feroient nulles, il n'en devoit pas être de même des faisies faites par les créanciers. Que des cessions semblables étoient suspectes de fraude du côté du débiteur, & de connivence à la banque-route du côté des créanciers ; mais que dans les fai-sies des créanciers, il ne paroissoit que de la bonne foi, & de la diligence toujours favorisée par les Lé-gislateurs, & spécialement dans le fait dont il s'a-gissoit, où le créancier, par sa vigilance, s'afsûroit un gage sans préjudicier à la généralité des autres créan-ciers, qui n'en auroient jamais profité, si le débi-teur l'eut pu sauver. Que ce cas étoit en particulier expressément résolu en sa faveur par la décision d'Ul-pian, *Leg.* 10, §. 16, *Dig. Quæ in fraudem credit*, où il dit en la même hypothése de la fuite d'un débiteur qui sauve ses effets : *Si debitorem meum & complurium credi-torum consecutus essem fugientem, secum ferentem pecuniam & abstulissem ei id quod mihi debebatur.* Voilà le cas, qu'il résout avec cette distinction : *Placet Juliani senten-tia dicentis multum interesse, antequam in bonorum possessio-nem ejus creditores mittantur, hoc factum sit an posteà ; si ante, cessare in factum actionem, si posteà huic locum fore.* A quoi les Docteurs se conforment avec la Glose.

La Cour, ouï le rapport de M. Odemaer, a dé-claré les Demandeurs non recevables ni fondés en l'interdiction par eux requise, & les a condamnés aux dépens.

L I I I.

Le créancier d'un défunt, ni même l'héritier d'un défunt, ne peut obliger un créancier antérieur saisissant de pour-suivre la discussion des biens saisis.

IL fut ainsi jugé en la troisième Chambre le 17 Février 1695, au procès entre le sieur Jacques-Albert le Dru, Capitaine de Cavalerie au Régiment de Montroye, Appellant, & dame Catherine-Eleonor le Dru, veuve du sieur Farel, Major de Cavalerie au service du Roi Catholique, sa sœur, Intimée.

Feu Noël le Dru leur pere ayant rapporté ses biens à sadite fille, pour l'indemniser des obligations qu'elle avoit contractées à sa décharge envers la dame de Famars & autres, elle fit saisir lesdits biens après la mort de son pere en vertu de ses rapports, & entra en possession d'iceux sous caution.

Ledit le Dru son frere, qui eût souhaité de voir la succession de sondit pere discutée pour connoître s'il y auroit lieu de s'en porter héritier, ou du moins de pouvoir être payé de ce qui lui étoit dû en vertu de semblables rapports postérieurs, attaqua sadite sœur pour l'obliger à poursuivre la discussion des biens, dont elle jouissoit en vertu de ses rapports & saisies ; laquelle disoit qu'on ne la pouvoit contraindre à agir malgré elle, & soutenoit que c'étoit audit Demandeur à entreprendre & poursuivre la discussion desdits biens en vertu des rapports qui lui avoient été faits, s'il s'y croyoit fondé, & qu'elle offroit de le subroger en ses droits, s'il vouloit la desintéresser, pour entreprendre ladite discussion en qualité d'héritier ou de créancier. Pourquoi les Prevôt & Jurés de Valenciennes, par Sentence du 27 Janvier 1694, avoient renvoyé le Demandeur de ses conclusions avec dépens, dont il avoit appellé.

La Cour, ouï le rapport de M. Delvigne, a déclaré qu'il avoit été mal & sans griefs appellé, a condamné l'Appellant en l'amende & aux dépens.

LIV.

L I V.

*Les nullités d'une enquête ne se peuvent réparer ni
rectifier par la répétition des témoins.*

ON le décida ainsi en la troisiéme Chambre le 19
Février 1695, entre Simon-George de Conche,
Bourgeois de Paris, Appellant, contre Philippe du Puis
& Joseph le Febvre, Chirurgiens à Lille, Intimés.

Ledit de Conche ayant eu la jambe cassée le 8 Mars
1693, entre Maubeuge & Philippeville, fut obligé
d'aller à Lille pour achever de se faire panser; pourquoi il s'adressa aux Intimés, qui après l'avoir guéri
lui demanderent 40 écus pour leurs médicamens & salaires; & pour cet effet présenterent requête aux Prévôt & Echevins de Lille le 12 Novembre 1693, pardevant lesquels ledit de Conche soutint de les avoir satis-
faits au moyen des festins dont il les avoit régalés. Sur
quoi les Parties ayant été admises à preuve, les Intimés
avoient fait ajourner l'Appellant au 20 Novembre,
pour voir jurer leurs témoins & procéder à l'enquête.

L'Appellant s'étant rendu à l'assignation, il ne se fit
rien par l'absence du Conseiller le Grand & l'embaras
du Greffier; mais le 26 ensuivant les Intimés ayant
produit leurs témoins, sans que ledit de Conche eut été
signifié, le Commis du Greffe entendit quatre témoins; après la déposition desquels il transcrivit de
suite la déposition de quelques autres, qui avoient été
entendus dès le 2 dudit mois.

Les choses ayant été faites de cette maniere, l'Appellant par ses reproches avoit remontré l'irrégularité
de telle enquête & procédure : pourquoi le Juge, par
Sentence du 10 Mai 1694, avoit ordonné que lesdits
témoins seroient répétés, dont néanmoins ledit de

Conche s'étoit porté pour Appellant, difant que lorf-qu'une enquête étoit nulle, il ne fuffifoit pas de répé-ter les témoins y entendus pour la valider, & qu'il fal-loit en faire une nouvelle.

La Cour, ouï le rapport de M. Pollet, a mis l'ap-pellation & Sentence au néant; émendant, a ordonné qu'il feroit procédé à une nouvelle enquête, & a con-damné les Intimés aux dépens.

L V.

Lorfqu'un vendeur néglige de tenir note de fes marchés, on ajoute foi à celles de l'acheteur, ou du moins elles font commencement de preuve par écrit contre le vendeur pour juftifier le marché ; laquelle preuve peut fe corroborer par témoins, même en matiere excédant 300 florins.

A Infi fut-il jugé en la troifiéme Chambre le 23 Fé-vrier 1695, au procès d'entre Petronille Delrue, veuve de Jean Beviere, Marchande à Lille, Appel-lante, & Charles Monnier, Fermier des impôts audit Lille, Intimé.

Ledit Monnier ayant fait affigner pardevant les Mayeur & Echevins de Lille ladite veuve Beviere aux plaids du 22 Novembre 1692, avoit repréfenté que le 15 dudit mois il auroit acheté de ladite veuve 7 pipes de brandevin & 26 bariques; lequel marché fe trou-voit en partie exécuté par la livrance qu'elle avoit faite defdites 7 pipes & de 14 bariques. Qu'il reftoit encore 12 bariques ou 6 pipes à livrer à 24 patars le lot : ce que ladite veuve refufoit de faire par la cherté furve-nuë dudit brandevin. Sur la dénégation faite par ladite veuve d'avoir convenu de livrer plus de brandevin au Demandeur qu'elle n'avoit fait, il avoit été ordonné aux Parties de reproduire leurs livres de notices. Par celui dudit Monnier il paroiſſoit qu'il avoit annoté dans l'ordre des dates les brandevins par lui achetés. Que le 15 Septembre 1692 il avoit acheté de ladite veuve 7 pipes & 26 bariques de brandevin ; à compte de quoi elle auroit livré 7 pipes & 14 bariques. Au contraire par les notices de ladite veuve il paroiſſoit qu'ayant omis de tenir note de ſon marché avec ledit Monnier dans l'ordre des dates, elle avoit ſeulement marqué hors date de lui avoir vendu & livré 7 pipes & 14 bariques de brandevin.

Sur ce ledit Monnier avoit ſoutenu qu'on ne devoit avoir aucun égard à pareille notice, qui ſe trouvoit miſe après coup & hors de date ; & qu'à faute par ladite venderesse d'avoir tenu de fidelles notices, il s'en falloit rapporter aux ſiennes, dont il offroit ſurabondamment de juſtifier la fidélité par témoins.

Au contraire, ladite veuve diſoit qu'on ne devoit donner aucune croyance aux notices dudit Monnier : que les notices d'un acheteur ne faiſoient foi que contre lui, qu'autrement il ſeroit dans la liberté d'un acheteur qui auroit acheté 10 de marquer 100 ſur ſon livre, s'il voyoit enſuite augmenter le prix de la marchandiſe, & d'exiger les 100 du vendeur, ſur le pied qu'il auroit été livré de 10 parties de 100. Que les notices d'elle venderesse n'étoient pas moins fidelles pour avoir été miſes poſtérieurement ; & qu'enfin ledit Monnier offroit inutilement de juſtifier par témoins ladite prétenduë convention dans le cas préſent, dont l'importance excédoit beaucoup la ſomme de 300 florins : ce qui répugnoit au Réglement de l'Edit perpétuel.

Ledit Monnier repliquoit qu'y ayant commencement de preuve par écrit par les notices qu'il avoit tenuës, le cas n'étoit pas ſujet à la rigueur de l'Edit perpétuel; pourquoi le Juge par Sentence du 5 Février 1693 , ordonna que les témoins feroient ouïs , & nonobſtant l'appel interjetté par ladite veuve de cette Ordonnance , ledit Monnier produiſit ſes témoins en pleins plaids , dont ladite veuve ne reprocha les dépoſitions que du chef dudit Edit perpétuel. Cette enquête ayant été tenuë verbalement , ſans rien rédiger par écrit , le Juge , ſur le rapport du Conſeiller Penſionnaire , avoit par Sentence du 11 Août 1693 , condamné ladite veuve de fournir les 12 bariques reſtantes du marché , & aux dépens ; dont elle avoit encore appellé.

La Cour , ouï le rapport de M. de la Place , a mis les appellations au néant ; ce faiſant & avant faire droit en définitif , a ordonné aux Parties de faire leurs preuves pardevant le Conſeiller Rapporteur , en produiſant tels témoins qu'elles trouveront convenir.

L V I.

Cette clauſe d'un teſtament , je donne à Bertin deux Fiefs & un à Antoine , leſquels ſeront héritiers l'un de l'autre , ne contient point le cas vulgaire d'une ſubſtitution , enſorte que ſi Bertin décédant avant le Teſtateur n'atteint pas ſon legs , Antoine ne ſera pas cenſé y être appellé.

IL fut ainſi départi en la première Chambre ſur le partage de la troiſiéme le 7 Mars 1695 , au procès d'entre Nicolas Mannier , Marchand Toilier à Cambray , au nom de Marie-Barbe le Dien ſa femme, Appellant , & Marie-Magdeleine Blondel , veuve de N. le Dien , & Marguerite le Dien ſa fille , Intimées.

Mathias le Dien par ſon Teſtament du 26 Août

1688, avoit expreſſément *exhérédé ladite Marie-Barbe le Dien ſa ſœur*, & donné en vertu de bons rapports deux Fiefs ſitués à Naves, à Bertin le Dien ſon neveu, fils & frere reſpectivement des Intimées, & un autre à Antoine le Dien frere dudit Bertin : & comme ils étoient tous deux lors expatriés, ledit Teſtateur avoit ordonné que les Intimées jouiroient des Fiefs aſſignés auſdits Antoine & Bertin leurs fils & freres pendant leur abſence, ſans être obligées d'en rendre compte ; & quant à la propriété, que leſdits Antoine & Bertin *demeureroient héritiers l'un de l'autre, & qu'en cas de mort ladite Marguerite le Dien leur ſœur ſuccéderoit à leurs parts & portions.* Depuis ledit Bertin étoit décédé hors du Pays, ſans que ledit Mathias ſon oncle qui lui avoit ſurvécu, eût rien changé dans ſon Teſtament : mais étant mort, ladite veuve le Dien & ſa fille avoient ſoutenu qu'en vertu de ladite clauſe, *demeureront héritiers l'un de l'autre*, Antoine étoit appellé à la part de Bertin ; & ſur ce pied elles avoient demandé pardevant l'Official de Chambray, comme Juge ordinaire des lieux, la jouiſſance des Fiefs légués audit Bertin.

Nicolas Mannier, au contraire, au nom de ſa femme, ſœur & héritiere *ab inteſtat* dudit Mathias le Dien, ſoutenoit que Bertin étant décédé avant Mathias ſon oncle, il n'avoit point atteint le legs à lui fait des deux Fiefs en queſtion, & par conſéquent n'en avoit pu tranſmettre le droit à ſon frere Antoine, qui n'étoit appellé qu'à titre & en cas de ſucceſſion, ſelon les termes du Teſtateur, *demeureront héritiers l'un de l'autre.* Que Bertin n'ayant pu profiter à cauſe de ſa mort prématurée de la libéralité du Teſtateur ſon oncle, il n'avoit rien laiſſé dont Antoine pût hériter, & que le cas arrivé étoit cenſé omis.

Les Demanderelles diſoient que ladite clauſe contenoit une véritable ſubſtitution, qui comprenoit clai-
rement le cas vulgaire; qu'il ne falloit pas s'attacher
ſcrupuleuſement à la lettre & à la ſimple ſignification
des termes, lorſqu'il apparoiſſoit ſuffiſamment de la
volonté du Teſtateur, comme dans l'hypotheſe, où
tant par la clauſe ajoutée enſuite, qui en cas de
mort ordonnoit que Marguerite le Dien, ſœur deſdits
Bertin & Antoine, ſuccéderoit à leurs parts & portions, que par l'exhérédation de ladite Marie-Barbe
le Dien, l'on découvroit aſſez que l'intention dudit
Teſtateur étoit d'ôter à ſa ſœur leſdits Fiefs, pour les
donner à ſes neveux, ou en tout cas à ſa niéce; &
qu'ainſi il falloit ſainement interpréter ſa diſpoſition
en faveur des neveux, ſuivant l'opinion de Grivel,
Deciſ. 41.

Le Défendeur d'un autre côté repréſentoit que les
ſubſtitutions étoient contre le droit naturel, & par
conſéquent qu'on en devoit borner avec rigueur &
reſtreindre l'effet à ce qui étoit exprimé par la clauſe
teſtamentaire, ſans par des interprétations tirées en
étendre la force *à des cas omis*, contre la ſignification
naturelle des mots. Que c'étoit là l'eſprit de l'Edit
perpétuel & de tous les Auteurs qui ont traité cette
natiere : nonobſtant quoi l'Official, par Sentence du
6 Mai 1694, avoit déclaré les Demandereſſes bien
fondées dans leurs concluſions, & condamné le Défendeur aux dépens, dont il avoit appellé.

Et ſur l'appel la troiſiéme Chambre s'étant trouvée
partagée à dire que la Sentence ſortiroit effet, *ou* en
émendant à débouter les Demandereſſes, ſauf à Marguerite le Dien de pourſuivre ſes droits, en agiſſant
de ſon chef, il fut ordonné que le partage ſeroit
porté à la premiere, M. de Maffles Rapporteur, &

M. de Delvigne, Compartiteur ; où il fut départi suivant la deuxiéme opinion.

L V I I.

*La pourſuite qu'un Procureur fait en tems compétent du
paiement de ſes ſalaires & vacations, en interrompt
non-ſeulement la preſcription ordinaire de deux ans ,
mais en proroge l'action juſqu'à 30 ans.*

CEla fut ainſi ordonné en la troiſiéme Chambre
le 19 Mars 1695 , au différent entre Jacques
Havet, Marchand demeurant à Tournay, Demandeur,
& Jacques-Norbert de Moucheron , Ecuyer , Grand-
Bailli de Menin , Défendeur.

Maître Gilles Vanden-Berghe, Procureur à la Cour,
ayant ſervi Jacques Vander-Beche dans différens procès , il avoit préſenté Requête à la Cour le 15 Juillet
1687 , contre Antoinette le Loup ſa veuve, ſur taxation
de ſalaires & vacations ; ſur laquelle ayant été ordonné
à ladite le Loup de ſervir de diminution , elle étoit
entrée en paiement & avoit demandé terme pour le
ſurplus. Après la mort dudit Vanden-Berghe , Marie -
Catherine Villers ſa veuve avoit convolé en ſecondes noces avec le Demandeur, qui en cette qualité
avoit préſenté Requête à la Cour le premier Août
1693 , ſur taxation de ſalaires , & conclu à ce qu'il
fût ordonné au Défendeur , en qualité d'héritier de
ladite le Loup, de ſervir de diminution.

Le Défendeur diſoit que ledit Vanden - Berghe
ayant agi en 1687 aux mêmes fins, il étoit à préſumer
qu'il étoit ſatisfait, & que depuis il s'étoit écoulé ſix
années entieres, & par conſéquent que la dette étoit
preſcrite , ſuivant le Placard de 1540.

Le Demandeur au contraire foutenoit que par la pourfuite intentée en 1687, il étoit à préfumer que lefdits falaires n'avoient point été fatisfaits, à moins que le Défendeur ne fît apparoître de paiement ou de quelque accord poftérieur. Qu'enfin le Défendeur après cette pourfuite, qui avoit interrompu la prefcription & changé la qualité & la nature de l'action, ne pouvoit point fe prévaloir de cette exception.

La Cour, fur mon rapport, a débouté le Défendeur de fes exceptions, en conféquence lui a ordonné de fervir de diminution dans le mois, & l'a condamné aux dépens de l'incident.

LVIII.

Un particulier ne peut pas en obliger d'autres à révéler les fecrets d'un accord fait entre eux fur leurs affaires.

IL fut ainfi réfolu en la troifiéme Chambre ledit jour 19 Mars 1695, entre Nicolas de Silve, Maître Perruquier demeurant à Lille, Appellant, & Pierre Fourneville, Cabaretier audit Lille, Intimé.

Ledit Fourneville dans certain procès qu'il foutenoit contre Henry-François de Tenre, Marchand de vin à Lille, avoit été admis à vérifier un fait qu'il avoit avancé; fçavoir, que ledit de Tenre ne tenoit pas bon & fidele livre de Marchand. Pour parvenir à fa preuve, il avoit fait ajourner le 9 Juin 1694, ledit de Silve, pour être ouï fur certain accord que ledit de Silve avoit fait auparavant avec ledit de Tenre, par lequel Fourneville prétendoit que ledit de Tenre, qui avoit demandé judiciairement de groffes fommes audit de Silve, avoit trouvé expédient de payer lui-même audit de Silve une bonne fomme, ledit de Silve ayant juftifié par belles quittances plufieurs paiemens dont ledit de Tenre n'avoit point tenu notices. Ledit de Silve
s'oppofoit

s'oppofoit à cette compellation, & prétendoit qu'on ne le pouvoit obliger à dépofer fur cet accord, dont les claufes étoient fecrettes & concernoient les fecrets de leurs familles, qu'elles ne portoient de préjudice à perfonne, & point en particulier audit Fourneville, qui n'y avoit aucun interêt. Qu'il s'étoit engagé fous ferment & obligé de tenir fecrettes les claufes dudit accord : qu'il ne pouvoit en confcience violer fon ferment, fuivant l'avis du **P.** Belgamme, Théologien de la Compagnie de **Jesus**, confulté fur ce fujet.

Fourneville difoit au contraire, que le ferment dont ledit de Silve vouloit couvrir fon opiniâtreté & obftination à ne pas dépofer fur les faits dudit accord fur lefquels il étoit produit, étoit contre les bonnes mœurs; puifque par là chacun voudroit cacher la vérité au Juge : *Impia eft promiffio quæ fine fcelere adimpleri nequit.* Que bien loin qu'on dût avoir quelque déférence pour pareils fermens, il étoit du bien public d'en empêcher l'effet. Pour ces raifons les **Mayeur** & **Echevins** de **Lille**, par Sentence du 5 Août 1694, ayant débouté ledit de Silve de fon foutenement & l'ayant condamné aux dépens, il en avoit appellé.

La Cour, ouï le rapport de **M. Pollet**, a mis l'appellation & Sentence au néant; émendant, a déclaré le Demandeur non recevable ni fondé pour faire entendre le Défendeur fur les faits de queftion.

LIX.

En Haynaut l'on adjuge au Demandeur fes conclufions fur la contumace du Défendeur.

CEla fut réglé en cette maniere dans la troifiéme Chambre le 22 Mars 1695, entre Me Jacques-François le Pan, Procureur en la Cour, Demandeur,

P

contre Me Macherenne, Avocat au Bailliage d'Avef-nes, Défaillant.

Ledit le Pan ayant déboursé 22 florins 10 patars pour obtenir & lever trois commiſſions pour le Défendeur, & n'en pouvant obtenir la reſtitution à l'amiable, avoit préſenté requête à la Cour, le 22 Décembre 1694, concluant à ce que ledit Défendeur fût condamné de lui payer ladite ſomme, ſuivant la reconnoiſſance qu'il en avoit faite par une lettre jointe : ſur quoi ayant été ordonné à Partie de dire, il s'étoit laiſſé débouter par deux défauts en forme : néanmoins l'on doutoit ſi l'on ne devoit pas admettre le Défendeur à preuve, ou ſi ſuivant la Coûtume du Haynaut, où les contumaces de répondre emportent fin de cauſe, *chap.* 79, *art.* 10, il ne falloit pas de plein ſaut adjuger les concluſions au Demandeur.

La Cour, ſur mon rapport, a déclaré les défauts bien obtenus, & pour le profit d'iceux a condamné le Défendeur de payer ladite ſomme & aux dépens.

L X.

La condamnation ou l'abſolution d'un débiteur ou d'un héritier, ſert ou nuit ſouvent à ſon codébiteur ou cohéritier.

LE même jour 22 Mars 1695, on ſuivit cette Juriſprudence en la troiſiéme Chambre, au procès d'entre Marie Schelens, veuve de Joſſe Parmentier, & Magdeleine Schelens, veuve de Louis Mangé, Appellantes, & les enfans & héritiers de Jean-Baptiſte le Gentil, Intimés, joint à eux Mathieu Pennequin leur Tuteur.

Le 25 Mars 1622, Gilles le Gentil, pere dudit Jean-Baptiſte, avoit tranſporté à Louis Schelens, pere des Appellantes, une rente de 600 florins en capital, hypothéquée fur l'Hôtelerie de fainte Barbe à la Baffée, avec claufe de garantie, *tant en cours & principal qu'hypothéque.* Cette Maifon étant enfuite tombée en ruine, les Appellantes avoient obtenu mife de fait le 25 Mai 1682, fur les biens des enfans dudit le Gentil, & ceux de Theodore Bigot, Chirurgien à Lille, comme ayant époufé Jeanne Pennequin, veuve immifcée és dettes dudit Jean-Baptifte le Gentil.

Le 15 Juin 1682, lefdites Schelens avoient préfenté leur mife de fait, tant contre lefdits enfans que contre leurdite mere : mais comme par l'acte de partage, dit *parchon*, qu'elle avoit fait à fefdits enfans en fe remariant le 9 Septembre 1678, elle s'étoit chargée de toutes les dettes, & obligée conjointement avec ledit Bigot fon fecond mari de les indemnifer à ce fujet, elle entreprit la caufe contre les Schelens ; & lefdits enfans la laifferent agir & pourfuivre toute feule. De forte que le Magiftrat de Lille ayant décrété la mife de fait impétrée par les Schelens, ledit Bigot en appella, & par Arrêt du 14 Février 1690, la Sentence fut réformée & les Parties admifes à vérifier les faits qu'elles avoient refpectivement pofés ; & enfin après enquête par Arrêt, du 26 Juin 1692, rendu au rapport de M. Bruneau, la mife de fait fut révoquée & lefdites Schelens condamnées aux dépens, dommages & interêts dudit Bigot.

Les Schelens fe voyant déboutées contre la mere, avoient repris l'inftance contre les enfans ; lefquels fans entrer dans le mérite du fonds, avoient allégué exception de chofe jugée par l'Arrêt rendu en faveur de leur mere.

Lefdites Schelens difoient que de même que les enfans dudit le Gentil euffent prétendu que l'Arrêt ne leur eût pu préjudicier, fi leur mere avoit fuccombé, ainfi ne pouvoient-ils fe prévaloir de l'Arrêt rendu en fa faveur. Qu'il étoit conftant qu'une Sentence renduë pour ou contre un héritier, ne pouvoit nuire ni profiter à fon cohéritier ; qu'un des coobligés pouvoit prefcrire & non l'autre : qu'enfin c'étoit une Jurifprudence reçuë qu'un Demandeur ayant été débouté contre un obligé, pouvoit attaquer l'autre, fuivant la décifion du Jurifconfulte Marcian. *Leg. 19, Dig. fi fervit. Vindicetur non enim æquum eft*, dit-il, *quod qui contra aliquem expertus litem perdidit culpâ fuâ, hoc illi contra cæteros fit damno.* Qu'en effet elles n'avoient perdu leur procès contre Theodore Bigot, que faute de preuve fuffifante ; ce qu'elles efpéroient de réparer dans la préfente inftance.

Les enfans dudit le Gentil au contraire difoient que la mife de fait avoit été en même-tems obtenuë fur leurs biens, comme fur ceux de leur mere ; qu'elle avoit été également préfentée contre les uns & les autres : qu'ils n'avoient difcontinué leur oppofition, que parce que leur mere, à qui la chofe touchoit principalement & qui s'étoit chargée de toutes les dettes de leur pere, en avoit entrepris la défenfe ; foutenoient que l'Arrêt rendu en fa faveur leur donnoit gain de caufe, puifqu'il s'agiffoit de la même mife de fait, entre les mêmes Impétrantes, agiffantes par les mêmes moyens, & les obligés n'ayant qu'une même raifon pour fe défendre, fondée fur la nature de la chofe même. Qu'il étoit vrai que c'eft une maxime de Droit que *in causâ correorum fententia lata in favorem unius alteri non prodeft* : mais que cette Jurifprudence recevoit une diftinction, *nifi eadem fit amborum defenfio rei non perfonæ cohærens.* En effet, fi l'un étoit abfous & l'autre condamné en diverfes inftances, il s'enfuivroit de grands inconvéniens, dit Burgundus, *Cap. 55, de duobus reis. Abfolutus plenum fuæ abfolutionis non confequeretur effeêtum, nam ei condemna-*

tus partem damni imputaret judicio focietatis ; & c'eſt ce qui arriveroit au cas préſent ; car ſi les Impétrantes pouvoient agir contre leſdits enfans le Gentil, après avoir perdu contre la mere, il s'enſuivroit que leurdite mere avec ſon Arrêt d'abſolution perdroit effectivement, ſi les enfans venoient à être condamnés, & ce par l'obligation qu'elle auroit de les indemniſer en ſa qualité de veuve immiſcée, & par le recours qu'ils auroient contre elle ; ce qui feroit abſurde. Enfin ſi les Impétrantes pouvoient agir à préſent contre leſdits enfans, elles éluderoient toutes les précautions de l'Edit perpétuel pour le réglement des preuves ; car après avoir découvert le fort & le foible de l'enquête de leur mere, qui fait toute la défenſe des enfans, elles prétendroient pouvoir faire une nouvelle enquête contre eux : ce qui ouvriroit la porte aux ſubornations des témoins & à tous les inconvéniens auſquels l'Edit a voulu remédier.

Pourquoi les Mayeurs & Echevins de Lille, par Sentence du 8 Juin 1694, en déboutant les Impétrantes avoient révoqué la miſe de fait, dont leſdites Schelens avoient appellé.

La Cour, vu les concluſions du Procureur Général du Roi ſur mon rapport, a mis l'appellation au néant, a ordonné que la Sentence ſortira effet & condamné les Appellantes en l'amende & aux dépens.

L X I.

On ne peut obliger une Partie à produire des titres & papiers, qu'elle offre de jurer de ne point avoir & de ne les pouvoir recouvrer.

ON jugea ainſi en la troiſiéme Chambre le 11 Avril 1695, ſur l'incident meu au procès d'entre le ſieur Hector des Marets, ſieur de Manegliſe, Appellant, & Catherine de Lannoy, veuve de Ferdinand Theret, Intimée.

L'Appellante, eu égard aux Lettres de Requête civile obtenuës en cause d'appel, avoit été admis à vérifier que ledit Ferdinand Theret n'étoit point remué de germain, mais d'un degré plus éloigné à une certaine Marguerite Hanache, *de cujus successione agebatur :* au principal ledit Appellant, pour parvenir à cette preuve, avoit compulsé l'Intimée de produire l'extrait baptistaire de Toussaint Theret, pere de Ferdinand, son contrat de mariage & autres titres dudit parentage.

L'Intimée avoit dit qu'elle n'en avoit aucune connoissance & qu'il lui étoit impossible de faire ladite production, offroit de l'affirmer ainsi, & se rapportoit au principal à la preuve qu'elle avoit faite de sa parenté & généalogie en premiere instance, soutenant que l'Appellant devoit chercher ailleurs les moyens de sa preuve, sans vouloir les tirer des confessions de l'Intimée sur des choses qu'elle ignoroit.

La Cour, sur mon rapport, a déclaré les offres de l'Intimée bonnes & valables, & déboutant l'Appellant de ses soutenemens, lui a ordonné d'achever sa preuve dans six semaines peremptoirement, & l'a condamné au dépens de l'incident.

L X I I.

En Flandre un Seigneur peut agir personnellement contre le
possesseur du fonds pour ses rentes seigneuriales, même
pour celles échuës avant sa possession.

NOus le jugeames de cette façon le même jour 11 Avril 1695, entre Jacques Remery, Bailli & Receveur des Terre & Seigneurie de Steen-Werck, Demandeur, & Joſſe de Vroe, demeurant à d'Oulieu, Châtellenie de Bailleul, Défendeur.

De Vroe avoit acheté de Michel Carluy 606 verges de terre ſituées audit Steen-Werck, à charge des rentes ſeigneuriales pour l'avenir, à l'avenant d'une meſure de bled par bonnier : le vendeur s'étant expreſſément chargé d'acquiter & purger les arrerages qui en feroient dûs juſqu'au jour de l'adhéritance qu'en devoit prendre l'acheteur, qui fut le 31 Mars 1681. Comme il étoit dû des arrerages de ces rentes depuis mil ſix cens quarante-quatre, le Demandeur preſſa l'acquereur de les payer, lequel après avoir payé quelque choſe à compte, avoit refuſé de payer davantage, foutenant de n'y pas être obligé ; pourquoi le Demandeur avoit levé contre lui commiſſion de complainte du 19 Novembre 1687.

Le Défendeur diſoit que cette action étoit mal intentée contre lui ; qu'on ne pouvoit agir perſonnellement contre un acquereur pour arrerages échus avant ſa poſſeſſion, mais ſeulement par action réelle : parce qu'on ne pouvoit agir pour recouvrement de rentes perſonnellement, qu'à raiſon de la défructuation du fonds, qui eſt au profit de chaque poſſeſſeur.

Le Demandeur au contraire ſoutenoit que la complainte étoit une action mixte, *perſonalis in rem ſcripta;* pourquoi Stockmans l'appelloit *realem quaſi perſonalem.* Que d'ailleurs, comme a remarqué Everardus, un Seigneur en Flandre pouvoit agir perſonnellement contre un poſſeſſeur pour arrerages de rentes même échus avant ſa poſſeſſion.

La Cour, ouï le rapport de M. Delvigne, a condamné le Défendeur au paiement deſdits arrerages & aux dépens, ſauf ſon recours contre le vendeur.

LXIII.

On ne peut obliger une Partie à jurer fur un fait à charge,
fans pouvoir alléguer fes exceptions à décharge.

CEtte queftion fut décidée en la troifiéme Chambre
le 14 Avril 1695 , entre le P. Jacques Schuffart,
Procureur de la Compagnie de JESUS pour la Province
Wallonne , Demandeur, & Meffire Jean-Baptifte de
le Croix, Chanoine de la Cathédrale de Tournay, Prévôt de faint Hermez à Renay , Défendeur.

Il s'agiffoit au principal de 200 florins dont le Défendeur avoit paffé un billet le 24 Avril 1689 , au profit du P. de Lannoy,lors Procureur de ladite Province.
Le Demandeur pour s'en faire payer avoit levé commiffion de commandement le 13 Novembre 1694.

Pour en empêcher l'effet , le Défendeur difoit que
le P. de Lannoy ne lui avoit jamais donné cette fomme, & par conféquent que ledit billet étoit fans caufe :
fur quoi il déféroit le ferment audit P. de Lannoy.
Jour de comparution ayant été préfigé à cet effet au 28
Décembre 1694 , le P. de Lannoy comparoiffant avoit
dit que la caufe du billet étoit jufte ; qu'à la vérité il
n'avoit pas compté ladite fomme au Défendeur lors dudit billet , mais qu'il l'avoit auparavant payée à l'acquit & décharge dudit Défendeur & de fa mere ; pour
& au lieu de quoi le Défendeur lui en auroit paffé ledit
billet de reconnoiffance , & qu'il étoit prêt de l'affirmer ainfi.

Le Défendeur s'étoit oppofé à ce que ledit P.de Lannoy fût reçu à jurer fur toutes ces circonftances, foutenant qu'il ne devoit jurer que fur le fait , fur lequel
le ferment lui avoit été déféré , fçavoir fur la numération de ladite fomme.

Le

Le Demandeur au contraire difoit que ledit P. de Lannoy devoit jurer tant à décharge qu'à charge , & qu'il ne devoit pas jurer fur un fait principal fans pouvoir alléguer fes exceptions , qui par leur connexité déterminoient entierement la qualité & la nature du fait.

La Cour , vu les conclufions du Procureur Général du Roi, ouï le rapport de M. Delvigne , a ordonné que ledit Pere de Lannoy feroit reçu au Sacrement par lui offert fur fes exceptions, fauf à y prendre en jugeant tel égard que de raifon , a condamné le Défendeur aux dépens de l'incident.

LXIV.

L'Ordinaire peut conférer les Bénéfices qui viennent à vaquer dans les mois du Pape , pendant la vasance du faint Siége ; mais s'il differe de le faire jufqu'à ce que le nouveau Pape les ait conférés ou fe les ait refervés , il ne le peut plus faire.

CEla fut ainfi préjugé en la troifiéme Chambre le 26 Avril 1695, au procès d'entre Mᶜ Charles Foftier, Chapelain des hautes Formes à Tournay, Demandeur, Impétrant de maintenuë en matiere bénéficiale , & Mᵉ Michel-Archange de Mullet , Prêtre, Défendeur, Oppofant.

Il s'agiffoit d'un Canonicat de la Collégiale de Saint-Hermez à Renaix ; ce Canonicat étoit devenu vacant le 5 Juillet 1691 , par la mort de Mᶜ Louis Foftier, oncle du Demandeur. Les Parties convenoient affez que le mois de Juillet eft un des 8 affectés au Pape en vertu de la régle ordinaire *menfium* reçuë & conftamment obfervée à Renaix. Mais comme depuis la mort d'Alexandre VIII , décédé le 30 Janvier 1691 ,

Q

la Chaire de Rome ne se trouvoit pas encore lors remplie, le Chapitre avoit cru que comme Ordinaire il étoit en droit de pourvoir à ce Canonicat, qui étoit venu à vaquer pendant la vacance du saint Siége : mais pour quelques raisons il différa d'y nommer. Cependant le Conclave ayant réuni ses vœux, Innocent XII fut élu & exalté à la Tiare le 12 Juillet, lequel le lendemain fit publier comme de coûtume, *in Campo Floræ*, les Régles de Chancellerie, entre lesquelles se trouve la soixante-huitiéme, par laquelle il est expressément déclaré que le nouveau Pape *reserve à sa collation les Bénéfices qui ont vaqué, soit du vivant de son Prédécesseur, soit pendant la vacance du Siége Apostolique, dans les mois affectés au Pape, dont les Ordinaires audit jour de la publication n'ont point encore disposé ou ont mal disposé.* Nonobstant cela le Chapitre prit résolution le 16 Août suivant de conférer ledit Canonicat, & y procéda par voie de scrutin le 25 Août : ayant fait l'ouverture dudit scrutin, le Demandeur se trouva nommé par la pluralité des suffrages, & en conséquence prit possession dudit Canonicat le même jour dans les formes ordinaires.

Le Défendeur s'étant adressé au Pape en obtint la provision par Bulles du 23 Novembre de ladite année 1691, qui furent placetées par Lettres d'attache données à Versailles le 2 Avril 1692, & enregistrées au Parlement le 24 de Mai suivant, en vertu desquelles il prit possession dudit Canonicat le 17 Juin après.

Le Demandeur qui s'étoit opposé à l'enregistrement des provisions du Défendeur, leva commission de maintenuë pour se conserver la possession du Canonicat : il disoit que le Bénéfice ayant vaqué pendant la vacance du saint Siége, la collation en appartenoit à l'Ordinaire, suivant la maxime *Sede Papali vacante omnes menses fiunt Ordinariorum.* Qu'ainsi le Chapitre avoit pu y pourvoir dans les six mois suivans, comme il avoit fait. Que le Pape n'avoit pu depuis y pourvoir au préjudice de l'Ordinaire en vertu de la 68e Régle de Chancellerie, parce que ces sortes de reservations étoient abrogées par les Edits des Souverains du Pays, & n'y pouvoient avoir force de Loi sans être placetées. Qu'il étoit constant que ladite Régle 68e n'y avoit jamais été publiée ni reconnuë, & encore moins observée.

Le Défendeur au contraire disoit que la division qui s'étoit faite des mois entre le Pape & les peuples pour la collation des Bénéfices, étoit une espece de transaction, qui, comme dit Dumoulin, tenoit lieu de Loi *Ex compacto*, & de Droit commun & ordinaire dans les Provinces où elle étoit reçuë, lesquelles on appelle *Pays d'obédience*, où la Pragmatique n'est pas observée ni les Concordats. Il disoit aussi que naturellement, comme dit Zipæus *de Jure Pontificio*, les Bénéfices *Sede vacante* se reservent à la collation du Successeur. Que si les Ordinaires peuvent pourvoir aux Bénéfices qui vaquent dans les mois du Pape, *Sede Papali vacante*, ce n'est pas *jure devolutionis*, mais par une espece de prévoyance, *ne scilicet Ecclesiæ diutiùs dispendium absentiâ Rectoris patiantur.* Mais si l'Ordinaire diffère de pourvoir au Bénéfice jusqu'à ce que le saint Siége soit rempli, dès-lors son droit vient à cesser, & la collation du Bénéfice retourne naturellement & suivant son origine à la vigilance du Pape nouvellement élu. Qu'il étoit du moins incontestable que le nouveau rentroit dans ses droits & qu'il pouvoit pourvoir audit Bénéfice, soit par collation effective, soit en le reservant, sans qu'on pût dire qu'il fît en cela aucun préjudice à l'Ordinaire, conformément à la résolution de Garcias, *Tract. de Beneficiis, part.* 5, *cap.* 1, §. 11, *num.* 646, dont il est bon de rapporter les termes : *Itaque, dit-il, provifio facta ab Ordinariis de Beneficiis Sede Apoftolicâ vacante in quolibet menfe vacantibus erit firma & valida, nifi alias fint affecta, aut nifi fortè Papa de novo Electus declaret non expiraffe refervationem fui Prædeceffloris, aut illa de novo refervet ; tunc enim provifio facta ab Ordinariis poft illam declarationem feu refervationem de Beneficiis quæ vacarunt Sede Apoftolica vacante in menfibus alias refervatis non valeret.* Sans qu'on puiffe dire que ces fortes de refervations aient été abrogées par les Edits des Princes, lefquels on doit entendre touchant les refervations extraordinaires & contraires au Droit commun des Ordinaires, à la confervation duquel les Princes ont été obligés de pourvoir par leurs Édits, ainfi qu'ils difent eux-mêmes, lefquelles refervations font odieufes, comme dit Rebuffe : mais lorfque le Pape par fes refervations n'ôte rien aux Ordinaires, comme dans le cas préfent, & qu'il ne fait que conferver fes droits, pour lors on ne pouvoit pas foutenir que femblables refervations fuffent abrogées par les Édits, ou qu'elles euffent befoin de l'autorité du Prince, pour faire valoir les provifions du faint Pere.

La Cour, vu les conclufions du Procureur Général du Roi, ouï le rapport de M. Vifart, avant faire droit a admis le Demandeur à vérifier, & cependant a adjugé la recréance au Défendeur, dépens refervés.

L X V.

Un Hôte eft refponfable de tout ce qui s'apporte chez lui & s'y trouve perdu.

ON en jugea ainfi en la troifiéme Chambre le 3 Mai 1695, entre le fieur des Soulies, Lieutenant de Cavalerie au Régiment de Vaillac, Appellant,

& Jacques de la Haye, Cabaretier de la Tête d'Or à Ypres, Intimé.

Le 18 Octobre 1694, ledit des Soulies étant allé à Ypres, fut loger à la Tête d'Or chez ledit de la Haye, qui le conduisit dans une chambre en bas, aussi-tôt qu'il fut descendu de cheval. Pendant qu'il se débottoit, le valet qui avoit conduit son cheval à l'écurie, apporta ses pistolets dans sa chambre : quelque tems après ledit Officier voulant sortir, avertit l'Hôte que le lit de la chambre où on l'avoit logé n'étoit pas bon, & qu'il souhaiteroit bien une autre chambre ; ce qu'on lui promit. Etant retourné le soir, il soupa avec l'Hôte qui le conduisit dans une autre chambre. Le lendemain l'Officier voulant partir se fit amener son cheval, & remarquant qu'il n'y avoit point de pistolets, il les demanda ; le valet court les chercher & revient disant qu'il ne les pouvoit trouver, en un mot les pistolets se trouverent perdus. L'Officier en avertit l'Hôte, qui proteste que ce n'étoit point son affaire ; que ledit Officier ne les lui avoit point donnés en garde & qu'il pouvoit les chercher.

Le sieur des Soulies ayant fait assigner l'Hôte pardevant les Avoué & Echevins d'Ypres pour l'y faire condamner, avoit été débouté par Sentence du 21 Octobre dudit an 1694, dont il avoit appellé. Il disoit que par l'Edit du Préteur, *Dig. Nautæ Caupones*, les Cabaretiers & Hôteliers étoient responsables de tout ce qui se perdoit chez eux, autrement *daretur materia cum furibus adversus eos quos recipiunt coeundi.*

L'Intimé soutenoit que cet Edit devoit se restreindre aux choses, *quæ eorum custodiæ committebantur à viatoribus fidem eorum secutis,* comme dit expressément Ulpian, *Leg.* 1, §. 1, *Dig. eod.* .

L'Appellant au contraire disoit qu'il n'étoit pas néceſſaire de donner particulierement les choſes en garde à un Hôte ; qu'il ſuffiſoit qu'on les portât dans ſa Maiſon, pour qu'il en dût répondre : que le cas étoit décidé par le même Ulpian, *Leg. eâd. §. 8*, où il propoſe & demande, ſçavoir s'il faut *ut res in navem miſſæ Magiſtro ſint aſſignatæ ? Et il répond : Et ſi non ſint aſſignatæ, hoc tamen ipſo quod in navem miſſæ ſunt, receptæ videntur.* Car, ajoute-t-il, *puto omnium eum recipere cuſtodiam, quæ in navem illatæ ſunt.*

La Cour, ouï le rapport de M. Pollet, a mis l'appellation & Sentence au néant ; émendant, a condamné l'Intimé à la reſtitution deſdits piſtolets, ou d'en payer la valeur à l'Appellant, & aux dépens.

LXVI.

Les portions des dîmes cédées par les Décimateurs aux Curés en ſupplément & augmentation de portion congruë, paſſent aux Curés avec leurs charges ordinaires.

IL fut ainſi réglé en la troiſiéme Chambre après Conſultation des autres le 5 Mai 1695, au procès entre Me Jean-Baptiſte Picquet, Prêtre, Curé de Provins, joints à lui les Curés du Doyenné de Seclin, Appellans *à minimâ*, & les Gens de Loi dudit Provins, Intimés.

Les Décimateurs de Provins avoient aſſigné audit Curé une portion de leur groſſe dîme en augmentation de ſa portion congruë. Depuis les ennemis ayant forcé les lignes en 1693, obligerent le Pays, pour rédimer les violences, de payer trois années de contribution. Les Gens de Loi dudit Provins s'étant mis en devoir de cottiſer le Village, eſtimerent ladite dîme cédée au Curé ſur le pied de trois bonniers, & taxerent ledit Curé ſelon cette proportion à la ſomme de 175 livres

12 fols parifis pour la quotte de fa dîme dans les trois années de la contribution demandée. Le Curé ne voulant rien payer fous prétexte de fon exemption, les Gens de Loi s'étoient pourvus pardevant les Baillis des quatre Seigneurs Hauts-Jufticiers de la Châtellenie de Lille, Douay & Orchies, Juges commis en matieres d'impôts & impofitions, pour l'y faire condamner.

Le Curé pour défenfe difoit que le miniftere des Curés étant entierement dévoué au fervice de leurs Paroiffiens, il étoit auffi de leur devoir de fournir à l'entretien de leurs Pafteurs : qu'à cet effet on leur avoit ordinairement deftiné les dîmes, qui avoient toujours été exemptées de toutes charges pour deux raifons ; l'une tirée du côté de Dieu a qui elles font confacrées en tribut des biens qu'il répand fur la terre, & comme une partie des fruits qu'on lui rend en reconnoiffance de ceux qu'il nous donne ; & l'autre du côté des Prêtres, aufquels elles font deftinées par forme d'alimens & de gages. Que pour ces caufes les Cours fouveraines les ont toujours déclarées exemptes de toutes charges, impofitions, tailles, cenfives & rentes dûës par le fonds. Que les dîmes fe levent même fans diftraction des frais de culture, dépenfes de recolte & même des frais faits à la réparation de la chofe, comme remarque Defpeiffes, *Traité des Bénéfices*, tit. 10, *feĉt*. 2, §. 2. Que fi depuis les Décimateurs fe font appropriés les dîmes, ou qu'elles leur aient été données par les Papes, & que dans cet état les dîmes aient perdu les priviléges de leur origine ; du moins lorfque par la ceffion des Décimateurs elles retournoient aux Curés fuivant leur premiere deftination, elles doivent rentrer dans leurs premiers priviléges & jouir de leurs exemptions. Que par ces raifons le Juge de la Gouvernance de Lille, fur la requête du Curé d'Armentieres & autres Curés ruraux de la Châtellenie de Lille, avoit déclaré les Presbyteres exempts de contributions le 7 Juillet 1674, à laquelle Ordonnance Mr le Pelletier, lors Intendant du Département, avoit ordonné aux Baillis de se conformer par sa Déclaration du 22 Octobre suivant. Qu'il étoit tout notoire que le terme de Presbytere ne comprenoit pas seulement la maison Pastorale, mais encore tous les biens dépendans de la Cure, qui en font le gros pour la subsistance des Curés. Que conformément à cette interprétation le même Juge de la Gouvernance, ouï le Procureur Fiscal de la Châtellenie, avoit par Sentence contradictoirement renduë le 22 Mars 1675, entre la Communauté d'Anstain & le Curé dudit lieu, joints à lui les autres Curés de la Châtellenie, déclaré que les Presbyteres & tous autres biens immédiatement dépendans de la Cure, étoient exempts des contributions. Que cette Sentence, dont on n'avoit point appellé, devoit servir de Réglement, puisqu'elle se trouvoit confirmée par semblable Déclaration du 27 Avril 1691, donnée en faveur du Pasteur de Wambrechies, & enfin fondée sur la Déclaration du Roi du 29 Janvier 1686, qui déterminoit la portion congruë des Curés, & vouloit qu'elle fût exemptée de toutes charges, par conséquent les dîmes qui leur étoient cédées & tenoient lieu de portion congruë, ne devoient pas être sujettes aux contributions.

Les Gens de Loi de Provins soutenoient au contraire, que selon toutes les raisons tant du droit que de la nature, les dîmes devoient supporter la charge publique & commune des contributions ; d'autant que les contributions ne se payoient pas aux ennemis, à raison des terres qu'ils ne pouvoient pas détruire & moins emporter, mais à raison des fruits pour les conserver

&

& mettre à couvert des exécutions militaires. Que les dîmes faisant partie des fruits, il étoit de l'équité que ceux qui en profitent contribuaffent à les conferver. Qu'il feroit même honteux aux Curés dans les miferes publiques de vouloir s'enrichir par le malheur de leurs Paroiffiens, bien loin de les foulager en fe reffentant de la calamité générale. Que dans les dîmes perfon-nelles les Canoniftes les plus zélés pour l'Eglife conve-noient qu'il falloit déduire les dépenfes & ne regarder que le gain : que les peuples par les contributions com-me par une efpece de commerce induftrieux ayant ap-pris à conferver les fruits de la terre des violences des ennemis, qui ne diftinguent point ce qui appartient à Dieu & aux Autels, d'avec le refte des autres biens, il s'enfuivoit qu'on ne pouvoit lever la dîme des fruits qu'après avoir déduit la dépenfe des contributions, qui eft une dépenfe néceffaire & forcée, fans laquelle il n'y auroit point de récolte & par conféquent point de dîme. Pourquoi ils difoient que fi par Ordonnance du 7 Juillet 1674, la Gouvernance de Lille avoit dé-claré les Presbyteres exempts, auffi-bien que Mr le Pelletier par fa Déclaration du 22 Octobre fuivant, cela s'étoit fait par pure grace contre le droit commun, qui vouloit que les Curés reffentant le profit & l'a-vantage de la contribution, en partageaffent la char-ge avec leurs Paroiffiens ; que lefdits Curés ne devoient pas tirer cette faveur en conféquence, pour en faire une Loi à l'égard de tout ce qu'ils poffédoient. Que fi depuis par une interprétation outrée & erronée le mê-me Juge de la Gouvernance par fes Sentences du 22 Mars 1675, & 27 Avril 1691, avoit étendu le privi-lége des Presbyteres à tous les autres biens immédia-tement dépendans des Cures, ces Sentences renduës entre tierces Parties ne préjudicioient point à d'autres.

R

Que dans les caufes où ces deux Sentences avoient été renduës, le cas étoit tout différent de celui en queſtion, puiſqu'il s'y agiſſoit d'une dîme, qui de toute ancienneté faiſoit partie du gros de la Cure ; au lieu que dans la préſente hypotheſe il s'agiſſoit d'une nouvelle portion de la groſſe dîme tout nouvellement aſſignée au Curé en augmentation de portion congruë, laquelle portion de dîme avant cette aſſignation avoit toujours été cottiſée pour la contribution, lorſqu'elle étoit tenuë par les Décimateurs. Que les Décimateurs n'avoient pu faire cette aſſignation au lieu d'argent au préjudice de la Communauté, ſans la même charge de la contribution. Que ſi cela étoit permis, ce ſeroit donner aux Décimateurs un moyen de faire valoir davantage leurs dîmes, au préjudice même de ceux qui les paient, en aſſignant une partie de leur dîme aux Curés au lieu d'argent à concurrence de leur portion congruë, afin de l'exempter de la charge des contributions Que ſi Sa Majeſté par ſa Déclaration du 29 Janvier 1686, veut & ordonne que la portion congruë d'un Curé ne puiſſe être au-deſſous de 300 livres franches de toutes charges, cela regarde les Décimateurs, qui ſont obligés par là d'aſſigner & fournir aux Curés une penſion de 300 livres, ou telles parties de fonds de terres ou de dîmes, que les charges acquitées les Curés puiſſent encore en profiter à concurrence de 300 livres. Pourquoi leſdits Gens de Loi diſoient que ſi leur Curé croyoit que par les contributions ſa portion congruë étoit diminuée au-deſſous de 300 livres, ils ne l'empêchoient pas d'agir contre les Décimateurs en ſupplement pour ladite courtereſſe, comme il trouveroit à propos. Ils convenoient avec leur Curé qu'il étoit de leur obligation de fournir à ſon entretien ; ils convenoient même qu'originairement les dîmes avoient été deſtinées à ce ſujet. Ils convenoient auſſi que ſi le Curé, avec toutes les dîmes qui ſe levent ſur ſa Paroiſſe, n'avoit pas encore de quoi ſubſiſter, & que toute la dîme entiere ne pût valoir à concurrence de 300 livres pour fournir à ſes alimens, ils ſeroient obligés d'y ſuppléer d'ailleurs; enſorte que les charges payées ledit Curé eût pour le moins 300 livres franches pour ſa ſubſiſtance. Mais comme au cas préſent il ſe levoit aſſez de dîmes ſur la Paroiſſe de Provins, pour y entretenir pluſieurs Curés, il étoit du devoir de ceux qui les levoient d'en donner une telle portion au Curé, qu'il pût en profiter 300 livres franches, les charges néceſſaires & forcées préalablement déduites. Qu'enfin les Décimateurs ne pouvoient pas affranchir ainſi partie de leur dîme, & l'exempter d'une dépenſe auſſi néceſſaire que celle des contributions, en la rendant au préjudice de la Communauté, au lieu d'argent au Curé.

Pour ces cauſes le Juge, par Sentence du 27 Octobre 1694, avoit déclaré que ledit Piquet ne pouvoit prétendre exemption des contributions que pour ſa perſonne ſeulement, ſes domeſtiques, ſes beſtiaux & ſon Presbytere, ſauf ſon recours contre qui il trouveroit bon, dépens néanmoins compenſés, de laquelle Sentence il s'étoit porté pour Appellant *à minimâ*.

La Cour, vu les concluſions du Procureur Général du Roi, ſur mon rapport a mis l'appellation au néant, & ordonné que la Sentence ſortiroit effet avec amende & dépens.

LXVII.

Dans les saisies, vente & décret des Offices de Judicature, il faut se conformer au Réglement de l'Edit du mois de Février 1683.

NOus le resolumes ainsi en la troisiéme Chambre le 21 Mai 1695, au procès entre Maître Louis-François de Grand-Champs, Demandeur, & Maître Ignace Van-Rode, Défendeur, Défaillant.

Ledit Van-Rode avoit traité avec le Demandeur, qui étoit chargé du recouvrement de la finance des Charges créées dans le ressort du Parlement, & en conséquence avoit été pourvu de la Charge de Procureur du Roi au Bailliage de Tournay, pour la somme de 15000 livres, celle de 1500 livres pour les 2 sols pour livre, & celle de 400 livres pour le coût des provisions. Se voyant inquiété par ledit Demandeur pour le paiement desdites sommes, il s'étoit retiré à Ath, ce qui avoit obligé le Demandeur à faire saisir ladite Charge le 4 Octobre 1694, & signifier ladite saisie au domicile dudit Van-Rode, en vertu de laquelle saisie il poursuivit le décret & adjudication de ladite Charge à la folle enchere & au risque dudit Me Van-Rode, par affiches & assignations accoûtumées, sous permission de la Cour requise & accordée le 3 Décembre 1694.

Les affiches ayant été mises comme en matiere de décret de terres saisies, & personne n'y ayant formé d'opposition, le Demandeur avoit conclu à ce qu'il fût déclaré que les défauts étoient bien & valablement obtenus, en conséquence que le décret fût appellé de quinzaine en quinzaine, pour être procédé à l'adjudication.

Mais ayant été remarqué que par l'Edit du mois de

Février 1683 , enregiftré au Greffe de la Cour le 9 Avril fuivant , il étoit réglé de quelle maniere on devoit procéder à l'adjudication des Charges & Offices faifis judiciairement , & que Sa Majefté prefcrivoit l'ordre & les formalités qu'elle vouloit être uniformément obfervées dans tout le Royaume , on eftima qu'il falloit les fuivre à la lettre. Pourquoi la Cour , ouï le rapport de M. de la Place , a déciaré les exploits nuls & de nulle valeur , & a ordonné que le pourfuivant fe conformeroit audit Réglement.

Néanmoins depuis par Arrêt du Confeil d'Etat rendu au rapport de M. le Controlleur général le 26 Juillet 1695 , il a été permis au Demandeur de faire procéder à ladite vente , après trois publications de quinzaine en quinzaine fans autre remife , dérogeant pour cette fois feulement au Réglement dudit Edit.

LXVIII.

Lorfqu'un créancier faute de paiement fait vendre les effets qu'il avoit en gage , il n'eft pas obligé d'en configner les deniers qu'après déduElion de fa dette & des frais de Juftice.

CEla fut décidé en la premiere Chambre le 22 Juin 1695 , entre Maître Etienne du Retz , Receveur des confignations à Lille , Appellant , & Anne Henry , veuve de Pierre Deleporte , Intimée , joint à elle Martin Nante , Procureur à Lille , Curateur commis aux biens abandonnés de Martin Ifengrin.

Après la retraite dudit Ifengrin , fes créanciers qui trouverent chez lui quantité de billets du Mont-de-Piété , par lefquels il y avoit engagé fes effets , chercherent quelqu'un qui voulût avancer les fommes néceffaires pour les retirer & épargner par là les montes, c'eft-à-dire les interêts, qui font confidérables. Ledit Nante trouva ladite veuve Deleporte qui fut contente d'avancer 10291 florins pour retirer lefdits effets, à condition que les créanciers lui reftitueroient dans trois mois ladite fomme, avec l'interêt d'un demi pour cent par mois, pendant lequel tems lefdits effets refteroient entre fes mains ; enforte que fi lefdits créanciers étoient en défaut, elle pourroit faire vendre publiquement lefdits effets. Le cas étant arrivé elle avoit fait vendre ces effets par un Sergent en Novembre 1694, & ayant voulu en configner le prix déduction faite de fes avances avec l'interêt, pour le furplus être diftribué aux créanciers, ledit dépofitaire s'oppofa, foutenant que tous les deniers procédans de la vente publique defdits effets devoient être confignés fous lui, fauf à ladite veuve de prétendre fur iceux telle préférence qu'elle trouveroit convenir pour fes avances fuivant les Edits & Déclarations.

Ladite veuve convenoit qu'il en alloit ainfi dans les ventes forcées, mais non pas dans les volontaires, comme lorfqu'un créancier faute de paiement a voulu vendre les gages qu'il avoit entre fes mains, & que felon la Coûtume, *art. 23, tit. des hypothèques*, un créancier à Lille peut retenir ce qui lui eft dû fur les deniers procédans du prix des gages.

Pourquoi le Magiftrat de Lille, par Sentence du 12 Novembre 1694, avoit déclaré ledit dépofitaire non fondé, & l'avoit condamné aux dépens, dont il avoit appellé.

La Cour, ouï le rapport de M. de le Vigne, a mis l'appellation au néant, a ordonné que la Sentence fortira effet, avec amende & dépens.

LXIX.

Les Officiers de Magiſtrature des Villes ſont recuſables dans le Jugement des cauſes où il ſe peut agir des interêts des Villes.

ON le jugea ainſi le 28 Juin 1695, en la premiere Chambre, entre George Prévôt, Ecuyer, ſieur de Villers-Ploüy, Demandeur en évocation d'inſtance, contre les Mayeur & Echevins de Tournay, Oppoſans.

La difficulté au fonds étoit entre ledit ſieur de Villers-Ploüy & un certain Michel Sterlin, Menuiſier demeurant à Tournay, touchant une muraille que ledit Sterlin avoit fait conſtruite entre ſon héritage & celui dudit de Villers-Ploüy, leſquels héritages ils avoient l'un & l'autre achetés du Magiſtrat dans une place vague derriere ſaint Quentin. Ledit de Villers-Ploüy avoit promis 10 écus audit Sterlin pour avoir part dans ladite muraille, & ſur ſon refus de les payer, Sterlin l'avoit attaqué pardevant le Magiſtrat, c'eſt-à-dire les Officiers de Ville.

A ce ſujet ledit de Villers-Ploüy s'étant pourvu à la Cour en évocation d'inſtance par Requête du 25 Fevrier 1681, diſoit que le Magiſtrat avoit interêt dans la difficulté qu'il avoit avec ledit Sterlin; parce que bien loin d'être obligé de payer les 10 écus que lui demandoit ledit Sterlin, il prétendoit contre lui de gros interêts à raiſon de la muraille en queſtion, ſoutenant que ledit Sterlin auroit empris ſur une partie de ſon héritage : & comme cependant ſans cette partie Sterlin ne pouvoit trouver toute la profondeur de ſon heritage, que le Magiſtrat lui avoit auſſi vendu, il étoit à craindre que le Magiſtrat ne fût porté à juger en faveur dudit

Sterlin, pour éviter le recours en garantie que ledit Sterlin auroit contre ledit Magiſtrat en cas de perte.

Le Magiſtrat au contraire s'oppoſoit à ladite évocation, & diſoit que cette garantie prétenduë, en cas qu'il y auroit lieu, ne regardoit que les interêts de la Ville, & non ceux des Officiers du Magiſtrat, non plus en commun qu'en particulier, & même d'une maniere bien éloignée. Que d'ailleurs cet interêt de la Ville ne pouvoit ſervir de prétexte à l'évocation demandée ; puiſqu'en matiere d'impôts & de droits d'écart où la Ville a interêt, ils ne laiſſoient pas d'être Juges compétens. A quoi le Demandeur repliquoit que l'attribution de Juriſdiction en matiere d'impôts leur avoit été accordée par grace contre les régles, ce qu'on ne pouvoit pas étendre à toute autre matiere.

La Cour, vu les concluſions du Procureur Général, ouï le rapport de M. Odemaer, a évoqué ladite inſtance, & condamné les Oppoſans aux dépens.

L X X.

Après avoir déféré un ſerment abſolu, il ne reſte qu'à examiner ſi l'on a juré abſolument.

ON jugea ſuivant cette maxime en la premiere Chambre le 30 Juin 1695, au procès d'entre Noël Dupret, Marchand à Tournay, Appellant, & Louiſe Etienne, veuve de Jacques Cliquet, demeurante à Lille, Intimée.

Ledit Dupret ayant fait aſſigner ladite veuve pardevant les Mayeur & Echevins de Lille le 18 Décembre 1693, pour être payé de la ſomme de 1548 livres 3 ſols 6 deniers pariſis, reſtant du prix de diverſes livrances d'ardoiſes qu'il lui avoit faites ſuivant l'extrait de ſon livre, & ladite veuve ayant dénié de rien devoir

voir audit Dupret, le Juge avoit réglé le Demandeur à preuve, fauf à la Défendereffe fa preuve contraire. Le Demandeur s'étant mis en devoir de travailler à fa preuve, la Défendereffe avoit déclaré *qu'elle confentoit que pour toute preuve il affirmât par ferment décifif, s'il n'étoit pas vrai qu'elle lui avoit fait d'autres paiemens que ceux rapportés dans fon état, & s'il avoit effectivement livré toutes les parties de marchandifes y mentionnées ; moyennant quoi feroit fin de caufe* : à laquelle délation le Demandeur fatisfaifant avoit affirmé *que ladite veuve ne lui avoit point fait d'autres paiemens que ceux rapportés dans fon état, & qu'il avoit effectivement livré toutes les parties de marchandifes y mentionnées.* Moyennant quoi concluoit à condamnation de ladite fomme, & aux dépens, dommages & intérêts. Néanmoins ladite veuve au lieu d'acquiefcer, avoit préfenté le 2 Août 1694, une déclaration de divers paiemens, qu'elle difoit avoir faits au Demandeur & qu'il n'avoit pas compris dans fon état, concluant à ce qu'il fût condamné à lui en tenir compte; fur lefquels le Juge ayant ordonné audit Dupret de contefter, il avoit foutenu qu'après avoir juré, il n'étoit plus queftion de contefter.

Ladite veuve difoit que le ferment déféré ne regardoit point ces fortes de paiemens, parce que n'ayant pas été faits à la perfonne du Demandeur, mais à d'autres fuivant fes ordres, il n'en pouvoit pas avoir connoiffance, ainfi ne pouvoit-il les avoir envelopés & compris dans fon ferment, comme n'étant chofe de fon propre fait.

Le Demandeur au contraire foutenoit que la délation à lui faite étoit pure & fimple, & que fon ferment étoit abfolu. Que cela fuppofé, il ne reftoit qu'à condamner, & rien à contefter, fuivant la décifion du Jurifconfulte Paulus, *Leg.* 2, *Dig. de Jurejurando*, qui déclare que *jus jurandum speciem transactionis continet, majoremque habet authoritatem quam res judicata.* Ensorte qu'après un serment on ne peut plus faire revivre une instance, même sous prétexte de parjure découvert, ou d'avoir recouvré de nouvelles piéces. *Leg.* 31, *Dig. eodem. Leg.* 1, *Cod. de rebus creditis.* Autrement on trouveroit toujours des faux-fuyans pour éluder la force du serment.

Nonobstant cela le Magistrat ayant ordonné audit Dupret par Sentence du premier de Mars 1695, de contester sur lesdits paiemens, à peine qu'ils seroient tenus pour vérifiés, il en avoit appellé.

La Cour, sur mon rapport, a mis l'appellation & la Sentence au néant; émendant, a ordonné à l'Intimée de payer ladite somme, & l'a condamnée aux dépens de premiere instance & de la cause d'appel.

LXXI.

Lorsque deux conjoints pour retraire un héritage propre de l'un d'eux, ont constitué des rentes; ces rentes sont à la charge de celui à qui l'héritage est propre, mais les arrerages échus durant le mariage sont à la charge de la communauté.

CEs deux points furent jugés en la deuxiéme Chambre le 23 Juillet 1695, entre Claude-Frederic le Ricq, Curateur commis à la Maison mortuaire de demoiselle Alexandrine-Françoise de la Broye de le Walle, Demandeur, & Jean-Baptiste Bodechon, Curateur commis aux biens de feu le sieur Arnould-Joseph Thery, Chevalier, sieur de Jolain, Défendeur.

Ledit sieur de Jolain, pendant son mariage avec ladite demoiselle de la Broye, avoit retrait diverses terres, comme Esteimbourg, les Alleus & autres, venant du chef de sa femme, lesquelles avoient été venduës & décrétées pour paiement de plusieurs rentes dont elles étoient chargées ; & pour faire ledit retrait il avoit levé jusqu'à 80000 florins de quelques particuliers, & en constitué des rentes, étant fait mention dans les lettres de constitution, *que sans ledit argent ledit retrait n'eut été fait.* Depuis ayant été établi des Curateurs à leurs Maisons mortuaires, pendant que les héritiers apparens délibéroient de se déclarer, les créanciers desdites rentes attaquerent ledit le Ricq, Curateur de celle de la demoiselle de la Broye, en reconnoissance de leurs rentes ; lequel le Ricq se pourvut par commission de garantie du 29 Janvier 1695, contre ledit Bodechon, Curateur de la Maison mortuaire dudit sieur de Jolain, concluant à ce qu'il fût condamné de l'indemnifer de la demande & poursuite desdits créanciers.

Il disoit que par le contrat de mariage du sieur de Jolain avec ladite demoiselle de la Broye du 18 Mai 1686, il étoit stipulé que les héritages par elle portés en mariage, ou à elle depuis succédés, tiendroient sa côte & ligne. Que par la Coûtume de la Châtellenie de Lille, *tit. des succeff. art. 24 & 37, les héritages retraits tenoient la côte & ligne dont ils procédoient* ; & cela fondé sur la raison que *immediata acquisitionis causa pendet à sanguine retrahentis*, comme dit A Sande, *Decif. Frif. lib. 2, tit. 5, definit. 3.* Que le sieur de Jolain en vertu de son contrat de mariage, étoit demeuré en tous les biens meubles de la demoiselle de la Broye prédécédée ; & qu'enfin il étoit constant par ladite Coûtume de Lille, *tit. des autorités & droits appartenans à gens mariés, art. 14, & tit. des successions, art. 16*, que l'héritier mobiliaire étoit tenu de toutes les dettes d'un défunt, ensorte que si l'héritier des immeubles se trouve inquiété, il a droit de recours contre le mobiliaire pour être indemnifé.

Le Défendeur au contraire foutenoit qu'ayant été ftipulé par le contrat de mariage d'entre ledit fieur de Jolain & la demoifelle de la Broye, que les biens qui pourroient échéoir à fadite femme, lui retourneroient fans autre charge que celles dont ils fe trouveroient affectés au jour de leurs échéances, lefdites terres n'avoient pu rentrer par ledit retrait dans fon patrimoine qu'avec la charge des rentes, fans lefquelles ledit retrait n'eut pu fe faire. Que le prix du retrait n'étoit point, fur tout dans ce cas, une dette mobiliaire de la communauté, mais une dette réelle qui fuivoit le fonds acquis par le retrait, comme le prix d'une terre achetée eft une charge réelle qui fuit le fonds au fentiment de Bacquet, *Traité des droits de Juftice*, *chap.* 21, *n.* 15. Enfin qu'à en juger autrement, ce feroit manifeftement autorifer les avantages mutuels des conjoints contre les prohibitions expreffes des Coûtumes. Pourquoi ledit Bodechon concluoit reconventionnellement à ce que ledit le Ricq fût condamné de le décharger de la pourfuite des créanciers, pour les rentes en queftion & arrerages d'icelles.

La Cour, vu les conclufions du Procureur Général du Roi, ouï le rapport de M. de Buiffy, a débouté le Demandeur de fes conclufions en garant, & faifant droit fur les conclufions reconventionnelles du Défendeur, a condamné ledit le Ricq a le décharger defdites rentes & arrerages, fauf de ceux dûs & échus pendant la jouiffance dudit de Jolain, & a condamné ledit le Ricq aux dépens.

LXXII.

*L'action naïssante ex dote promifsâ par pere & mere est
folidaire, mais fe divife entre les héritiers du pere & ceux
de la mere, comme une dette de communauté.*

NOus le décidames de cette forte en la deuxiéme
Chambre le 30 Juillet 1695, entre Meffire Jean-
Ignace de Vander-Bruck, fieur d'Heron-Fontaine,
Chanoine de l'Eglife Métropolitaine de Cambray, De-
mandeur, & Jean-Philippe de Gherbode, Ecuyer,
fieur Defpain, Défendeur.

Le fait étoit que François de Gherbode, Ecuyer,
fieur Defpain, bifaïeul du Demandeur, & Françoife
du Bofquel fa premiere femme, avoient promis en
1606, à Jeanne leur fille, en la mariant avec Charles
de la Ghioelle, Ecuyer, fieur de Ville, 18000 florins
à prendre fur leur fucceffion. Françoife du Bofquel
étant décédée en 1612, ladite Jeanne lui avoit fuccédé : depuis, fçavoir en 1614. François fon pere ayant
époufé en fecondes noces N. de Wic, en avoit eu Jean-
Philippe de Gherbode, pere du Défendeur, à qui il
avoit laiffé tous fes biens, fauf certain Fief dit de
Douay, fitué à Ronq, de 4000 florins de valeur, qu'il
avoit affigné à Jeanne fa fille de fes premieres noces &
grande mere du Demandeur. Pourquoi ladite Jeanne
le 15 de Novembre 1635, avoit intenté plainte à Loi
ou *faifie* fur la terre Defpain, concluant à ce que ledit
Jean-Philippe fon frere confanguin, fut condamné
de lui fournir les 18000 florins à elle promis par fon
contrat de mariage, foit en argent ou héritages, avec
les intérêts au denier 16, fauf à déduire 4000 florins
pour la valeur du Fief de Douay.

Ladite Jeanne de Gherbode étant morte en 1636,

François de la Glifoelle, Dorothée & Charlotte Cornille, depuis alliée à Severin Vander-Bruck, fieur Defcoffine, pere & mere du Demandeur, pourfuivirent l'inftance jufqu'en 1669, que ledit François & Dorothée fa fœur tranfigerent avec le Défendeur pour leurs parts. En 1686 Marguerite-Camille de Vander-Bruck, à qui Charlotte de la Glifoelle fa mere avoit laiffé par partage le droit qu'elle avoit d'un tiers en ladite action, avoit renouvellé ladite inftance, & après fa mort, fçavoir en 1687, le Demandeur fon frere, qu'elle avoit fait donataire univerfel de fes biens, en avoit repris les erremens, & conclu à ce que le Défendeur fût condamné de lui fournir le tiers de 14000 florins en argent ou héritages, & les interêts au denier 16 depuis 1635.

Le Défendeur foutenoit que le Demandeur étoit mal fondé ; parce que François de Gherbode & Françoife du Bofquel ayant promis par contrat de mariage 18000 florins à Jeanne leur fille, à prendre fur les biens qu'ils délaifferoient, c'étoit une dette de communauté, divifible entre les héritiers de Françoife du Bofquel & ceux de François de Gherbode : que Jeanne de Gherbode ayant été héritiere de Françoife du Bofquel fa mere, la moitié de cette dette fe trouvoit confufe en elle ; enforte que comme créanciere, elle ne pouvoit pas demander une chofe qu'elle devoit acquiter comme héritiere.

Le Demandeur au contraire difoit que felon droit, *Cautum eft omninò paternum effe officium dotem pro fuâ dare progenie.* Enforte, dit l'Empereur Juftin, *Leg.* 7, *Cod. de dotis promiff.* lorfqu'un pere promet une dot à fa fille, quand il exprimeroit que ce feroit à prendre tant fur les biens de fa femme que fur les fiens, *ex fuâ liberalitate hoc feciffe intelligitur,* fi bien que *fi idoneam ipfe fubftan-*

tiam poſſidet , quaſi de ſuo patrimonio dotem dediſſe præſumitur. Que les biens délaiſſés par François de Gherbode ſuffiſoient pour acquiter les 14000 florins reſtans des 18 ſtipulés , & qu'ainſi ſon héritier les devoit payer.

Le Défendeur convenoit qu'il en étoit ainſi ſelon la rigueur du Droit Romain, qui n'admettoit point, ſans convention, de ſociété entre l'homme & la femme ; mais il diſoit que le droit conſtamment établi ſelon les mœurs & les Coûtumes en étoit bien éloigné : parce que, comme dit Stockmans, *Deciſ.* 48 : *Cum lucra quæ obveniunt utrique conjugum ſint communia , vix poteſt dubitari quin dodandi onus uno contractu à conjugibus ſuſceptum , tanquam æs alienum ſocietatis conjugalis , æqualiter ſit partiendum.* Que s'il en étoit ainſi en matiere de dot, on devoit encore moins en douter au cas préſent , où il s'agiſſoit moins de la faveur d'une dot que d'une portion de ſucceſſion ſtipulée.

La Cour, ouï le rapport de M. de Buiſſy , a déclaré le Demandeur non fondé en la demande par lui faite d'un tiers és 14000 florins en queſtion. Que la moitié des 18000 florins ſtipulés étoit confuſe en la perſonne de Jeanne de Gherbode comme héritiere de Françoiſe du Boſquel ſa mere ; & déduction faite ſur l'autre moitié des 4000 florins pour le Fief de Douay, venant du chef de François de Gherbode , a adjugé audit Demandeur le tiers du ſurplus avec les interêts depuis 1635 ſur le pied du denier 30 , a condamné le Défendeur de le payer ainſi , ſi mieux il n'aimoit payer le principal en biens & héritages avec les fruits depuis 1635 à liquider , dépens compenſés.

LXXIII.

Le légataire d'une rente à prendre fur tous les biens d'une fucceffion, auquel on affigne le revenu de certains biens pour fournir aux cours de fa rente, peut demander le fupplément, fi lefdits revenus diminuent & ne font pas fuffifans.

ON en jugea ainfi en la premiere Chambre ledit jour 30 Juillet 1695, au profit de demoifelle Marie-Magdelaine de Geneviere, Demanderefle, contre François-Ignace de Saint-Omer, Ecuyer, fieur de Terdeghem, Défendeur.

Demoifelle Joffine Zuytpienne, veuve de Charles de Geneviere, oncle de la Demanderefle, par fon teftament du 10 Janvier 1680, avoit légué à ladite Demanderefle la fomme de 1600 florins, pour lui être payée par le Défendeur fon héritier, lorfqu'elle prendroit état honorable, jufqu'auquel tems il fuffiroit d'en payer les cours. Le 21 Novembre 1687, le Défendeur, en exécution dudit Teftament, avoit affigné à la Demanderefle le revenu de certains biens fitués dans le Furnenback, pour en jouir jufqu'à concurrence des cours de ladite fomme de 1600 florins. La Demanderefle en ayant joui quelques années, & voyant que par le malheur des guerres les revenus qu'on lui avoit affignés, ne fuffifoient point pour les cours dont elle avoit droit, avoit préfenté requête le 17 Juillet 1694, concluant à ce que le Défendeur fût obligé d'entrer en compte & décompte des revenus perçus, & de lui payer ce qui lui pouvoit être dû pour le furplus des cours de ladite fomme.

Le Défendeur convenoit du fait, mais il difoit que le Teftament avoit été fait en pleine paix, lorfque la Teftatrice ne prévoyoit point les malheurs & miferes

de

de ce tems, dont par conféquent la demoifelle légataire devóit également fe reffentir comme l'héritier,
& fouffrir la diminution des cours de fa rente à proportion de la diminution des fruits des biens de la Teftatrice : difoit auffi que la Demandereffe avoit accepté
pour les cours de fon legs les revenus de certains biens
à elle affignés, qu'elle s'étoit par là chargée du rifque
des tems, de la ftérilité comme de la fertilité des fai-
fons ; qu'ainfi la guerre ayant diminué ces revenus,
les cours de fon legs devoient auffi être réduits à une
jufte proportion, fur le pied de laquelle il offroit de
liquider.

La Demandereffe au contraire difoit que l'affignation qu'on lui avoit faite de certains revenus pour les
cours de fon légat, ne s'étoit point faite *taxative*, mais
feulement *démonftrative* ; ce qui ne l'affujettiffoit à aucun rifque.

La Cour, fur mon rapport, a débouté le Défendeur de la diminution prétenduë ; en conféquence lui
a ordonné d'entrer en compte & liquidation des fruits
perçus par la Demandereffe, & l'a condamné au paiement de ce qu'elle fera trouvée avoir bon pour les
cours échus de la fomme à elle légatée, & aux dépens.

LXXIV.

*A Valenciennes la difpofition de la Coûtume, art. 52, qui
dit qu'un homme marié ne peut difpofer de fes héritages
fans le confentement de fa femme, n'emporte pas une
nullité abfoluë, mais feulement refpective.*

CEla fut décidé en la premiere Chambre le 12 Août
1695, au procès d'entre Pierre Chauvin, ancien
Echevin de Valenciennes, Appellant, & Jean-Baptifte
Salembier, ancien Lieutenant de ladite Ville, Intimé.

Jaspard l'Eschevin, fils de Paul & de Marguerite Surmont, ayant résolu de chercher fortune dans le service, engagea sa mere, qui s'étoit remariée à Pierre Chauvin, & en avoit des enfans, de lui fournir de l'argent pour s'en aller; avec lequel ayant levé une Compagnie pour le service du Roi Catholique, il partit de Valenciennes, après avoir quelques jours avant son départ laissé tous ses biens à sa mere, & à son défaut aux enfans qu'elle avoit retenus de ses secondes noces, par donation passée pardevant les Echevins de ladite Ville le 22 Février 1673, & ce en considération des grosses sommes que sadite mere lui avoit avancées pour sa fortune & son établissement, pour laquelle donation avoir plein & entier effet selon la Coûtume pour les biens situés hors ladite Ville, il avoit constitué un Procureur, afin d'en aller faire les reconnoissances pardevant les Loix de la situation des biens.

Cependant ledit Jaspard l'Eschevin étant parti avoit épousé à Bruxelles le 15 Mai suivant Elisabeth le Lieboom, fille d'une Auberge, qu'il abandonna quelques semaines après, sans que depuis on eut appris de ses nouvelles. Sa mere, qui depuis son départ n'en avoit entendu aucunes, négligea jusqu'en Février 1674 de faire faire pardevant les Loix de la situation des biens la reconnoissance de la donation. Pourquoi en 1690, le 12 Avril, ledit Salembier, en qualité de plus proche & apparent héritier dudit l'Eschevin, avoit présenté requête, concluant à ce que conformément à la disposition de la Coûtume, *chap.* 103, attendu la longue absence dudit l'Eschevin, il fût établi à caution en la régie de ses biens situés hors la Ville de Valenciennes.

Le Défendeur disoit que la disposition de la Coûtume, *art. susdit*, ne pouvoit avoir lieu au cas présent, la disposition de l'homme faisant cesser celle de la Loi.

Qu'un héritier *ab inteſtat* ne pouvoit agir lorſqu'un abſent avoit laiſſé un donataire univerſel, ou un héritier teſtamentaire.

Le Demandeur au contraire diſoit que la donation
ne pouvoit ſubſiſter à l'égard des biens ſitués hors la
Ville & Chef-lieu du diſtrict de Valenciennes, attendu que par la Coûtume, *art.* 52, il eſt ordonné qu'un
homme marié ne peut diſpoſer de ſes immeubles ſans le
conſentement de ſa femme; que cependant ledit l'Eſchevin n'avoit point reconnu la donation faite de ſes
immeubles pardevant les Loix de leur ſituation avant
ſon départ, lorſqu'il étoit ſon franc-homme au gré de la
Coûtume, *art.* 45; que les reconnoiſſances qu'en avoit
faites depuis le Procureur en Février 1674, étoient
nulles au défaut du conſentement de la femme que
ledit l'Eſchevin avoit épouſée dès le mois de Mai 1673.

Le Défendeur ſoutenoit que la nullité de cette reconnoiſſance réſultante du défaut de conſentement de
la femme dudit l'Eſchevin n'étoit que reſpective, comme ne concernant que le bien & les interêts de la femme, qui ne s'en plaignoit pas; qu'ainſi on pouvoit
dire au Demandeur : *Quoad te liberas ædes habeo.* En
effet, dit Burgundus, *cap.* 8, *n.* 9 : *Longè alia eſt cauſa*
prohibitionis, quæ in privatorum utilitatem dirigitur, nam
ſi quid contra fiat, Lex ſeſe non opponit, ipſique negotio
non reſiſtit, ſed tantum modo non aſſiſtit, nec corroborat
quod eſt actum reſpectu ejus in cujus favorem prohibitio
facta eſt. Proindè negotium non eſt purè & ſimpliciter nul-
lum, ſed dumtaxat reſpectivè nullum ; hoc eſt intuitu ejus
cujus contemplatione Lex prohibuit, huic enim ſoli oppug-
nare quod eſt actum & nullitatis arguere licet, cæteris non
licet. Verum agentibus iis vel excipientibus rectè objiceretur,
tua non intereſt : nam cum Lex contemplationem eorum non
habuerit in prohibitione, neque his conſultum voluit. Mais

nonobſtant ces raiſons le Magiſtrat de Valenciennes, par Sentence du 10 Novembre 1693, ayant déclaré le Demandeur bien fondé dans ſes fins & concluſions, le Défendeur en avoit appellé.

La Cour, vu les concluſions du Procureur Général du Roi, ouï le rapport de M. de Mullet, a mis l'appellation & Sentence dont a été appellé au néant; émendant, a déclaré ledit Salembier mal fondé dans ſes fins & concluſions, & l'a condamné aux dépens de premiere inſtance & ceux de la cauſe d'appel.

L X X V.

Donation faite de quelques biens à une mere, pour appartenir après ſon trépas à ſes enfans, *donne un droit dans leſdits biens auſdits enfans, qu'ils tranſmettent à leurs héritiers, quand même ils ſeroient décédés avant leur mere.*

IL fut ainſi jugé en la premiere Chambre le 17 Août 1695, entre Henry-Joſeph Dumortier & Conſors, demeurans à Lille, Demandeurs, & Meſſire Ferdinand Ignace de Haut-Port, ſieur de Maffles, Conſeiller en la Cour, & Conſors, Défendeurs.

Le 24 Novembre 1659 Alard Braem, par donation d'entre-vifs irrévocable & ſans rappel, avoit donné tous ſes biens, tant Fiefs qu'héritages cottiers patrimoniaux & les meubles & tels réputés qu'il pourroit délaiſſer au jour de ſon trépas indiſpoſés, à cinq couſins, & entre autres un cinquiéme à une Marie Blondel, grande mere des Demandeurs & mere des Défendeurs, *pour par eux jouir chacun de leur portion leur vie durant tant ſeulement, & après leur mort compéter & appartenir à leurs enfans chacun également, à charge auſſi néanmoins qu'ils n'en pourroient diſpoſer, mais en jouiroient ſeulement leur vie durant, pour après leur trépas appartenir à leurs enfans chacun également.*

Anne-Marie Blondel avoit été mariée deux fois : la premiere au ſieur Fruit, duquel elle avoit eu Marie-Anne Fruit, alliée à Ponthus de Broide, pere des Demandeurs, laquelle étoit morte depuis la donation avant ladite Anne-Marie Blondel ſa mere. En ſecondes noces ladite Blondel avoit épouſé le ſieur de Haut-Port, ſieur de Pellegrin, pere des Défendeurs, auſquels elle avoit laiſſé tous ſes biens; pourquoi les Demandeurs avoient préſenté Requête à la Cour le 15 Janvier 1695, concluant à ce que les Défendeurs fuſſent condamnés de leur laiſſer ſuivre leur quote-part és biens donnés par Alard Braem à Anne-Marie Blondel leur grande mere.

Les Défendeurs s'oppoſoient, diſant que Marie-Anne Fruit étant décédée avant Anne-Marie Blondel, à qui les biens avoient été donnés, les Demandeurs n'y pouvoient prétendre part, du moins dans les immeubles ; parce que la Coûtume les excluoit, n'admettant point és immeubles de repréſentation en ligne directe. Que leſdits biens ayant été donnés à Anne-Marie Blondel, pour après ſa mort compéter à ſes enfans, il n'y avoit qu'eux Défendeurs qui y euſſent acquis droit, s'étant trouvés ſeuls au nombre des enfans de ladite Blondel à ſon trépas par le prédécès de Marie-Anne Fruit.

Les Demandeurs au contraire diſoient qu'au ſentiment du Juriſconſulte Caliſtrat, *Leg.* 220, *Dig. de verb. ſignif. Liberorum appellatione nepotes continentur.* Qu'il étoit de l'équité d'interpréter ainſi la volonté du donateur, que d'ailleurs Alard Braem ayant par un acte d'entre-vifs ſpécialement appellé Marie-Anne Fruit leur mere, ſous le nom collectif d'enfans d'Anne-Marie Blondel, ladite Fruit y avoit acquis dès le jour de ladite donation un droit incommutable de propriété, dont la jouiſſance étoit ſeulement différée juſqu'après le trépas de leur mere Anne-Marie Blondel ; lequel droit de propriété ladite Fruit avoit tranſmis aux Demandeurs ſes héritiers.

Les Défendeurs ſoutenoient que la Loi *Liberorum nomine veniunt nepotes*, n'avoit lieu qu'en matiere de Teſtament & non dans les contrats *ſtriƈti juris*, qui ne reçoivent pas d'interprétation ni de préſomption pour étendre hors de la lettre le ſens des clauſes y ſtipulées. Qu'il étoit conſtant que par l'aƈte de donation les enfans de ladite Blondel n'étoient appellés qu'après ſa mort, qu'ainſi l'on ne pouvoit pas étendre cette vocation aux neveux de ladite Blondel, qui s'en trouvoient exclus par la diſpoſition de la Coûtume, d'autant plus qu'en matiere de *fidéicommis*, ſelon l'Edit perpétuel, *art.* 17, l'on ne doit point étendre la volonté de l'homme hors des termes de ſa diſpoſition. On convenoit aſſez que la tranſmiſſion a lieu dans les contrats de donation ; mais on diſoit que la clauſe du contrat en queſtion ne contenoit de donation qu'en faveur de ladite Blondel, à l'égard de laquelle on convenoit que ſi elle eut prédécédé le donateur, la donation n'eut pas laiſſé de produire ſes effets, en tranſmettant à ſes enfans ſurvivans le droit qu'elle auroit acquis és biens donnés ; & qu'à l'égard des enfans ce n'étoit qu'un réglement de la ſucceſſion *fidéicommiſſaire* eſdits biens, ſçavoir de la maniere que le donateur vouloit que cette ſucceſſion ſe partageât entre les enfans ſurvivans de la donataire après ſon trépas, ſuivant les diſpoſitions de la Coûtume influant dans celle du donateur, laquelle Coûtume excluoit les petits-enfans de la ſucceſſion immobiliaire de leur grande mere.

Les Demandeurs ſoutenoient toujours qu'il falloit faire une groſſe différence des teſtamens & des contrats selon la doctrine d'Ulpian, *Leg. 42*, *Dig. de oblig. & act.* d'autant que *Is cui sub conditione legatum est, pendente conditione non est creditor, sed tunc cum extiterit conditio.* Au lieu que lorsque quelqu'un contracte sous condition, il s'oblige en contractant, & celui en faveur de qui il s'oblige, acquiert droit en la chose stipulée, selon le même Ulpian : *Cum quis stipulatus est sub conditione, placet etiam pendente conditione creditorem fieri.* De sorte qu'Alard Braem ayant donné ses biens à Anne-Marie Blondel, pour après son trépas appartenir à ses enfans, au nombre desquels lors de la donation se trouvoit Marie-Anne Fruit, mere des Demandeurs, l'incertitude du jour du trépas de ladite Blondel n'avoit pas empêché que *pendente conditione* ladite Marie-Anne Fruit n'acquît droit és biens *fidéicommissés*, & un droit transmissible à ses héritiers ; parce que *cum quis stipulatus est in diem, cessit dies sed nondùm venit*, dit le même Ulpian *Leg. 213, Dig. de verb. signif.* Et la raison de cette différence entre les testamens & les contrats, est que dans les contrats l'obligation se contracte du jour de la convention, n'étant plus libre aux Parties de s'en départir sans un consentement mutuel ; au lieu que dans les testamens le Testateur ayant la liberté de changer jusqu'à sa mort, il ne se produit point d'obligation auparavant.

Sur ce la deuxiéme Chambre s'étant trouvée partagée à dire, la Cour a débouté les Demandeurs de leur opposition ; ce faisant, leur ordonne d'entrer en partage desdits biens avec les Demandeurs, *ou* à dire, la Cour a déclaré & déclare les Demandeurs non recevables ni fondés, il fût ordonné, M. de Mullet, Rapporteur, & M. Couvreur, Compartiteur, que le partage seroit porté à la premiere pour y être départi, à quoi ayant travaillé nonobstant vacations, à cause du changement à venir par la nouvelle compofition des Chambres, on a fuivi le premier membre du partage, & condamné les Défendeurs aux dépens.

LXXVI.

En matiere de promeffe de mariage la fille abufée peut faire arrêter par permiffion du Juge un garçon fans information préalable, duquel arrêt il ne peut être élargi qu'à bonne & fuffifante caution.

ON fuivit ce principe en la deuxiéme Chambre par Arrêt rendu le 4 Octobre 1695, contre Etienne Mignot, Appellant, au profit de Marie - Jeanne de Gouy, Intimée, jointe à elle François de Gouy fon pere.

Le 15 Janvier 1694, ladite de Gouy, par Requête adreffée aux Officiers du Bailliage de Tournay, avoit repréfenté que ledit Mignot l'ayant abufée fous promeffe de mariage, refufoit depuis d'accomplir fes promeffes : pourquoi elle avoit conclu à ce qu'il fût condamné de la doter, fi mieux il n'aimoit l'époufer ; & afin de l'y contraindre demandoit permiffion de le faire arrêter par tout ; ce qui lui fut accordé.

Ledit Mignot ayant été arrêté, demanda d'être élargi à fa caution juratoire, pendant que le procès s'inftruiroit ; à quoi ladite de Gouy s'eft oppofée : & fur ce le Bailliage, par Sentence du 9 Août 1695, ayant déclaré ledit Mignot mal fondé dans fes demandes incidentelles, & l'ayant condamné aux dépens, il en avoit appellé & relevé fon appel par commiffion du 20 Août, avec claufe de requête civile pour alléguer faits nouveaux.

Ces faits nouveaux étoient que l'arrêt en queftion-
nes

ne fe pouvoit regarder que par rapport au criminel ou
au civil. Qu'au premier cas il étoit nul , pour avoir
été fait fans aucune information précédente. Qu'au fecond il ne l'étoit pas moins , puifque par la difpofition
de la Coûtume il étoit défendu à des Bourgeois de fe
faire arrêter l'un l'autre en matiere civile ; pourquoi
l concluoit à ce qu'il fût déclaré tortionnaire , & par
conféquent à réformation de ladite Sentence.

L'Intimée au contraire difoit que le fait en queftion
n'étoit point purement civil , & fe devoit regarder
comme un crime , pour la pourfuite duquel l'on ne
pouvoit agir par information précédente ; d'autant que
le délinquant en ce cas eft toujours fufpect de fuite ,
Leg. 17 , §. 8 , *Dig. de ædilit. edict.* ne pouvant que par
une retraite empêcher ou du moins retarder fa condamnation. Que les Loix permettoient de faire arrêter
un débiteur fufpect de fuite , & qu'ainfi l'arrêt en
queftion avoit été bien & dûëment fait , & pour ce
concluoit à confirmation de la Sentence.

La Cour , ouï le rapport de M. de Mullet , a mis l'appellation au néant , a ordonné que la Sentence fortira
effet , a condamné l'Appellant en l'amende & aux
dépens.

L X X V I I.

Un Huiffier chargé de l'exécution d'un acte , s'en rend ref-
ponfable en la différant , à moins qu'il ne donne avis de
l'impoffibilité de l'exécution.

CEla fut jugé ainfi en la deuxiéme Chambre le 8
Octobre 1695 , au rapport de M. Vifart , fuivant
& conformément au Réglement des Huiffiers , *art.* 13 ,
au profit de Guillaume Delft , Greffier de Saint-Genois ,
Demandeur , contre l'Huiffier Vander-Haeghe , Défendeur.

V

LXXVIII.

Des Bulles sont nulles, lorsque le Pape y énonce qu'il confère en vertu des reserves un Bénéfice qu'il n'a droit de conférer qu'en vertu du Concordat.

CEla fut décidé en la deuxiéme Chambre le 25 Octobre 1695, contre M^e. Olivier-Servin Ninon de la Forêt, Demandeur, au profit de M^e. Pierre Thuilier, Chanoine de saint Géry à Cambray, Défendeur.

Le Demandeur avoit été pourvu par le Pape d'un Canonicat de l'Eglise Métropolitaine de Cambray par Bulles du 12 Janvier 1692, lequel Canonicat avoit vaqué par mort dans un des mois du Pape, sçavoir en Novembre 1691 ; ledit Demandeur ayant fait l'insinuation de ses Bulles dans les trois mois, en étoit venu requerir l'enregistrement ensuite de Lettres d'attache de Sa Majesté.

La Cour ayant demandé l'avis de M. l'Archevêque & du Chapitre de Cambray, l'un & l'autre s'étoit opposé à l'enregistrement desdites Bulles, disant qu'elles étoient subreptices & nulles ; en conséquence de quoi ledit Chapitre, comme Ordinaire, avoit conféré au Défendeur ledit Canonicat par provisions du 4 Mars suivant. Lequel Défendeur entrant en cause, disoit que les Bulles du Demandeur n'étoient recevables, d'autant qu'elles étoient expédiées sous les clauses de reserves apostoliques en cette maniere : *Dudum siquidem omnes Canonicatus & præbendas cæteraque Beneficia Ecclesiastica, ex tunc usque ad voluntatis nostræ beneplacitum in Novembris, & alternis quinque mensibus extra Romanam Curiam alias quam per resignationem vacatura collationi nostræ & dispositioni reservavimus &c.* Lesquelles

reſerves étoient abolies par le Concordat dit Germanique, fait l'an 1448, entre le Pape Nicolas V & le ſaint
Siége, d'une part, & la Nation Germanique, d'autre,
auquel l'Egliſe de Cambray s'étoit ſoumiſe depuis environ l'an 1636, & ſuivant lequel, au lieu des clauſes de
reſerves, l'on doit inſérer la clauſe ordinaire : *Dudum
ſiquidem felicis recordationis Nicolaus Papa V, Prædeceſſor
noſter per Concordata inter ipſum & Sedem Apoſtolicam ex
unâ & inclitam Nationem Germanicam ex alterâ partibns
inita, omnes Canonicatus & præbendas cæteraque Beneficia in Novembris & reliquis quinque alternis menſibus extra Romanam Curiam alias quam per reſignationem vacatura ſuæ & diĉtæ Sedis collationi & diſpoſitioni reſervavit
&c.* A défaut de quoi leſdites Bulles étoient nulles,
& devoient être rejettées comme ſubreptices.

Le Demandeur au contraire diſoit que ce défaut
d'avoir inſéré dans les Bulles les clauſes de reſerves
pour celles du Concordat, ne pouvoit pas annuller une
collation faite par le Pape légitimement : en effet, on
ne pouvoit pas diſputer au Pape l'autorité de conférer
les Bénéfices & Canonicats de ladite Egliſe vacans par
mort dans le mois de Novembre. Que la collation en
avoit été faite & même inſinuée au Chapitre dans les
trois mois preſcrits par le Concordat : que pour avoir
omis de ne point faire mention du Concordat dans les
Bulles, cela ne pouvoit pas ôter au Pape le droit de
conférer les Bénéfices, ni au Demandeur le droit qu'il
y avoit acquis par une collation légitime ; d'autant
plus que par le Concordat il n'étoit point requis qu'il
en ſeroit fait mention dans les Bulles, & encore moins
ſous peine de nullité. Que bien loin qu'on pût ſoup-
çonner Sa Sainteté d'avoir eu deſſein de ſe prévaloir
de la reſerve inférée, il apparoiſſoit que les Bulles
avoient été expédiées & inſinuées dans le terme du

Concordat : qu'enfin une simple omiſſion ne pouvoit détruire un bon titre.

Le Défendeur diſoit que dans la Daterie Romaine il ne ſe commettoit point de petites fautes, que les plus legeres étoient de conſéquence & ſouvent irréparables ; enſorte que, comme dit Rebuffe, *in ſua praxi tit. opponi quæ contra Bullam poſſint*, §. 11, ſi le Pape parlant à un particulier l'intitule au plurier, la Bulle eſt ſuſpecte : *Si Papa uni loquatur in plurali, videlicet vobis Joanni, Bulla eſt ſuſpecta, cap. quam gravi de crim. fal. & eſt contra ſtylum Curiæ, ideò non valet.* Il dit encore plus bas, §. 24 : *Nec valeret reſcriptum, ſi una tantum littera nominis vel cognominis eſſet reſcripta*, uti ſi Bulla diceret tibi P. Rebuffo conferimus, *quia nomen extenſè ſcribendum eſt ſicut cognomen, alias Bulla non valet.* Il eſt donc ſans doute, dit le même Rebuffe, *ibid. §. 27, opponi poſſe ſtylum Cancellariæ obmiſſum vel immutatum, quia ſtylus Cancellariæ non ſervatus facit litteras ſuſpectas de falſitate.* Le Défendeur ajoutoit, qu'au cas préſent il ne s'agiſſoit pas ſeulement d'une ſimple omiſſion ; que le Pape n'avoit pas ſeulement omis le titre légitime en vertu duquel il pouvoit conférer, mais qu'il réſultoit de la teneur des Bulles du Demandeur qu'il avoit conféré en vertu d'un faux titre, tel que la reſerve *ad beneplacitum*, qui altere & détruit entierement le Concordat.

Que ſi la Cour admettoit leſdites Bulles & en ordonnoit l'enregiſtrement, c'étoit non-ſeulement déroger aux priviléges & Statuts de l'Egliſe Métropolitaine de Cambray, qui eſt ſous la protection du Roi & de la Cour, violer le droit public des Concordats, mais encore inviter la Cour de Rome à rétablir les reſerves au préjudice des Ordinaires, & renouveller tous les deſordres que les Concordats ont taché de réformer.

La Cour, vu les conclusions du Procureur Général du Roi, ouï le rapport de M. Odemaer, a débouté le Demandeur de l'enregistrement de ses Bulles, & l'a condamné aux dépens. Depuis sur les plaintes faites de cet Arrêt par ledit Ninon, le Roi ayant ordonné que les motifs en seroient envoyés à son Conseil, ils y ont été bien goûtés.

LXXIX.

Un acheteur peut demander sûreté sur les deniers de son achat, & doit être mis en préférence à tous les autres créanciers, lorsqu'il paroît quelque sujet de craindre une éviction.

CEtte question fut résoluë dans la deuxiéme Chambre, le 5 Novembre 1695, au différent d'entre Gerard Poillon & Consors, Appellans, & George & Michel du Bar, Intimés.

Les Intimés ayant acheté d'Isaac d'Haynin & Catherine Belmary sa femme, deux bonniers & demi de terre situés à Flers, pour le prix de 4980 florins, avoient consigné & mis leurs deniers en purge au mois d'Août 1693, & en même-tems s'étoient opposés à la distribution à en faire, pour avoir assurance sur lesdits deniers à cause d'une éviction qu'ils craignoient. Ledit Poillon & Consors s'y étant opposés pour deux rentes portant 2700 florins de capital, le Lieutenant de la Gouvernance de Lille, par son Ordonnance provisionnelle du 25 Septembre 1693, avoit préféré les acheteurs.

Contre quoi lesdits créanciers opposans disoient que c'étoit sans sujet que lesdits acheteurs craignoient une éviction imaginaire, à raison de certain *fidéicommis* du 9 Décembre 1650, de Barbe Manier, bisaïeule de la venderesse, puisqu'il étoit constant qu'il n'avoit ja-

mais été enregiſtré au Greffe de la ſituation des bien
achetés ; qu'ainſi il ne pouvoit opérer aucun effet d
réaliſation au préjudice des créanciers, ſuivant l'Edi
perpétuel, *art.* 13.

Au contraire, les acheteurs diſoient que la craint
qu'ils avoient d'être évincés n'étoit point imaginaire
puiſque ladite Barbe Manier, par ſa diſpoſition, avoi
chargé Iſabeau Billoué ſa petite-fille, mere grande d
la vendereſſe, de *fidéicommis*, au profit des Adminiſtra
teurs des pauvres, qu'elle avoit appellés aux biens ven
dus en cas qu'elle vînt à mourir ſans enfans. Qu'elle
vivoit encore, qu'il pouvoit arriver qu'elle ſurvécû
ſes enfans ; qu'en ce cas il y auroit ouverture au *fidéicommis*. Qu'en tout cas c'étoit matiere de procès, dont
les acheteurs n'étoient obligés de ſoutenir les inquié-
tudes après avoir délivré leurs deniers. Pour ces raiſons
le Juge de la Gouvernance, par Sentence du 29 Janvier 1694, avoit confirmé l'ordre, dont ledit Poillon
& Conſors avoient appellé.

La Cour, ſur mon rapport, a mis l'appellation au
néant, & a ordonné que la Sentence ſortira effet, a
condamné les Appellans en l'amende & aux dépens.

L X X X.

*L'Ordonnance du Roi pour le commerce doit ſervir de régle
pour faire les proteſts des billets de change en France &
contre les François, quoique les endoſſeurs ſoient Flamands ou étrangers.*

CEla fut ainſi jugé en la deuxiéme Chambre le 8
Novembre 1695, entre Jean Tieſſe, demeurant
à Rouen, Appellant, & la veuve Rancourt, demeurante à Lille, Intimée.

Le 11 Août 1692, un certain Louis Jullian, Marchand Foureur demeurant à Paris, avoit paſſé au profit de ladite veuve un billet de change de 170 livres payables à Noël, valeur reçuë en marchandiſe ; depuis étant retournée à Lille, elle avoit négocié ledit billet & l'avoit endoſſé au profit dudit Tieſſe le 22 Octobre ſuivant, lequel en ayant voulu tirer la valeur dudit Jullian, il l'avoit trouvé inſolvent : pourquoi le 12 Février 1693, l'ayant fait proteſter, il l'avoit renvoyé à Lille à un Procureur, qui intenta le 4 Avril ſuivant action en garantie contre ladite veuve. Elle diſoit pour défenſes que ledit Tieſſe n'étoit plus recevable, ayant négligé près de deux mois de proteſter le billet, qui par cette négligence étoit devenu à ſes riſques.

Ledit Tieſſe au contraire ſoutenoit que le billet étant pour valeur reçuë en marchandiſe, il avoit eu trois mois pour le proteſter & faire ſes diligences, ſelon l'Ordonnance du Roi du mois de Mars 1673, au fait du commerce, *tit. 5, des lettres & billets de change*, *art. 31.*

Ladite veuve diſoit que cette Ordonnance n'avoit jamais été publiée à Lille, qu'elle n'y étoit point reçuë ni obſervée ; que ledit billet y ayant été endoſſé, il falloit ſuivre les uſages du domicile de l'endoſſeur, & par ainſi qu'il avoit fallu proteſter le billet dans les dix jours de l'échéance. Contre quoi ledit Tieſſe ſoutenoit que le billet étant fait à Paris, payable à Paris, par un Marchand de Paris, l'Ordonnance du Roi devoit être ſuivie en cas de proteſt contre les débiteurs, & non l'uſage du lieu domiciliaire de l'endoſſeur.

Nonobſtant cela le Magiſtrat de Lille ayant déclaré ledit Tieſſe non recevable, par Sentence du 8 Mai 1693, il en avoit appellé.

La Cour, ouï le rapport de M. de Mullet, a mis l'appellation & Sentence au néant ; émendant, a condamné l'Intimée à la garantie requise, & aux dépens, dommages & interêts.

LXXXI.

Lorfqu'une Communauté Religieufe veut agir contre un particulier dans une Jurifdiction étrangere, elle eft obligée de donner caution, quoiqu'elle y ait des fonds fitués.

ON le régla de cette maniere en la deuxiéme Chambre le 21 Novembre 1695, pour Jacques Norbert de Moucheron, Ecuyer, Appellant, contre les PP. Jéfuites de Courtray, Intimés.

Dans l'inftance que lefdits Peres avoient intentée contre ledit de Moucheron pardevant les Bourguemeftre & Echevins de la Principauté d'Ifenghien, il avoit incidemment conclu à ce qu'il leur fût ordonné de donner caution de dépens, comme étant étrangers dans la Jurifdiction d'Ifenghien ; duquel foutenement le Juge l'ayant débouté par Sentence du 4 Octobre 1692, il en avoit appellé. Les Intimés difoient qu'il avoit tort de leur demander caution de dépens fous prétexte qu'ils ne feroient Manans d'Ifenghien. Premierement, parce que c'étoit une pure chicane de faire pareil foutenement, au lieu de contefter au fonds. Secondement, parce qu'ils avoient des biens affez confidérables audit Ifenghien qui les repréfentoient. Tiercement, parce qu'une Communauté étoit toujours réputée folvable.

Au contraire l'Appellant foutenoit que ce n'étoit point une chicane que de s'arrêter à la forme, qui faifoit une des principales parties de la Juftice. Que quelque puiffante que fût une Communauté, elle devoit

toujours

toujours donner caution : qu'on avoit même lieu de l'exiger plutôt d'une Communauté que d'un particulier, parce qu'on avoit plus de peine à la pourſuivre, & que la difficulté qu'il falloit eſſuyer dans la diſcuſſion des immeubles, faiſoit qu'un Juge ne pouvoit s'exemter de charger de caution des étrangers, quand même ils auroient du bien ſous la Juriſdiction.

La Cour, vu les concluſions du Procureur Général, ouï le rapport de M. Odemaer, a mis l'appellation & Sentence au néant ; émendant, a ordonné aux Intimés de donner la caution demandée, & les a condamnés aux dépens de l'incident.

LXXXII.

Dans la Châtellenie de Lille c'eſt au Seigneur du Village y ayant les droits honorifiques, de permettre de danſer aux jours de Fêtes & de la Dédicace, à l'excluſion de tous les autres Seigneurs ayant des Fiefs dans le Village.

NOus le jugeames ainſi le 3 Décembre 1695, en la deuxiéme Chambre, contre Euſtache le Sart, Ecuyer, ſieur de Farvaques, Demandeur, au profit de Meſſire Guillaume - François de Montmorency, Vicomte de Roullers, Défendeurs.

Pour entendre le fait, il eſt à remarquer que Geugny eſt une Seigneurie donnant le nom à un petit Village ou Hameau ſitué dans la Châtellenie de Lille, duquel relevent huit Fiefs principaux ſitués partie dans la Châtellenie de Lille & partie dans celle de Douay, lequel Village a pour Paroiſſe l'Egliſe de Welvain ſituée ſur le Tourneſis, Seigneurie de Mgr l'Evêque de Tournay, dans laquelle Egliſe le Défendeur, comme Seigneur de Geugny, a toutes les prééminences & prérogatives du Seigneur de Paroiſſe, du moins pour ce qui concerne le

Village de Geugny, entendent les comptes des Pauvres & de la Fabrique par ses Officiers. Cependant le Demandeur ayant acheté deux des huit Fiefs relevans dudit Geugny, sçavoir les Fiefs du Liez & de la Dessous, à prétexte qu'ils auroient Justice Vicomtiere de même que le Fief de Geugny, prétendoit les jours de la Dédicace dudit Geugny, être en droit de faire danser sur le tenement de ses Fiefs, de même que le Seigneur de Geugny sur la Place publique du Village. En effet, le Demandeur ayant donné permission à quelques jeunes gens dudit Geugny de faire bande à part à la Dédicace du mois d'Octobre 1690, le Bailli du Défendeur leur avoit été faire défense de poursuivre leur danse, les avoit ajournés & menacés de les faire mettre en prison. Contre quoi le Demandeur s'étant pourvu par Requête du 18 Novembre 1690, concluoit à ce que lesdits exploits fussent déclarés nuls, & ledit Bailli condamné aux dépens.

Au contraire le sieur Défendeur, emprenant pour son Bailli, disoit qu'il ne suffisoit pas à un Gentilhomme d'avoir un Fief dans un Village, d'une Justice égale à celle du Seigneur dudit Village, sur tout s'il étoit Vassal dudit Seigneur, pour prétendre d'avoir des droits égaux & une autorité égale dans son Fief à celle du Seigneur du Village, dans ledit Village, particulierement en ce qui concernoit la police & l'administration publique du Village, comme étoit la danse de la Dédicace. Qu'il seroit dangereux de diviser un Village dans ces sortes réjouissances pour les desordres, querelles & combats que cela pourroit exciter. Pourquoi la Coûtume de la Salle de Lille, *art. 29,* & celle de la Gouvernance de Douay, *chap. 1, art. 12,* n'accordoient ces prérogatives qu'au principal Seigneur du Village y ayant les droits honorifiques.

La Cour, ouï le rapport de M. Visart, a déclaré le Demandeur non recevable ni fondé és fins & conclusions de sa Requête, & l'a condamné aux dépens.

Ledit jour après le Jugement de ce procès, ayant eu l'honneur d'être reçu à la Charge de Président à Mortier, je passai à la premiere Chambre pour en faire les fonctions.

L X X X I I I.

Lorsqu'un pere refuse de consentir au mariage d'une fille âgée de vingt-trois ans, sans en alléguer de raison, elle peut se faire autoriser par Justice à cet effet.

ON suivit cette maxime en la premiere Chambre le 9 Décembre 1695, au différent d'entre Messire Philippe le Clément, Chevalier, sieur de Saint-Marcq, Appellant, & demoiselle Therese - Angélique le Clément de Roussy, sa fille, Intimée.

Ladite demoiselle, par Requête présentée aux Mayeur & Echevins de Lille le premier Octobre 1695, avoit représenté qu'après de longs services du sieur Jean Huart-d'Autel, Capitaine de Cavalerie au Régiment de Mander-Seicht, elle l'avoit trouvé digne de ses inclinations. Qu'elle avoit très-humblement supplié son pere de vouloir bien agréer son choix ; ce qu'il avoit refusé, quoique son amant fût Gentilhomme, aîné de sa Maison & qu'elle fût âgée de 23 ans, capable de pouvoir discerner ce qui lui pouvoit convenir. Pourquoi elle concluoit à ce qu'il lui fût permis de faire assigner sondit pere, pour être obligé de dire les causes de son refus, ou de consentir à son mariage avec ledit sieur Huart ; & à défaut de ce, concluoit aux fins d'être autorisée par Justice, suivant le Placard du 4 Octobre 1540, pour contracter ledit mariage.

Ledit sieur de Saint-Marcq ayant été assigné, disoit qu'il ne pouvoit consentir à ce mariage, & sans s'expliquer plus en particulier, il s'étoit contenté de représenter qu'il avoit assez de tendresse pour sa fille & plus de lumieres qu'elle, pour qu'on interprétât son opposition pour le bien & l'avantage de sa fille ; nonobstant quoi les Mayeur & Echevins de Lille ayant par leur Sentence du 17 Novembre 1695, autorisé ladite damoiselle aux fins de pouvoir contracter ce mariage, ledit sieur de Saint-Marcq en avoit appellé.

La Cour, vu les conclusions du Procureur Général du Roi, ouï le rapport de M. Pollet, a mis l'appellation au néant, & a ordonné que la Sentence sortira effet avec amende & dépens.

LXXXIV.

Un débiteur poursuivi en reconnoissance d'une rente créée au tems du desordre des monnoies, & dont il n'est point dit és Lettres qu'elle auroit été constituée en monnoie de permission, peut avant de consentir à la reconnoissance demander la réduction de la rente aux termes des Edits.

ON le décida ainsi en la premiere Chambre le 10 Janvier 1696, pour Messire Antoine-François Colins, sieur de Mortagne, Sous-Lieutenant des Chevaux-Legers de la Reine, Mestre de Camp de la Cavalerie Legere, Appellant, contre Peronne de Vic, veuve de Jean-Baptiste Henrys, demeurante à Tournay, Intimée.

Dame Jeanne de Ligne, veuve de Messire Antoine de Mole, Baronne de Mortagne, avoit créé le 21 Mars 1648, sur ladite Terre de Mortagne une rente de 75 liv. par an, au rachat de 1200 livres, sans aucune

ment fpécifier le cri des monnoies, au profit de Maître Antoine de Vic, auteur de l'Intimée, laquelle
avoit attaqué l'Appellant fur reconnoiffance de Lettres
par commiffion du 19 Novembre 1694, pardevant les
Officiers du Bailliage de Tournay. Ledit fieur de Mortagne offroit de la reconnoître, non pas abfolument,
mais fous modification de la réduction qu'il foutenoit
devoir être faite de ladite rente, tant en cours que capital, comme ayant été conftituée l'an 1648, dans le
defordre des monnoies, lorfque les efpeces courantes
étoient reçuës & paffoient à haut cri; ce qui s'induifoit de la teneur même des Lettres, où il n'étoit point
fpécifié que les deniers avoient été nombrés ni comptés fur le pied des Placards du Roi, ni même en préfence des Tabellions qui avoient paffé lefdites Lettres.
Mais la veuve Henrys difoit qu'il s'agiffoit fimplement
de reconnoître la rente, ce que le Défendeur ne pouvoit différer de faire fous femblable prétexte mora-
toire. Qu'il n'étoit queftion de décider fi la rente avoit
été conftituée en monnoie déréglée ou non. Qu'ayant
été paffée pardevant Tabellions Royaux, il étoit à
préfumer que des Officiers du Roi s'étoient conformés
à fes Placards, & n'avoient point reçu de rente qu'en
monnoie réglée par les Edits. Qu'enfin s'il échéoit
quelque réduction à ladite rente, il fuffiroit de la prétendre dans l'exécution.

Le Défendeur au contraire foutenoit qu'avant tout
il s'agiffoit de réduire la rente. Qu'il feroit trop tard
d'en parler, l'orfqu'il fe trouveroit exécuté pour le
paiement d'une rente de 75 livres; laquelle, réduction
faite des capitaux fur le pied des Placards & déduction
faite du trop payé fur les cours, devroit être beaucoup
moindre. Que le paffement de ladite rente pardevant
Tabellions ne pouvoit faire préfumer qu'elle eût été

créée en autre monnoie que la courante, puiſqu'.
n'en étoit rien dit par les lettres, d'autant moins qu'.
n'étoit point énoncé par icelles, que l'argent eut ét:
compté & nombré en préſence deſdits Tabellions. Na
nobſtant ces moyens les Officiers du Bailliage ayan:
par Sentence du 12 Juillet 1695, ordonné au Défen
deur de conteſter ſur ladite reconnoiſſance, il en avoi:
appellé, & alléguoit pour griefs, que la queſtion ſu:
la réduction de la rente étoit préliminaire; que l:
Cour l'avoit déja préjugé ainſi par Arrêt rendu le 6 Oc:
tobre 1691, entre demoiſelle Valentine de Boulogne :
veuve du ſieur Delattre, & les Manans de Nomain:

La Cour, ouï le rapport de M. Cordouan, a mi:
l'appellation & Sentence au néant; émendant & te:
nant la cauſe pour ſuffiſamment conteſtée au principal.:
a admis la Demandereſſe à prouver que ladite rente au:
roit été conſtituée en monnoie ſur le pied des Placards,:
ſauf au Défendeur ſa preuve au contraire; a condamné:
ladite Demandereſſe aux dépens de l'incident & de l:
cauſe d'appel, ceux de premiere inſtance reſervés.

L X X X V.

Un Mineur qui pour étudier ou pour apprendre quelque art :
ou pour ſon divertiſſement ſe retire d'auprès de ſes Tuteurs:
& s'en va demeurer dans une autre Ville, n'eſt pas cen:
ſé avoir changé de domicile.

ON le jugea de cette maniere en la premiere Cham:
bre, le 13 Janvier 1696, au profit de Baltha-:
zar Wantier, en action de Marie-Eliſabeth Noël ſa:
femme, demeurant à Cambray, Appellant, contre :
Jacques Caſteau, & Pierre-François Dupuich, Exé-:
cuteurs Teſtamentaires & Mambours des enfans mi;:
neurs délaiſſés par Jacques Noël, Intimés.

Jacques-Antoine Noël, fils dudit Jacques, natif de Valenciennes, après la mort de ses pere & mere, s'en étoit allé à l'insçu des Intimés ses Tuteurs, trouver sa sœur, femme de l'Appellant, à Cambray, laquelle l'ayant reçu, lui fit là continuer ses Ecoles : mais au bout de 23 mois ledit Noël étant tombé malade, voulut faire son Testament & disposer de ses biens suivant le pouvoir de la Coûtume de Valenciennes, qui autorise à cet effet les mineurs de quatorze ans. Ainsi par acte du 6 Septembre 1695, il disposa de ses biens meubles en faveur de sadite sœur, & ordonna qu'elle partageroit également avec ses deux autres freres ses immeubles selon la Coûtume.

Le 19 Septembre ledit Wantier en action de sadite femme présenta Requête aux Mayeur & Echevins de Valenciennes, tendant à ce qu'en exécution dudit Testament lesdits Tuteurs de son frere fussent condamnés & contraints de lui rendre compte & restituer les biens meubles du défunt, lesquels avoient toujours resté entre leurs mains.

Les Défendeurs disoient que le défunt ayant quitté le séjour de Valenciennes, & s'en étant allé demeurer à Cambray, étoit réputé y avoir fixé & établi son domicile. Que c'étoit par conséquent selon la Coûtume dudit Cambray qu'on devoit régler son Testament, selon laquelle, *art.* 5, *tit. des Testam.* la disposition qu'il avoit faite de ses biens meubles en faveur de la femme du Demandeur étoit nulle faute de puissance, ladite Coûtume de Cambray n'autorisant qu'à vingt ans un mineur pour tester de ses meubles.

Le Demandeur au contraire soutenoit, que feu son beau-frere pour être venu demeurer chez lui à Cambray, n'avoit point changé le domicile que la naissance lui avoit acquis audit Valenciennes : qu'il n'avoit point voulu le faire, puisqu'il avoit encore laissé tous ses biens & ses effets sous l'administration des Défendeurs ses Tuteurs, sans rien transporter à Cambray. *In eo autem loco singulos habere domicilium non ambigitur ubi quis larem rerumque ac fortunarum suarum summam constituit, undè rursùs non est discessurus*, dit l'Empereur, *Leg.* 7, *Cod. de incolis.* Qu'il étoit tout évident qu'il n'y avoit que les petites douceurs que le défunt avoit espéré de trouver auprès de sa sœur, qui l'avoient attiré à Cambray. Que la facilité d'y pouvoir continuer ses études, l'y avoit fait demeurer, & que ce motif ne pouvoit changer son domicile dans vingt-trois mois de tems : *Nec enim ipsi, qui studiorum causâ aliquo loco morantur, domicilium ibi habere creduntur, nisi decem annis transactis eo loco sedes constituerint.* Il faut donc dix ans, dit le même Empereur, *Leg.* 2 *ibid.*, pour qu'un écolier puisse par sa résidence dans le lieu de ses études y acquerir un domicile : d'ailleurs la minorité seule du défunt ne permettoit pas qu'il pût par sa volonté seule changer le domicile que la naissance lui avoit donné. Qu'ainsi l'on ne devoit pas régler son Testament selon d'autre Coûtume que celle de Valenciennes, où sa tutelle avoit toujours restée.

Néanmoins malgré ces raisons le Juge ayant par Sentence du 30 Septembre suivant, débouté le Demandeur des fins & conclusions de la Requête avec dépens, il en avoit appellé.

La Cour, vu les conclusions du Procureur Général du Roi, ouï le rapport de M. de Buissy, a mis l'appellation & Sentence au néant ; émendant, a ordonné aux Intimés de restituer & rendre compte à l'Appellant desdits meubles, & les a condamnés aux dépens de la cause d'appel & ceux de premiere instance.

LXXXVI.

LXXXVI.

1. *L'option qu'a un Curé de pouvoir demander la somme de 300 livres réglée par le Roi pour sa portion congruë, ou de se tenir au gros de la Cure, n'ôte pas au Décimateur la liberté d'abandonner la dîme, pour se décharger desdits 300 livres.*

2. *Un Décimateur qui abandonne la dîme pour s'exemter de payer la portion congruë, n'est pas obligé de l'abandonner pour toujours ; il suffit de l'abandonner pour la vie du Curé demandant ladite portion.*

CEs deux points furent jugés en la premiere Chambre le 19 Janvier 1696, contre Me Philippe Defeaux, Curé d'Eppe-Sauvage, Appellant, au profit des Abbé & Religieux de Lieffies en Haynaut, Ordre de saint Benoît, Intimés.

Ledit Me Defeaux ayant été pourvu de ladite Cure en Juin 1686, par concours devant l'Archevêque de Cambray, dès le 6 Juillet suivant fit signifier aux Défendeurs, en qualité de gros Décimateurs audit lieu, qu'il se déportoit du gros de sa Cure, & optoit la pension de 300 livres, suivant & conformément à l'Edit du Roi du 29 Janvier dudit an 1686. Et quoique l'Abbé lui eut fait déclarer, même avant qu'il eût pris possession de ladite Cure, qu'il aimeroit mieux lui abandonner son droit de dîme, que de lui payer cette pension, & lui en eut effectivement fait signifier un acte sous son seing le 23 dudit mois de Juillet : ledit Defeaux ne laissa pas de se pourvoir par Requête devant le Prévôt Royal de Maubeuge, où ayant obtenu main-mise pour faire exécuter son acte d'option le 10 Juin 1687, il fit saisir & vendre les effets de l'Abbaye

Y

le 20 fuivant, & auroit pouffé plus loin fa rigueur, fi les Religieux ayant produit l'acte d'abandon de leur dîme du 23 Juillet 1686, n'avoient obtenu interdiction.

Le Demandeur s'y oppofa, difant que l'Abbé après avoir tiré de gros fruits de la dîme, dont il jouiffoit depuis plus de 500 ans, ne pouvoit aujourd'hui l'abandonner au préjudice de la penfion alimentaire du Curé, qui ne pouvoit fe diminuer au-deffous des Réglemens de Sa Majefté par l'abandon de la dîme. Que l'acte même en donné par l'Abbé n'étoit recevable, étant fait fans autorifation du Roi ni de l'Ordinaire, fans intervention des Religieux affemblés capitulairement, fans reftitution des titres de la dîme, enfin n'étant fait que pour la vie du Demandeur.

Les Défendeurs au contraire foutenoient qu'il étoit toujours de droit dans la liberté d'un propriétaire de déguerpir & d'abandonner le fonds pour les charges. Qu'une Communauté pour s'acquiter & fe libérer, n'avoit point befoin d'autorifation ni du Roi ni de l'Ordinaire. Que puifque le Demandeur n'étoit pas fatisfait de l'acte d'abandon à lui fignifié fait fans l'intervention des Religieux, ils en rapportoient la ratification & renouvellement par acte capitulaire de la Communauté du 29 Mai 1688. Qu'ils reproduifoient les titres de leur dîme, qui confiftoient dans un contrat de donation *Altaris de Helpra*, faite l'an 1140 à Guildric, Abbé de Lieffies, par Nicolas, Evêque de Cambray. Ils ajoutoient que le Demandeur devoit être fatisfait de l'abandon qu'on lui faifoit de ladite dîme pour fa vie, puifqu'on n'étoit pas obligé de l'abandonner à perpétuité, ainfi qu'il avoit été décidé par divers Arrêts; de même qu'un Curé en abandonnant le gros de fa Cure, ne peut lier fon Succeffeur. Qu'enfin s'il n'étoit pas encore content de l'acte produit, il n'avoit qu'à indiquer en quelle autre forme il le souhaitoit, & qu'on offroit de le satisfaire.

Pour lesquelles raisons le Prévôt de Maubeuge ayant par Sentence du 4 Décembre 1690, déchargé les Défendeurs de la pension demandée, moyennant l'accomplissement réel & effectif de l'abandon absolu fait par lesdits Défendeurs, & condamné le Demandeur aux dépens & interêts, il en avoit appellé.

Pour griefs il alléguoit les mêmes moyens qu'en premiere instance, & ajoutoit que la ratification produite par l'Abbé & donnée par ses Religieux le 29 Mai 1688, de l'abandon de la dîme, étoit informe, n'apparoissant que les formalités requises és actes capitulaires, telles que la convocation de la Communauté au son de la cloche & l'examen de la matiere, eussent été observées.

Au contraire les Intimés pour solutions disoient que par la Déclaration du Roi du 30 Juin 1690, il étoit évident qu'un Décimateur pouvoit & étoit autorisé pour abandonner la dîme, plutôt que de s'obliger à la pension du Curé. Que si l'abandon qu'ils en avoient fait à l'Appellant n'étoit suffisant, ils réitéroient les offres qu'ils avoient toujours faites au procès, de le donner en telle meilleure forme que le Curé pourroit desirer.

La Cour, vu les conclusions du Procureur Général du Roi, ouï le rapport de M. Desnaüe, a mis l'appellation au néant, a ordonné que la Sentence sortira effet, & condamné l'Appellant en l'amende & aux dépens.

LXXXVII.

1. *L'hypothéque accordée par le Roi à ses Fermiers & sous-Fermiers sur les biens de leurs débiteurs, ne préjudicie point aux prétentions immédiates du Roi.*

2. *Les sous-Fermiers en donnant leurs sous-Fermes en arriere-bail contre la défense des Ordonnances, se privent de l'hypothéque que les Ordonnances leur donnent sur les biens de leurs débiteurs.*

3. *Tout le monde peut alléguer des moyens de droit en cause d'appel sans Lettres de Requête civile, & le Roi n'en a jamais besoin pour quelque cause que ce soit, lorsqu'il plaide pour ses droits.*

TOutes ces questions furent jugées en la premiere Chambre le 23 Janvier 1696, au procès d'entre Me Bonaventure Langlois, Receveur général des Domaines & des Bois des Comtés de Flandres, Haynaut & Artois, Appellant, & le sieur Louis Mangin, Major des Ville & Château de Crespy en Vallois, Intimé.

Il s'agissoit des deniers de la curatelle d'un nommé Renaut le Beuf, dit la Chambre, sur la distribution desquels ledit Langlois, en qualité de Receveur des Bois du Roi, prétendoit préférence pour la somme de 4281 livres 9 sols 8 deniers, à laquelle ledit la Chambre avoit été condamné par Arrêt du Conseil d'Etat tenu à Fontainebleau le 22 Septembre 1691, en paiment de la surmesure qui s'étoit trouvée par recollement des coupes de 1688 & 1689 des Bois de la Forêt de Niepe, dont ledit la Chambre s'étoit rendu adjudicataire. Au contraire ledit Mangin prétendoit d'être préféré pour la fomme de 7000 livres , dont ledit la Chambre étoit demeuré redevable par le compte qu'il avoit rendu de la diftribution des Poudres & Salpêtres dans lefdits Pays à fon affocié Michel Gloriame , qui l'avoit prife en arriere-Ferme par bail du 18 Février 1686 dudit Mangin, qui l'avoit en fous-Ferme du fieur du Riez ou Brunet, Fermiers généraux des Poudres de France, par contrat du 13 Février 1685.

Mangin difoit qu'en qualité de fous-Fermier des droits de Sa Majefté, fuivant fon Ordonnance du 22 Juillet 1681 , édictée pour fervir de réglement dans les Fermes de France, *tit. cummun. des Fermes* , *art.* 6 , il avoit hypothéque fur les biens de la Chambre , affocié de Gloriame fon arriere-Fermier , & une hypothéque antérieure à celle de Langlois , laquelle n'avoit pu naître que de l'adjudication des Bois pour les années 1688 & 1689.

Langlois difoit que Mangin interprétoit mal l'Ordonnance du Roi , qui n'accorde point hypothéque , mais feulement préférence à fes fous-Fermiers fur les effets de ceux , à qui ils ont fait crédit de fes droits , *art. 6 cité.* Qu'à fuppofer même que ledit Mangin auroit hypothéque & même antérieure à celle du Roi fur les biens de la Chambre , cependant comme il ne s'agiffoit pas ici de Fermes , mais immédiatement des interêts du Roi contre un adjudicataire de fes Bois , & pour une furmefure arrêtée au Confeil , il étoit conftant que le Roi devoit être préféré à Mangin ; parce que le privilége d'hypothéque accordé par le Roi à fes Fermiers ne lui peut préjudicier , & il faut toujours excepter la perfonne du Roi , lorfqu'il concourt avec lefdits Fermiers : ce qui eft fondé non-feulement fur l'Ordonnance du Roi donnée à Saint-Germain au mois d'Août 1669 , *art.* 1 , où il déclare que telle eft fon intention, & qu'il n'entend se préjudicier dans la préférence qu'il a sur tous ses Fermiers généraux & autres Officiers comptables; mais c'est encore une Maxime de Droit, comme dit Barbosa : *Semper in generali elocutione excipitur persona loquentis.*

Nonobstant lesquelles raisons les Mayeur & Echevins de Lille, pardevant qui les Parties plaidoient sur la distribution desdits deniers, ayant par Sentence du 31 Août 1695, adjugé par provision la préférence à Mangin pour ses 7000 livres, ledit Langlois en avoit appellé & relevé son appel par commission du 19 Septembre suivant, avec clause de Requête civile pour alléguer un nouveau moyen, qui étoit que par Ordonnance du Roi du 22 Juillet 1691, *tit. des publications & encheres*, *art.* 20, il étoit ordonné aux sous-Fermiers d'exercer leurs sous-Fermes par eux-mêmes & leurs Commis, & défendu de les donner en arriere-baux, sous peine d'amende. Que ledit Mangin ayant donné en arriere-bail la sous-Ferme des Poudres à Gloriame, contre la prohibition des Ordonnances, ne pouvoit prétendre d'hypothéque sur ledit Gloriame en vertu des Ordonnances, & encore moins contre ledit la Chambre, avec qui il n'avoit point traité : *Qui peccat in Legem, indignus est Legis beneficio.*

La Cour, vu les conclusions du Procureur Général du Roi, ouï le rapport de M. de Maffles, a mis l'appellation & Sentence au néant; émendant, & sans avoir égard aux Lettres de Requête civile obtenuës par l'Appellant, dont il n'avoit besoin, a ordonné que ledit Langlois leveroit par provision la somme de 4281 livres 9 sols 8 deniers sur les effets dudit la Chambre, a condamné l'Intimé aux dépens de la cause d'appel.

LXXXVIII.

L'Edit perpétuel fait Loi entre les Nobles comme entre les Marchands, pour ce qui concerne le douaire des veuves. Ainſi un homme ayant enfans d'un premier lit ne peut faire à ſa ſeconde femme un douaire qui excede la moitié des revenus qu'il délaiſſe à ſon trépas : de ſorte que ſi par le malheur des tems les biens viennent à diminuer, la veuve doit toujours ſe contenter pour cours de ſon douaire d'une moitié deſdits revenus, & laiſſer l'autre aux alimens & entretiens des enfans ; ſauf à prétendre la récompenſe dans les meilleures années.

IL a été jugé ainſi en la premiere Chambre le 24 Janvier 1696, entre dame Marie-Anne Scorion, veuve de feu M. le Conſeiller Mondet, Demandereſſe, & Jacques Mondet, Tuteur de l'enfant des premieres noces dudit ſieur Conſeiller, Défendeur.

La Demandereſſe ayant fait ſaiſir divers immeubles & effets de la Maiſon mortuaire de défunt ſon mari, pour pourſuivre l'effet & l'exécution de ſes conventions matrimoniales, & particulierement le paiment de ſon douaire, qui étoit de 1200 florins annuellement, rachetable au denier huit, & ce en vertu de commiſſion de main-miſe impétrée le 3 Octobre 1693, en demandoit le décrétement. Le Défendeur s'y oppoſoit & prétendoit réduction dudit douaire, qu'il ſoutenoit être exceſſif : ſur quoi ayant été admis à vérifier par Arrêt du 24 Décembre 1694, il s'étoit laiſſé débouter d'enquête, & n'avoit allégué pour toute preuve rien autre choſe, ſinon qu'il étoit notoire que pendant le tems calamiteux de la préſente guerre tous les biens de feu le ſieur Conſeiller ne rendoient point annuellement 800 florins. Que fi ladite Demandereffe devoit être préférée pour fon douaire, il ne refteroit rien pour la fubfiftance des enfans mineurs du défunt ; ce qui non-feulement étoit éloigné de la charité que ladite veuve devoit conferver pour les enfans de fon mari, mais encore entierement contraire aux Loix & à l'Edit de Juftinian rapporté au Code, *Leg. 6, de fecundis nuptiis*, où il s'explique en ces termes : *Hac edictali Lege in perpetuum valiturâ fancimus, quod fi plures liberi fuerint minimè plufquam ad unum quemque pervenerit, vel quam cui minor portio fuerit relicta, ad eorum liceat vitricum novercamque transferri.*

Que du moins felon l'Edit perpétuel de l'an 1611, *art. 27*, le douaire d'une femme affigné par un veuf ayant enfans de fon premier lit, ne peut excéder la moitié des revenus des immeubles, que le défunt peut avoir délaiffés à fon trépas. Que felon cet Edit, qui doit fervir de régle conftante dans ces Provinces, le douaire de la Demandereffe devoit être réduit à la moitié du revenu des immeubles de feu M. Mondet.

La Demandereffe au contraire difoit premierément, que l'Edit perpétuel ne fervoit de régle qu'entre les Marchands, de même que celui de 1540. Que la guerre étoit un cas fortuit, fous prétexte duquel il n'y avoit point raifon de prétendre la réduction de fon douaire, plutôt que des autres dettes de la maifon mortuaire dudit fieur Confeiller Mondet. Que fon douaire n'étoit point exceffif ; qu'il étoit ftipulé rachetable au denier huit ; qu'il n'excédoit point celui que ledit fieur Confeiller avoit donné ou promis à fon autre femme, quoique lors il n'eut pas le bien qu'il avoit laiffé à fa mort, dont les revenus avoient été eftimés à plus de 3000 florins. Enfin que c'étoit au Défendeur à prouver l'excès allégué dont il s'étoit laiffé débouter en

L

La Cour, vu les conclusions du Procureur Général
du Roi, ouï le rapport de M. Pollet, a décrété la mise
le fait de la Demanderesse, à charge néanmoins qu'elle
ne profitera chaque année plus que de la moitié de ce
qui se recevra des revenus des immeubles ; sauf que
dans les années excédentes, elle sera récompensée de
ce qu'elle pourroit avoir moins reçu dans les méchan-
es à concurrence de 1200 florins, a condamné le Défendeur en deux tiers des dépens, l'autre compensé.

LXXXIX.

D'abord qu'un bien est saisi réellement, le Commissaire aux
saisies réelles a droit d'en avoir la régie ; sauf aux Parties
d'alléguer tels moyens au fonds qu'elles trouvent bon,
pour faire déclarer la saisie nulle ou éteinte, & prétendre
leurs dommages & intérêts.

CEla fut jugé en la premiere Chambre le 25 Janvier
1696, pour Maître Jullian Bardet, Commissaire
Receveur aux saisies réelles de la Cour, Demandeur,
joint à lui Maître Frederic Van-Daele, Avocat en ladite Cour, contre le sieur Jean-Baptiste Taviel, Conseiller du Roi, Lieutenant Général de la Gouvernance
à Lille, Défendeur.

Frederic Van-Daele ayant obtenu par Arrêts des 3
Mai & 20 Juillet 1672, & 9 Janvier 1674, adjudication de 1101 livres de gros, à la charge de Jean
Van-Daele son oncle, avec interêts & dépens, avoit
fait saisir divers parties de ses biens, sur le revenu desquels il avoit touché à compte plusieurs sommes. Le
Commissaire aux saisies réelles ayant été informé de la
saisie desdits biens, avoit présenté Requête le 24 Décembre 1694, & conclu à ce que la régie des biens
saisis lui fût remise.

Z

Le Défendeur s'y oppofoit, difant que ladite faifie étoit nulle, & en tout cas éteinte par la fatisfaction des fommes pour lefquelles elle avoit été faite.

Le Demandeur difoit que ces moyens ne le regardoient pas, qu'il fuffifoit qu'il y eût des faifies pour établir fon droit de régir le bien faifi.

D'ailleurs ledit Frederic Van-Daele, intervenant, foutenoit que les faifies étoient bien faites, & qu'elles n'étoient point évacuées par les paiemens reçus à compte, pourquoi il demandoit d'entrer en liquidation.

La Cour, ouï le rapport de M. de Buiffy, fans s'arrêter à l'oppofition faite par le Défendeur, a ordonné au Demandeur de faire les fonctions de fa charge, fauf aux Parties de liquider, a condamné le Défendeur en trois quarts des dépens, le furplus refervé.

X C.

Stipulation d'un bail par laquelle le Fermier s'oblige de livrer fes grains de rendage au domicile du propriétaire, fait que les arrerages s'en doivent payer fur le pied de la prifée de la demeure dudit proprietaire, & non du Fermier, quand même il offriroit les frais de la voiture.

ON le décida ainfi en la premiere Chambre le 27 Janvier 1696, entre Jean de Gricour, demeurant à Frefnoy, Appellant, & Philippe du Maifnil, Receveur du Roi à Mons, Intimé.

L'Intimé avoit donné en bail, le 22 Janvier 1683, audit de Gricour, quelques Terres tenuës du Fief de Gomegny, au rendage d'environ onze rafieres de froment, *à livrer aux frais du preneur en la Ville de Mons, & mefure de Mons.* Comme ledit de Gricour devoit encore 91 rafieres d'arrerages jufqu'inclus 1694, au fujet defquelles il y avoit procès entre les Parties pardevant les Officiers du Bailliage du Quefnoy, le-dit du Maifnil, par requête du 26 Avril 1695, avoit demandé que ledit de Gricour fût par provifion & fans préjudice à l'inftance, condamné de nantir le prix de 91 rafieres, fur le pied de la prifée & mefure de Mons.

Ledit de Gricour offroit de nantir le prix de 91 rafieres, mais il foutenoit que ledit du Maifnil devoit fe contenter de la prifée du Quefnoy, offrant de payer à la mefure de Mons, fuivant fon bail, & même de payer les fraix de la voiture.

Du Maifnil au contraire difoit qu'ayant été ftipulé par le bail que le rendage feroit livré à Mons, il paroif-foit que fon intention avoit été de profiter de la vente du bled à Mons; qu'ainfi le paiement des arrerages non livrés fe devoit faire fur le pied des prifées de Mons : *Pro ut enim quodque contractum eft, ita & folvi debet*, dit Pomponius *Leg.* 80, *Dig. de folut. & liberat.* Pourquoi le Juge du Quefnoy avoit, par Sentence du premier Juillet 1695, condamné ledit de Gricour à nantir par provifion le prix defdites quatre-vingt-onze rafie-res fur le pied de la prifée de Mons, & aux dépens, dont il avoit appellé.

La Cour, ouï le rapport de M. Beccuau, a mis l'ap-pellation au néant, & a ordonné que la Sentence for-tiroit effet, a condamné l'Appellant en l'amende & aux dépens.

XCI.

Un Juge devient incompétent, l'orsqu'il devient étranger par le changement de domination, & toutes les procédures ultérieures sont nulles.

CEla fut déclaré de cette sorte en la premiere Chambre le 28 Janvier 1696, au profit de Pierre Mahieu, demeurant à Courtray, Demandeur, contre Pierre de Cocq, Receveur de l'Evêché à Tournay, Défendeur.

Le Demandeur, comme Admodiateur de la Terre & Seigneurie de Drooghen-Driesch, enclavée en la Paroisse de Saint Genois, Châtellenie de Courtray, avoit fait arrêter audit Courtray le Greffier de la Seigneurie de Beaulieu appartenante au Défendeur, pour avoir justice de quelque entreprise que ledit Demandeur prétendoit avoir été faite sur les droits de la Jurisdiction de Drooghen-Driesch par les Gens de Loi de Beaulieu. Contre cette Arrêt le Défendeur s'étant pourvu par complainte au Conseil de Flandre à Gand le 6 Octobre 1690, y avoit poursuivi l'instance si avant, que par Sentence des Commissaires au rolle du 2 Avril 1691, il avoit obtenu la recréance avec dépens : pour le paiement desquels voulant faire exécuter le Demandeur, ledit Demandeur s'étoit pourvu à la Cour en interdiction par Requête du 17 Octobre 1691.

Il disoit que le Roi s'étant emparé de Courtray au mois de Novembre 1690, le Conseil de Gand par le changement de domination étoit devenu incompétent. Que le Défendeur n'avoit pu poursuivre l'effet de sa complainte pardevant un Juge étranger, & moins encore pouvoit-il l'exécuter pour les dépens de la recréance qui y avoit été adjugée.

Le Défendeur au contraire soutenoit que suivant la

régle *Ubi cæptum judicium ibi finiri debet*, le Conseil de
Gand où l'instance avoit été compétemment intentée,
avoit conservé sa compétence jusqu'à Sentence définitive, & par conséquent avoit pu décider des dépens,
qui n'étoient qu'un accessoire de la cause principale ;
d'où il s'ensuivoit que tout étoit fait dans les formes &
légitimement.

La Cour, ouï le rapport de M. Boulé, a déclaré les
procédures faites audit Conseil de Gand depuis la réduction de Courtray à l'obéissance de Sa Majesté,
nulles & incompétentes, a condamné le Defendeur
aux dépens, sauf à lui de poursuivre à la Cour.

XCII.

A Lille caution du jugé n'emporte point d'obligation pour les
dépens, dommages & interéts, qui peuvent être adjugés
par la Sentence.

NOus étant trouvés partagés en la deuxiéme Chambre au rapport de M. Desnaüe sur la question,
elle fut ainsi résoluë dans la premiere le 3 Février 1696,
contre Gaspard Vande-Veghe, Marchand à Lille, Demandeur par Requête du 7 Octobre 1695, en faveur
de Marguerite des Fossez, veuve de Martin Bellievre,
y demeurante, Opposante.

XCIII.

Dans la Coûtume de Cambray l'on peut pour cause être
restitué du défaut de n'avoir pris dans l'an de la mort
du Testateur l'adhéritance de la chose donnée ensuite de
rapport simple.

IL fut ainsi jugé en la deuxiéme Chambre le 7 Février 1696, au profit de Jean du Bois, en action
de Robertine Lengrand, sa femme, Appellant, &

Marie Saladin, veuve de Pierre Mafquellet, & Marie-Agnès le Cerf, veuve de Louis Saladin, Intimées.

Charles Saladin & Nicolle de Lan, fa femme, ayant acheté le 10 Juillet 1675, une maifon fituée au Catteau-Cambrefis, l'avoient depuis rapportée és mains de Loi, pour appartenir après le décès du dernier vivant d'eux deux à ladite Robertine Lengrand, qui étoit fille de Catherine Saladin, leur fille, à l'exclufion de leurs autres enfans Marie & Louis Saladin. Nicolle de Lan avoit furvécu Charles Saladin, & n'étoit décédée que le 30 Mai 1693, pendant que ladite Robertine Lengrand demeuroit à Metz en Lorraine, à la fuite dudit du Bois fon mari, qui étoit au fervice dans un Régiment de Dragons. Ledit du Bois ayant depuis quitté le fervice étoit venu s'habituer à Longwy, où ayant appris fur la fin de l'an 1694, la mort de ladite de Lan, mere grande de fa femme, & vu fon Teftament, il s'étoit pourvu de Lettres de reftitution en entier, pour être relevé du défaut de n'avoir pris dans l'an l'adhéritance de ladite maifon, comme l'ordonne la Coûtume de Cambray, *tit. des rapports & hypoth. art.* 1, attendu qu'il en avoit été empêché à caufe de fon abfence pour le fervice du Roi, & que d'ailleurs cette difpofition coûtumiere fe devoit entendre *à die notitiæ*, & non pas *à die mortis ;* puifqu'autrement ce feroit ouvrir la porte aux fraudes & inviter les héritiers à recéler les Teftamens des défunts, pour fruftrer les légataires des avantages à eux faits : en conféquence defquelles Lettres il avoit pris adhéritance de ladite maifon le 5 Octobre 1694. Mais ladite Marie Saladin & la veuve de Louis Saladin, ayant préfenté Requête le 2 de Novembre 1694, à l'Official de Cambray, en qualité de Juge ordinaire dudit Cambray & Pays de Cambrefis, avoient conclu à ce que le tranfport de la maiſon en queſtion fait par Charles Saladin & Nicolle de Lan, à leur préjudice, au profit de ladite Robertine Lengrand, fût déclaré caduc & ſans effet, faute d'en avoir été pris adhéritance dans l'an, & qu'en conſéquence il fût ordonné qu'il feroit procédé au partage de ladite maiſon.

Et pour appuyer leurs concluſions, elles diſoient que la Coûtume de Cambray, *tit.* 20, *des rapports, art.* 1, il étoit expreſſément ordonné à ceux à qui quelque héritage avoit été donné en vertu de ſimple rapport, *d'en demander l'adhéritance dans l'an après le trépas des rapportans, & qu'autrement après ledit terme paſſé tel rapport ceſſoit & ne portoit plus effet.* Qu'on ne pouvoit interpréter cette diſpoſition de la Coûtume, *dans l'an, à die notitiæ,* ſans la forcer & gêner le ſens, puiſqu'elle diſoit poſitivement, *dans l'an après le trépas.* Que contre ces ſortes de preſcriptions ſtatutaires l'on ne devoit recevoir des Lettres de reſtitution en entier, ſuivant le ſentiment des plus habiles Coûtumiſtes, comme Argentré & autres, & que les fataux couroient contre les mineurs, abſens & autres privilégiés, *de momento ad momentum.*

Ledit du Bois au contraire ſoutenoit que ſi Argentré ou autres étoient de ſentiment que le bénéfice de reſtitution n'avoit lieu contre les preſcriptions ſtatutaires, c'étoit dans les matieres purement de Coûtume, comme de retrait lignager & autres inconnuës dans le Droit Romain : mais que dans les matieres ſur leſquelles la Juriſprudence Romaine avoit diſpoſé, comme au cas de queſtion, où il s'agiſſoit d'une donation à cauſe de mort, une Coûtume n'en pouvoit preſcrire l'effet que ſous les reſtitutions prudentes des Loix & du Droit, ſuivant lequel il étoit tout conſtant que preſcription ne pouvoit courir contre un homme abſent pour le service du Prince, ou du moins qu'il pouvoit s'en faire aisément restituer : *Diversis titulis, Cod. de restit. milit. & eorum qui Reipublicæ causâ absunt. de uxoribus milit. de temporib. in integrum restituit. quibus ex causis majores in integrum restit.* Malgré lesquelles raisons l'Official, par Sentence du 19 de Juillet 1695, ayant adjugé aux Demanderesses leurs fins & conclusions avec dépens, le Défendeur en avoit appellé.

La Cour, vu les conclusions du Procureur Général du Roi, ouï le rapport de M. Beccuau, a mis l'appellation & Sentence au néant ; émendant & ayant égard aux Lettres de restitution en entier obtenuës par l'Appellant, a déclaré les Intimées non recevables ni fondées, & les a condamnées aux dépens de la cause d'appel & ceux de premiere instance, sauf ceux desdites Lettres de restitution qui demeureront à la charge de l'Impétrant.

X C I V.

Les fraix du deuil d'une veuve sont à la charge des héritiers de feu son mari.

CEla fut jugé en la deuxiéme Chambre le 11 Février 1696, au procès d'entre Jeanne Belleman, veuve de feu Maître Jean Petit, vivant Procureur en la Cour, Demanderesse, & Ignace-Conrard Franquenelle, en qualité de Tuteur de ses enfans, héritiers dudit Petit, Défendeur.

Le 15 Avril 1695, ladite veuve avoit demandé que ledit Franquenelle, en sa qualité, fût condamné de lui fournir telle somme qu'il plairoit à la Cour d'arbitrer pour les fraix du deuil qu'elle avoit été obligée de prendre pour la mort de son mari, oncle des enfans dudit Franquenelle.

Le

Le Défendeur s'oppofoit difant que ladite veuve de-voit fupporter les fraix de fon deuil, attendu qu'elle avoit eu la moitié de tous les biens de fon mari, de même que fes enfans héritiers pour l'autre moitié avoient fupporté les fraix de leur deuil.

La Demandereffe au contraire difoit que les enfans de l'Oppofant étoient les feuls héritiers de fon mari : que fi elle avoit partagé les biens, ce n'étoit pas en qualité d'héritiere, mais à titre de communauté ; que par conféquent ils devoient feuls payer les dettes du défunt, entre lefquelles les fraix funéraires & du deuil, étoient les plus privilégiés.

La Cour, vu les conclufions du Procureur Général du Roi, ouï le rapport de M. Cordouan, a condam-né le Défendeur de payer à la Demandereffe la fomme de 50 florins pour les fraix de fon deuil.

X C V.

Dans la Châtellenie de Lille, la perfonne des Curés, leurs beftiaux, leurs Presbyteres & les biens faifant originai-rement le gros de la Cure, font exemts des contributions.

IL fut ainfi prononcé en la deuxiéme Chambre, les deux autres confultées, le 13 Février 1696, au rapport de M. Pollet, & vu les conclufions du Pro-cureur Général du Roi, en faveur de Maître Sebaf-tien de Cambray, Prêtre, Curé de Bachy, contre les Lieutenant & Gens de Loi dudit lieu, Appellans de la Sentence renduë le 27 Avril 1691, par les Offi-ciers de la Gouvernance de Lille.

Le même fut encore jugé folemnellement au rapport de M. Pollet en la troifiéme Chambre le 4 Juillet fuivant, au profit de Mᵉ François-Theodore le Doux, Curé d'Hem, joints à lui les Pafteurs de la Châtellenie de Lille, Appellans, contre

A a

les Manans dudit Hem , Intimés , joints à eux les Baillis des quatre Seigneurs Hauts-Justiciers représentans l'Etat des Châtellenies de Lille , Douay & Orchies.

XCVI.

Si l'un de plusieurs condamnés paie tous les dépens , il peut agir contre les autres par action solidaire en restitution de ce qu'il a avancé , sa part déduite , en prenant cession d'action de celui à qui lesdits dépens avoient été adjugés.

NOus en décidames ainsi en la deuxiéme Chambre le 14 Mars 1696 , au différent entre Me Jean-François Zivert , Licencié és Loix , Demandeur , & Me Jean Simon , Avocat en la Cour , Défendeur.

Lesdits Simon & Zivert ayant été poursuivis avec deux autres de leurs camarades à la Requête du Procureur Fiscal de Tournay , avoient été condamnés aux dépens : lesquels après la taxe ayant été trouvés monter à la somme de 64 florins 3 patars , le Procureur Fiscal avoit contraint ledit Simon d'y satisfaire. Simon après avoir pris cession d'action, avoit fait sommer ledit Zivert de lui payer la somme de 48 florins 2 patars & 3 deniers en restitution de la somme payée , sa part déduite. Contre cette sommation Zivert , par Requête du premier Décembre 1695 , s'étoit pourvu en surséance.

Il disoit que ledit Simon ne pouvoit agir solidairement contre lui en restitution de ladite somme. Qu'ils étoient quatre condamnés , & que suivant l'Ordonnance & le style de la Cour, *ch.* 12 , *art.* 7 , il n'avoit qu'une action de recours contre chacun des condamnés pour sa part.

Au contraire Simon s'opposoit , soutenant que bien que ladite Ordonnance n'accordàt aux condamnés qu'une action de recours les uns contre les autres , cela n'empêchoit pas qu'ils ne puſſent agir ſolidairement en vertu d'action cédée par celui au profit duquel les dépens avoient été adjugés ; lequel conſtamment avoit droit d'action ſolidaire contre les condamnés : qu'il étoit entré dans ſes droits par la ceſſion , & qu'il offroit audit Zivert de lui en donner auſſi une.

La Cour , ouï le rapport de M. Cordouan , a débouté le Demandeur de ſes fins & concluſions avec dépens , ſauf à lui d'accepter la ceſſion offerte pour agir contre qui il trouvera bon.

X C V I I.

Les douleurs d'un bleſſé doivent s'eſtimer quelque choſe & même beaucoup, s'il y a du danger dans les bleſſures, lorſqu'on taxe les dommages & interêts adjugés aux bleſſés.

NOus le préjugeames ainſi en la deuxiéme Chambre le 15 Mars 1696 , au profit d'Agnès Rombault , veuve de Jean Moreau , demeurante à Valenciennes , Appellante , contre Pierre Delattre , Marchand demeurant audit lieu , Intimé.

Le fils dudit Delattre ayant été condamné aux dépens , dommages & interêts par Sentence du Magiſtrat de Valenciennes du 9 Octobre 1693 , confirmée par Arrêt rendu à mon rapport le 26 Novembre 1694 , pour avoir bleſſé à la tête le fils de ladite Rombault de deux coups d'épée juſqu'à l'os découvert : ladite veuve avoit demandé par ſon libelle ſoixante jours , que ſon fils avoit été obligé de garder le lit & la chambre ſans travailler , à raiſon de 5 florins par jour , y compris les douleurs des bleſſures , s'en remettant cependant à l'arbitrage du Juge ſuivant les Chartres du Haynaut , *chap.* 21 , *art.* 1 , & conformément au décret des Archiducs du mois de Mars 1601 , *art.* 7. Sur quoi le Juge, par Sentence du 5 Août 1695, lui avoit feulement adjugé 40 patars par jour pendant trois femaines, dont elle avoit appellé, difant que fon fils ayant été bleffé à la tête n'avoit pu fans danger fortir de la chambre avant 40 jours, & qu'il lui avoit fallu quelques jours après pour le remettre, avant de pouvoir travailler. Que fes journées feules ne pouvoient pas être taxées à moins de 40 patars, fans y comprendre les douleurs. Qu'il n'y avoit point de miférable qui voulût s'expofer à de pareilles douleurs avec danger de fa vie pour 3 florins par jour.

La Cour, ouï le rapport de M. de Buiffy, a mis l'appellation & Sentence au néant ; émendant, a condamné l'Intimée de payer au fils de ladite Moreau la fomme de 120 florins pour 40 journées, à 3 florins par jour, y compris les douleurs, & aux dépens.

XCVIII.

1. *Si après que quelqu'un a appréhendé une fucceffion ab inteftat, l'on vient à recouvrer un teftament du défunt, il n'eft pas obligé de fe tenir à la qualité d'héritier ab inteftat.*

2. *La demande judiciaire d'une fucceffion faite par un majeur, le rend irrévocablement héritier, fi la fucceffion lui eft adjugée par Arrêt ; mais fi contre fes conclufions on lui adjuge purement & fimplement une fucceffion, qu'il n'avoit demandée que fous quelque modification, il peut fous bénéfice de Lettres de reftitution en entier renoncer au profit de l'Arrêt.*

LA premiere queftion fut jugée dès l'an 1690, & la deuxiéme le 21 Mars 1696, en la deuxiéme Chambre, au procès entre Pierre le Gillon, Ecuyer, fieur d'Agrinfart, ayant époufé damoifelle Marie-

Françoife Colbau, Demandeur, & damoifelle Catherine l'Efcuyer, veuve de François Colbau, fieur de Tuluck, Défendereffe.

Nicolas Colbau, fieur de Liefwal, beau-pere des Parties, étant mort le 23 Novembre 1663, comme il n'apparut d'aucun Teftament, & que le défunt avoit donné de fon vivant, par acte du 5 Juin 1653, la meilleure partie de fes biens à François Colbau fon fils, mari de la Défendereffe, le Demandeur s'étoit abftenu de fon hérédité, qui par droit d'accroiffement étoit demeurée toute entiere entre les mains de la Défendereffe : mais le Demandeur ayant recouvré par un hazard extraordinaire au mois de Mars 1684, un Teftament de feu Nicolas Colbau fon beau-pere, endate du 26 Avril 1661, par lequel partageant fa fucceffion, il en donnoit une partie à Françoife Colbau fa fille, femme du Demandeur, & laiffoit le furplus à François Colbau fon fils, mari de la Défendereffe, à charge expreffe de payer toutes fes dettes, ledit Demandeur fe pourvut à la Cour par Requête du 10 Mai 1684, concluant à la revendication des parties de biens à lui affignées par ledit Teftament, fous déclaration & proteftation qu'il ne les prétendoit qu'à titre particulier.

La Défendereffe ayant eu communication de ce Teftament, déclara auffi-tôt que ne pouvant plus refter héritiere *ab inteftat*, pour la découverte dudit Teftament qui lui donnoit feulement une partie des biens & la chargeoit de toutes les dettes, elle renonçoit à ladite fucceffion : offroit de rendre compte de ce qu'elle en avoit reçu, & fe tenoit aux donations faites à fon mari par le Teftateur le 5 Juin 1653, dont elle demandoit l'exécution.

Le Demandeur au contraire foutenoit que la Défendereffe s'étant immifcée dans cette fucceffion paffé 21 années, & en ayant dilapidé une partie, ne devoit plus être reçuë à y renoncer, & concluoit toujours à la revendication des biens à lui légués par le Testament sans charge de dettes. Cependant la Cour, par son Arrêt du 20 Décembre 1690, déclara que ladite Défenderesse, qui n'avoit appréhendé que *ab intestat*, n'étoit plus héritiere, *novâ scilicet Testamenti causâ superveniente*, & eu égard à sa renonciation & offres de rétablir les choses en leur entier, lui adjugea les parties données à son mari en 1653, en conséquence adjugea au Demandeur tous les biens à lui assignés par le Testament de 1661.

La Défenderesse ayant demandé l'exécution de cet Arrêt contre le Demandeur, comme seul restant héritier de Nicolas Colbau, s'étoit formée la seconde difficulté; car le Demandeur soutenoit que n'ayant jamais appréhendé aucuns biens de ladite hérédité, ni même demandé les parties qui lui avoient été assignées que comme un légat & à titre particulier, l'Arrêt ne l'avoit point fait héritier malgré lui : en tout cas protestoit de renoncer au profit de l'Arrêt.

La Défenderesse au contraire disoit que c'étoit une Jurisprudence constante & confirmée par divers Arrêts, qu'un enfant dans la Coûtume de Lille qui appréhende les parties de biens qui lui ont été assignées par le Testament de son pere, quoique sans dessein de se charger des dettes, devient par cette appréhension héritier de son pere, obligé & chargé d'en acquiter les dettes, sauf son recours contre l'héritier mobiliaire s'il y en a un, ou contre celui des héritiers immobiliaires que le Testateur peut avoir chargé des dettes : sur tout lorsque comme au cas présent cet assignat se fait par forme de partage. Qu'il n'étoit pas moins constant que la demande judiciaire d'une hérédité ou partie d'hérée dité valoit appréhenſion ; ſur tout ſi elle étoit décrétée par Sentence & ſuivie de l'adjudication du Juge. Qu'il s'enſuivoit de-là que le Demandeur étoit véritablement héritier de Nicolas Colbau , dont en vertu du Teſtament de 1661 , il avoit demandé judiciairement les parties à lui aſſignées , leſquelles lui avoient été adjugées par Arrêt.

Le Demandeur convenoit aſſez des principes que la Défendereſſe avançoit, mais il ſoutenoit qu'on n'étoit aucunement dans le cas qu'elle ſuppoſoit. Qu'il n'avoit jamais prétendu les biens de l'hérédité de Nicolas Colbau , ni partie ſur le pied d'hérédité , mais toujours à titre particulier & comme un légat. Que s'immiſcer dans une hérédité , étoit un acte qui dépendoit moins du fait que de la volonté : *Nam hoc animo eſſe debet , ut velit eſſe heres , & ſi quid quaſi non heres egit , ſed quaſi alio jure dominus , non videri pro herede geſſiſſe* , dit le Juriſconſulte , *Leg. 20, Dig. de acquir. vel omitt. hered.* , & comme dit la Gloſſe , *Leg. 20 , Dig. ibid. n. 76 : Opinio quæ repugnat hereditatis aditioni vel repudiationi , inutilem reddit aditionem & repudiationem.* Que la Défendereſſe ne pouvoit diſconvenir que bien loin d'avoir jamais appréhendé aucun bien de Nicolas Colbau , il n'avoit pas même demandé ceux qui lui avoient été légués que ſous proteſtation expreſſe de ne vouloir par là s'obliger aux dettes. Que l'adjudication qui lui en avoit été faite par l'Arrêt du 20 Décembre 1690 , qui avoit été rendu contre ſes intentions , au-delà de ſes concluſions , qui étoient conditionnelles & déterminées à un légat ; & même contre tout ce qu'il avoit lieu d'eſpérer , ne le pouvoit faire héritier malgré lui ; puiſque ſelon les régles la Cour ne lui devoit pas adjuger leſdits biens , ſi elle croyoit qu'il ne les pût avoir qu'à charge des dettes contre ſes concluſions : mais elle devoit le débouter des fins & conclusions de sa Requête, sauf à lui d'appréhender purement & simplement l'assignat à lui fait par ledit Colbau. Qu'en tout cas pour appuyer davantage sa renonciation, il avoit obtenu des Lettres de Requête civile du 7 Mars & 10 Novembre 1691, pour être restitué en entier & relevé de la demande judiciaire qu'il avoit faite des biens à lui assignés, & de tout ce qui s'en étoit suivi ; par où il auroit pu s'engager aucunement dans cette hérédité & s'obliger aux dettes d'icelle, protestoit qu'il renonçoit ausdits biens & à tout tel profit qu'il pouvoit retirer de ladite hérédité : en quoi il croyoit être fondé non-seulement par tous les motifs de l'équité apparente, mais encore selon la rigueur des Loix, puisque suivant la décision de Julian, *Leg. 41*, *Dig. de minor.* si quelqu'un se croyant lésé dans la vente d'un fonds se fait restituer, il peut encore après la Sentence de restitution obtenuë renoncer au profit de ladite Sentence : *Quia unicuique licet contemnere hæc quæ pro se introducta sunt & ibi latè Glossa.*

La Defenderesse rejettoit lesdites Lettres comme inciviles, disoit qu'un majeur ne pouvoit être restitué contre une addition d'hérédité, bien moins contre un Arrêt, qui la lui avoit adjugée. Que la Loi *Si Judex* 41, *Dig. de minorib.*, n'étoit plus en usage & avoit été retractée par l'Empereur Justinian, *Leg. ultimâ, §. non autem, Cod. de bonis quæ lib.*, où après avoir restitué un enfant contre l'appréhension d'une succession, & l'avoir reçu à y renoncer, défend qu'on lui accorde un autre relief contre sa renonciation, & qu'on le reçoive à appréhender de nouveau : *Ne ludibrio Leges ei fiant sæpius eandem & amplecti & respuere hereditatem cupienti.* Qu'en effet on verroit tous les jours les Arrêts des Cours Souveraines exposés à une continuelle incertitude,

tude, fi on les faifoit dépendre de l'inconftance des particuliers, en leur laiffant la liberté de s'y tenir ou d'y
renoncer.

La Cour, ouï le rapport de M. Cordouan, ayant
aucunement égard aux Lettres de Requête civile im-
pétrées par le Demandeur, l'a reçu à s'abftenir de l'hérédité de Nicolas Colbau, & l'a cependant condamné
en la moitié des dépens, l'autre compenfée.

XCIX.

1. *Un tiers poffeffeur de biens hypothéqués à une rente, non
héritier de l'obligé, peut prefcrire la liberté & décharge
defdits biens : quoique la rente foit toujours payée par les
héritiers de l'obligé.*

2. *Un particulier demeurant à Tournay ou Valenciennes
hors la Châtellenie de Lille, n'eft réputé abfent aux fins
d'empêcher que la prefcription ne courre au profit d'un
Habitant de ladite Châtellenie.*

CEs deux points furent décidés le même jour 21
Mars 1696, en la deuxiéme Chambre, entre François & Urbain le Gillon, Ecuyers, fieurs de Fonte-
nelle, Appellans, & M^re. Jean Hennuyer, Chevalier,
fieur d'Hazancour, Intimé.

Il s'agiffoit d'une rente de 100 florins annuellement,
& de 1600 florins en principal conftituée le 4 Janvier
1601, par Porus Ballet, au profit des auteurs du fieur
d'Hazancour. Nicolas Colbau, comme mari & bail
d'Helene Ballet, fille dudit Porus, en avoit acquité
les cours jufqu'environ l'an 1655, & depuis François
Colbau, héritier de Nicolas & d'Helene Ballet fa mere, en avoit continué le paiement jufqu'en 1665, qu'il
défifta de payer : ce qui avoit obligé ledit fieur d'Ha-

zancour de rechercher les biens hypothéqués à sa rente, lesquels ayant recouvrés en la possession des sieurs le Gillon, à qui ils étoient parvenus du chef de Françoise Colbau leur mere, fille dudit Nicolas & d'Helene Ballet, il les avoit fait saisir par mise de fait du 19 Novembre 1683.

Lesdits le Gillon s'opposoient à la mise de fait, & disoient qu'à supposer que les biens saisis fussent hypothéqués à la rente dont étoit question, ils en avoient prescrit la décharge, ayant toujours possédé lesdits biens exemts de ladite rente, depuis qu'ils avoient été donnés à Françoise Colbau leur mere, par lesdits Nicolas Colbau & Helene Ballet, par contrat de mariage du 18 Février 1631. Pourquoi ils concluoient à ce que l'Impétrant de mise de fait fût débouté de ses fins & conclusions, sauf à lui à se pourvoir contre les héritiers de Nicolas Colbau & d'Helene Ballet.

Au contraire, l'Impétrant disoit que les Opposans n'avoient pu prescrire la décharge de l'hypothéque contre lui, qui demeuroit à Valenciennes hors la Châtellenie de Lille ; parce que selon la Coûtume de ladite Châtellenie, *titre des prescriptions, art. 4, prescription n'a lieu contre absens*, & que selon droit : *Si non in eâdem Provinciâ uterque domicilium habeat, tunc ut inter absentes causam disceptari. Leg. finali, Cod. de præscript. longi temp.* à quoi se conformoient tous les Auteurs, comme Mysinger, Mascardus & Imbert *in Enchiridio*, qui dit que pour être réputé absent, il suffit de demeurer en différent Bailliage ou Sénéchaussée.

Les Opposans repliquoient que le mot *d'absence* devoit s'entendre de ceux qui s'éloignoient de la Province *animo revertendi*, & non de ceux qui demeurent fixement dans une autre Province voisine, d'autant que la disposition de la Coûtume, disant *que la prescription dort pendant l'abſence & ſe continuë l'abſence venant à ceſſer*, ne paroît introduite qu'en faveur des ſujets de la Châtellenie, pour empêcher que retournant chez eux après une abſence, ils ne ſoient exclus de leurs prétentions ; & ce par une eſpece de reſtitution approchante de celle du Droit *poſt-liminii*, accordée *abſentibus Reipublicæ causâ*. Qu'elle produiroit un effet tout contraire, ſi on l'entendoit de ceux qui auroient transféré leur domicile hors la Châtellenie, parce que ceux-ci preſcriroient contre les habitans de la Châtellenie de Lille, & les habitans de ladite Châtellenie ne pourroient preſcrire contre eux.

Nonobſtant quoi les Officiers de la Gouvernance de Lille, par Sentence du 22 Juillet 1689, ayant condamné leſdits le Gillon à la reconnoiſſance de ladite rente & aux dépens, ils en avoient appellé, & diſoient en cauſe d'appel que la même difficulté avoit été jugée *in terminis*, conformément à leurs intentions, par Arrêt de la Cour rendu le 23 Avril 1693, au rapport de M. Pollet, entre M_e Charles-Ignace Chaſſe, Chanoine de ſaint Géry à Cambray, Demandeur, & Guillaume-François Cambier, Écuyer, ſieur de Capres, Défendeur.

La Cour, ouï le rapport de M. Deſnaüe, a mis l'appellation & Sentence au néant ; émendant, a débouté l'Intimé de ſes fins & concluſions avec dépens.

C.

Dans les viſites que les Métiers font les uns ſur les autres, la bienſéance ne permet pas qu'on fouille dans les lits des particuliers, du moins ſans l'autorité & préſence du Juge.

CEla fut réglé de cette maniere en la deuxiéme Chambre le 3 Avril 1696, au différent entre Jean Robin, Savetier à Condé, Appellant, & les Maîtres du Style des Cordonniers audit lieu, Intimés.

Les Cordonniers ayant fait visite chez ledit Robin au mois de Décembre 1691 , avoient trouvé chez lui 17 paires de souliers , qu'ils prétendoient être faits contre leurs Réglemens ; pourquoi le 8 Janvier 1692 , ils avoient présenté Requête à l'Office de Condé , concluant à confiscation desdits souliers & à ce que ledit Robin fût condamné à l'amende.

Ledit Robin , sans répondre au principal , avoit dit que ladite visite étoit violente & tortionnaire , faite contre la bienséance , les bonnes mœurs & les Réglemens politiques des Villes voisines , qui défendoient expressément que dans les visites l'on fouillât les lits des particuliers , comme avoient fait les Cordonniers pour chercher les souliers qu'ils avoient trouvés dans son lit ; à quel effet ils auroient avec scandale & malhonnêteté obligé sa femme à se découcher : ce que les Cordonniers ayant dénié , les Parties furent admises à preuve par Ordonnance du 9 Décembre 1692. Et bien que ledit Robin eût suffisamment vérifié ce qu'il avoit avancé , & même soutenu au principal que lesdits souliers ne lui appartenoient pas , mais à un Cordonnier de Condé , qui les reclamoit.

Néanmoins ledit Juge , par Sentence du 19 Septembre 1693 , l'avoit condamné en 6 livres d'amende pour chaque paire de souliers , & la confiscation d'iceux & aux dépens ; dont ayant appellé , il disoit que pendant l'instruction de la cause d'appel la question se trouvoit avoir été jugée par Arrêt rendu au rapport de M. de Flines le 10 Novembre 1694 , entre les mêmes Intimés & les Savetiers de Condé , qui fait défenses aux Parties de visiter les lits les uns des autres sans permission du Juge & sans l'intervention de quelqu'un de la Loi.

La Cour , ouï le rapport de M. Pollet , vu les con-

clufions du Procureur Général du Roi, a mis l'appellation & Sentence au néant, & les Parties hors de
cour & de procès fur le principal, fans dépens.

C I.

1. *A Valenciennes le plus proche parent d'un défunt n'eft*
   pas exclu de fa fucceffion pour avoir manqué de l'appré-
   hender dans l'an du décès.

2. *Les enfans des grands oncles fuccedent également avec*
   les enfans des oncles du défunt.

O N décida ces deux points en la deuxiéme Cham-
bre le 10 Avril 1696, au procès entre Jeanne-
Marguerite Tordreau, demeurante à Valenciennes,
Appellante, & Pierre Boullé, demeurant audit lieu,
Intimé.

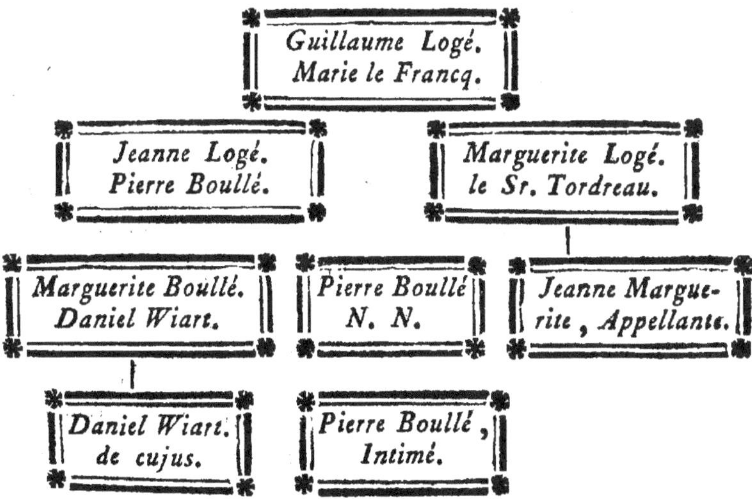

Daniel Wiart, *de cujus agitur fucceffione*, étant décédé
en 1668, pendant que Pierre Boullé fon oncle & pere

de l'Intimé, étoit hors le Pays, Marguerite Logé, ſa grande tante & mere de l'Appellante, avoit appréhendé la ſucceſſion dudit Wiart, & en avoit joui paiſiblement & ſans contredit juſqu'en 1694, que Pierre Boullé, couſin germain dudit Wiart, intenta action pardevant les Prévôt & Echevins de Valenciennes, concluant à ce que ladite Jeanne-Marguerite Tordreau fût condamnée de lui reſtituer ladite hérédité.

Elle oppoſoit deux moyens : le premier fondé ſur la Coûtume de Valenciennes, qui veut que les parens d'un défunt mort ſans enfans appréhendent ſa ſucceſſion dans l'an du décès ; à quoi ledit Boullé, non plus que ſon pere, n'ayant ſatisfait, il n'étoit plus recevable 26 ans après à demander cette ſucceſſion. Le deuxiéme moyen étoit que ledit Boullé & elle étoient parens audit Wiart en égal degré du chef de Guillaume Logé, & conſéquemment qu'il ne pouvoit prétendre plus de droit qu'elle dans ladite ſucceſſion.

Ledit Boullé répondant au premier moyen, diſoit que la Coûtume de Valenciennes n'ordonnoit point aux parens d'un défunt d'appréhender ſa ſucceſſion dans le terme d'un an à peine d'excluſion ; qu'au contraire elle vouloit qu'à défaut par les parens d'appréhender ladite ſucceſſion, le Juge l'appréhendât à charge d'en rendre compte : d'où il étoit aiſé de conclure que le défaut d'appréhenſion n'emportoit point une peine d'excluſion, puiſque la Loi conſervoit aux défaillans les biens du défunt par l'adminiſtration qu'elle en confioit au Juge à charge de compte. Et répondant au ſecond moyen, il diſoit qu'il étoit de la ligne collatérale deſcendante, & par conſéquent à préférer à ladite Tordreau qui étoit de l'aſcendante, par cette raiſon naturelle qui préfére les enfans des freres aux oncles & tantes du défunt, ſuivant la diſpoſition de Juſtinian, *Novel.* 118, *cap.* 3, *de hered. ad intest.*, soit par droit de représentation, au moyen de laquelle il représente Pierre Boullé son grand pere, plus proche au défunt Wiart que Guillaume Logé son bisaïeul, du chef duquel seulement ladite Tordreau étoit parente audit Wiart, conformément à la doctrine de Cujas, *ad dictam Novellam* 118, soit par la force de l'amour naturel, qui nous fait plus violemment pancher du côté de nos descendans, qu'en faveur des ascendans; comme explique Riderhusius dans son Commentaire sur les Novelles, *Part.* 7, *cap.* 13, *n.* 14.

Ladite Tordreau soutenoit au contraire qu'étant constamment au même degré, sçavoir au cinquiéme, suivant la décision du Jurisconsulte Gajus, *Leg.* 1, §. *quinto gradu, Dig. de gradibus & affinibus*, il n'y avoit point de distinction entre les collatéraux de la ligne ascendante & ceux de la descendante, suivant la doctrine des Auteurs, & spécialement de Berlichius, qui traite cette matiere & la décide en faveur de l'égalité des degrés, sans distinction ni différence des lignes, *Practicarum concluf. part.* 3, *concluf.* 24, *n.* 86, fondé sur la Novelle même 118, où Justinian, §. 1, dit en termes formels : *Si vero neque fratres neque filios fratrum defunctus reliquerit, omnes deinceps à latere cognatos ad hereditatem vocamus, secundum unius cujufque gradus prærogativam, ut si plurimi ejufdem gradus inveniantur fecundum perfonarum numerum inter eos hereditas dividatur.* Par où il est évident que l'Empereur Juistinian n'avoit pas voulu étendre à des degrés plus éloignés le privilége accordé aux enfans des freres, comme remarque la Glose, *ad dict. Nov.* 118; soit parce que le droit de représentation ne s'étend pas au-delà du troisiéme degré en ligne collatérale, ainsi que dit la même Glose; soit parce qu'il n'est pas à préfumer que la nature éten

de plus loin cet amour de préférence pour les defcen-
dans. Que cette queftion avoit déja été fouvent jugée,
comme rapporte Jean à Saade, *decif. Frific. lib.* 4, *tit.*
8, *definit.* 6. Nonobftant ces raifons le Magiftrat de
Valenciennes ayant par Sentence du 17 Mars 1695,
adjugé audit Boullé fes fins & conclufions avec dépens,
ladite Tordreau en avoit appellé.

La Cour, ouï le rapport de M. de Haut-Port de
Maffles, a mis l'appellation & Sentence au néant;
émendant, a adjugé à l'Intimé la moitié defdits biens,
& l'a débouté du furplus, dépens compenfés.

CII.

*Une tranfaction faite entre les Décimateurs & un Curé ou
un Vicaire pour fa portion congruë, eft un titre fuffifant
au fucceffeur du Curé pour agir par main-mife & obtenir
provifion.*

IL fut ainfi conclu en la deuxiéme Chambre le 14
Avril 1696, contre Dom Jean-Baptifte des Fontaines, Prévôt d'Hapres, Appellant, en faveur de
Me Jean-Nicolas du Bois, Prêtre, Vicaire de la Paroiffe de Notre-Dame au Quefnoy, Intimé.

Maître Albert de Ronquieres, prédéceffeur dudit du
Bois, avoit tranfigé le 29 Juillet 1684, & convenu
de fa portion congruë avec ledit Prévôt en qualité de
Décimateur du lieu pour la fomme de 100 livres annuellement. Ledit du Bois ne pouvant fe faire payer
depuis fa promotion à l'Office de Vicaire, préfenta
Requête au Bailliage du Quefnoy le 27 d'Avril 1695,
concluant à ce qu'eu égard audit contrat de tranfaction, on lui voulût accorder main-mife fur les dîmes
du Prévôt d'Hapres.

Le

Le Prévôt s'oppofoit difant, que ledit du Bois ne pouvoit agir par voie de main-mife en vertu du contrat fait avec fon prédéceffeur, parce que *ex contractu alieno nemo Jure civili tenetur* ; mais le Juge l'ayant cependant condamné par provifion à nantir les années échuës, il en avoit appellé.

La Cour, vu les conclufions du Procureur Général du Roi, ouï le rapport de M. Beccuau, a ordonné que la Sentence fortira effet avec amende & dépens.

CIII.

On ne peut fous prétexte de convention fe difpenfer du ferment déféré fur le fait d'une adminiftration qu'on a entreprife.

L'Edit jour 14 Avril 1696, on le jugea ainfi en la deuxiéme Chambre au profit de Jacques des Forges & Confors, Syndics des créanciers de feu Hermand Taverne, Appellant, & André Taverne, fils dudit Hermand, Intimé.

Hermand Taverne, vivant Marchand à Valenciennes, étant décédé, fes créanciers s'accommoderent avec André fon fils, par acte du 7 Février 1694, & convinrent de lui donner l'adminiftration de tous les biens du défunt pour les vendre & débiter, à charge de rendre compte defdits effets fuivant l'inventaire en fait, promettant moyennant ce de le décharger des dettes de fon pere, & de ne point l'inquiéter pour les biens à lui venus du chef de fa mere. Cependant lefdits créanciers après avoir ouï les comptes que ledit André leur avoit rendus defdits effets fur le pied dudit inventaire, l'affignerent pardevant les Prévôt & Jurés de Valenciennes, pour le faire condamner de s'expurger par serment qu'il n'y avoit point eu d'effets distraits de la maison mortuaire de son pere.

Ledit Taverne s'en défendoit & disoit que lesdits créanciers, par l'acte du 11 Février 1694, avoient borné leurs prétentions aux effets inventoriés & promis de ne le plus inquiéter.

Au contraire les créanciers soutenoient que la clause dudit contrat ne l'avoit point autorisé pour distraire les effets de la maison mortuaire de son pere omis audit inventaire, qu'elle l'avoit encore moins déchargé de l'action qui naturellement compétoit pour rechercher & faire reproduire les effets distraits de ladite maison mortuaire, qu'ils n'avoient point convenu de ne point agir, qu'ils n'avoient pas même pu le faire, & qu'en tout cas pareilles conventions n'obligoient aucunement ; parce que, comme dit le Jurisconsulte Paulus, *Leg.* 27, *§. 4*, *Dig. de pactis* : *Pacta quæ turpem causam continent, non sunt observanda.* Ce qu'il décide dans les termes exprès du cas où nous sommes : *Veluti si paciscar, ne furti agam si feceris* : car, dit-il, *expedit furti timere pænam :* autrement ce seroit autoriser les voleries de ceux à qui on commet des administrations, pour ne pas dire les exciter. Enfin, qu'on pouvoit bien, quand on veut, remettre le droit qu'on a de poursuivre un crime commis, mais jamais un crime à commettre.

Nonobstant quoi le Magistrat de Valenciennes ayant par Sentence du 10 Février 1696, déclaré les Demandeurs non fondés dans l'expurgation par eux demandée, & les ayant condamnés aux dépens, ils en avoient appellé.

La Cour, ouï le rapport de M. de Maffles, a mis l'appellation & Sentence au néant ; émendant, a ordonné à l'Intimé de subir l'affirmation requise, & l'a condamné aux dépens de la cause d'appel & ceux de premiere instance.

C I V.

1. *Le paiement fait en argent de rentes dûës en nature, n'autorise point les Débiteurs pour ne pas payer en nature, quand le Seigneur le souhaite.*

2. *Pour estimer les arrerages d'une rente dûë en nature, il ne faut pas estimer les especes au prix moyen du marché, mais au prix sur le pied duquel lesdites especes sont évaluées en fait de rentes.*

ON le jugea ainsi en la deuxiéme Chambre le 5 Mai 1696, au procès entre Pierre de Bacque, Admodiateur des rentes foncieres de l'Abbaye de Saint Winoc à Berghes, Appellant, & Me Charles Pierlay, Pasteur de Teteghem, Intimé.

L'an 1689, ledit de Bacque, en sadite qualité, présenta Requête aux Bourguemêtre & Echevins de Berghes, concluant à ce que ledit de Pierlay fût condamné de lui payer en nature ou par estimation d'Experts six années échuës à la saint Martin dudit an, de certaine rente de 38 copels & $\frac{3}{4}$ dites *coesuyvels*, c'est-à-dire, de laitage, affectée sur 7 mesures de pâture situées en la Paroisse de Bierne appartenantes audit Pierlay.

Le Défendeur convenoit assez du nombre des copels dûës chaque année & de la quantité des années échuës ; il convenoit même assez que chaque copel, dite *coesuyvels*, comprenoit une livre de beure & deux de fromage ; mais il soutenoit être en droit de ne point payer en nature, mais seulement un gros Flandre ou deux liards pour chaque copel, fondé sur la possession immémoriale où il étoit de payer ainsi. Sur quoi les Parties avoient été admises à preuve par Sentence du 2 Octobre 1690.

Le Demandeur pour établir ses prétentions produi-

foit divers titres, par lefquels il paroiſſoit que les pâtures en queſtion étoient chargées de $38 \frac{3}{4}$ copels
coeſuyvels. Qu'une couple de *zuyvels* contenoit une livre de beure & deux de fromage. Il repréſentoit qu'en
effet c'étoit le fruit le plus naturel des pâtures, que le
Seigneur direct du fonds avoit toujours droit d'exiger
en nature, ſans que le paiement fait en argent par un
tems même immémorial, pût autoriſer les détenteurs
de le lui refuſer en nature.

L'Oppoſant pour défenſes produiſoit deux titres : le
premier étoit une Sentence renduë contradictoirement
le 18 Juillet 1465, par les Hommes Féodaux de l'Abbé, par laquelle certains particuliers du Village de
Tetinghem avoient été condamnés à payer un gros
Flandre pour ſemblables couples, le Receveur de ce
tems-là, nommé Alard Van Oudenfort, n'ayant pas
lors oſé conclure qu'au paiement d'un gros Flandre
pour chaque couple. Le ſecond titre étoit un livre in-
titulé regiſtre de l'an 1525, par lequel les terres en
queſtion ſe trouvoient chargées de $38 \frac{2}{4}$ copels de coe-
ſuyuels, *chaque couple valant une livre de beure & 2 de
fromage ou un gros Flandre*; de laquelle alternative il
concluoit que le Demandeur n'étoit point en droit d'e-
xiger l'un plûtôt que l'autre, & qu'il devoit être tenu
quitte en payant un gros Flandre pour chaque couple ;
parce ſuivant la maxime vulgaire du Droit : *In alter-
nativis ſemper eſt electio debitoris*.

Le Demandeur au contraire ſoutenoit que le Défendeur ne pouvoit tirer avantage de la Sentence de 1465.
Premierement, parce qu'elle étoit renduë entre autres
Parties & pour d'autres terres ſituées à Tetinghem.
Secondement, que la condamnation étoit relative aux
concluſions du Receveur, qui n'avoit demandé que
des copels zuyvels ou des gros Flandre, qui étoient

dans ce tems là le prix & la juste valeur d'une livre de beure & de deux de fromage, conformément aux prisées en faites & tirées par extraits de la Chambre des Comptes à Lille : d'où il apparoissoit qu'une livre de beure ne valoit lors qu'un liard, & une livre de fromage la moitié d'une livre de beure.

Quant au titre de l'an 1525, il soutenoit que le gros Flandre dont il étoit parlé au lieu de chaque couple, ne signifioit pas la dette, mais seulement la maniere de l'acquiter; d'où l'on ne pouvoit induire aucune prescription, suivant le sentiment de Ludovicus Romanus, *Consilio* 198, *n* 3, où il décide que lorsque *sunt duo modi solvendi alicujus oneris annui, quorum unus est ex ipsâ primâ obligatione, alter vero velut in executione illi subrogatus, nunquam per subrogatum modum solvendi censeri præscriptum contra primum modum, sed per usum secundi modi velut temporariè & ex conniventiâ seu facilitate subrogati in locum primi retineri jus primi, quod est propriè in obligatione ; quia scilicet respectu ejus fit alterius modi solutio & plerumque commemoratione illius.* Qu'en effet la mention que le regiftre faisoit d'un gros Flandre n'exprimoit pas la qualité de la rente, mais l'exécution du paiement & la maniere de payer les rentes de zuyvels; ce qui n'altéroit pas & n'innovoit rien dans la nature de l'obligation originaire, dont il exprimoit seulement le rachat & l'estimation, qui dépend purement de la liberté du Seigneur, sans que de cette permission ou connivence on en puisse inférer une nécessité, *ut aliud pro alio invito creditore solvi possit*, contre la décision des Loix : *Solutio enim aliter facta permissu seu tolerantiâ creditoris permissionis fines non excedit, sed cessante causâ facultatis aliter faciendæ solutionis, hoc est permissione, cessare quoque debet ipsa solvendi facultas, neque permissus unius aut plurium præcedentium annorum trahi debet in consequentiam velut necessariæ obligationis ad continuandum pro futuro tempore hujusmodi permissum seu patientiam.* Ce sont les propres termes de Wamesius, *de Jure Pontificio, Consil.* 482, *n.* 4, où il ajoute que ces faits, *quæ consistunt in facultate nunquam præscribuntur nequidem mille annis,* selon la décision de Justinian, *Leg.* 2, *Cod. de præscript.* 30 *ann.* ; parce que, comme dit le même Wamesius au texte cité, *hujusmodi solutio per se non stat ; sed est respectiva ad primam seu principalem obligationem, quæ per solutionem aliter factam non tam tollitur quàm conservatur ;* ainsi qu'enseigne Bartolle, *in Lege si prius de aquâ pluviali arcendâ,* lorsqu'il dit : *Quod quando unum est in obligatione seu debetur & aliud solvitur, semper retinetur obligatio ejus quod verè debetur :* d'autant plus que le Demandeur justifioit que les auteurs du Défendeur n'avoient point toujours payé deux liards & uniformement, & faisoit voir par différens comptes depuis l'an 1400, qu'ils avoient payé quelquefois deux liards, quelquefois moins, & plus souvent avec cette clause, *par modération & grace du sieur Abbé.* Qu'ainsi il n'étoit pas vrai que ce fût une rente fixe de deux liards au copel, mais une rente en espece, qui s'étoit rachetée plus ou moins, selon le tems ou par grace de l'Abbé : *Unde nulla præscriptio potest obtendi, cum præsertim uniformis debeat fuisse solutio,* dit Stockmans, *Decision. Braban. Decis.* 80, *n.* 3 *& seq.*

Néanmoins le Magistrat de Berghes ayant par Sentence du 4 Septembre 1693, déclaré que le Défendeur passeroit parmi l'offre de payer deux liards pour chaque copel de *coesuyvels,* & condamné le Demandeur aux dépens, il en avoit appellé.

La Cour, vu les conclusions du Procureur Général du Roi, ouï le rapport de M. Beccuau, a mis l'appellation & Sentence au néant ; émendant, a ordonné au

Défendeur de payer ladite rente en efpece, à raifon d'une livre de beure & deux de fromage pour chaque couple, ou en eftimation comme beure & fromage de rente, & l'a condamné aux dépens de premier inftan-& ceux de la caufe d'appel.

C V.

Lorfque les peuples pour leur commodité ont obtenu la mul-tiplication des Paroiffes fous promeffe d'entretenir les Cu-rés, ils font obligés de fournir à leurs portions congruës.

NOus le jugeames ainfi en la deuxiéme Chambre le 24 Mai 1696, au profit des Abbé & Religieux de faint Aubert à Cambray, Demandeurs, contre les Mayeur & Echevins de faint Waft en Cambrefis, Dé-fendeurs.

Les Demandeurs ayant été condamnés par Arrêt du 23 Janvier 1687, de fournir à Me Henry Daniel, Curé dudit faint Waft, fa portion congruë en vertu de l'Ordonnance du Roi de 1686, fauf leur recours, avoient attaqué les Défendeurs en garantie par com-miffion du 24 Mai dudit an 1687, difant que les Dé-fendeurs l'an 1221, avoient préfenté Requête à Go-defroy, lors Evêque de Cambray, & l'avoient fupplié qu'il voulût ériger la Chapelle conftruite à faint Waft en Paroiffe, offrant de fournir à l'entretien du Curé à l'entiere indemnité des Demandeurs. Que ledit Evê-que Godefroy acquiefçant à leur priere, avoit chargé de cette affaire Jacques de Bethune fon Official, qui en avoit paffé un acte en bonne forme, dont ils produi-foient l'original. Qu'en conféquence de ce titre les Manans de faint Waft avoient fourni par leurs aumô-nes jufqu'à 57 mencaudées de terres audit Village

& plus pour la subsistance de leur Curé. Que **Sa Majesté** en ayant depuis réglé la portion & les alimens à 240 florins, c'étoit ausdits Manans à suppléer jusqu'à concurrence de ladite somme à l'indemnité des Demandeurs, ainsi qu'ils avoient promis & stipulé pour avoir un Curé, duquel titre les Manans n'ayant pu disconvenir.

La Cour, vu les conclusions du Procureur Général du Roi, ouï le rapport de M. Desnaüe, a condamné les Défendeurs au garant requis, & en une partie des dépens.

C V I.

On ne peut en termes d'enquête en matiere civile contraindre une personne à répondre par serment de calomnie sur des faits qui pourroient la diffamer, & moins encore lorsqu'ils n'ont point de connexité avec les faits du procès.

ON le décida ainsi en la troisiéme Chambre au rapport de M. Cordouan le 8 Juin 1696, sur l'incident mu au procès d'entre Jean-Charles le Comte, sieur de Cavrine, Appellant, & Charles Wicart, Intimé.

C V I I.

Lorsqu'un acheteur achete un héritage en corps, dont la mesure est mal énoncée dans les criées, le plus ou le moins de la mesure est au risque de l'acheteur, lorsque l'excès n'excede pas un douziéme ou dixiéme.

LA question fut résoluë en la troisiéme Chambre le 30 Juin 1696, en faveur de Robert du Quesnoy & Marguerite Gaverel sa femme, auparavant veuve de Claude Baillencourt, Appellans, contre Philippe Carpentier, Intimé.

Lesdits

Lefdits Claude Baillencourt & Marguerite Gaverel fa femme, avoient acheté par décret du 31 Janvier 1657, pour la fomme de 500 florins, le jufte tiers d'une Cenfe fituée à Locon en Artois, appartenant à Magdeleine Courcol, à l'encontre dudit Carpentier pour les 2 autres tiers ; ladite Cenfe contenant en totalité 10 piéces de terre chacune fpécifiée dans les criées par abouts & tenans, qu'on avoit énoncées faire toutes enfemble *le nombre de 18 mefures ou environ.* Cependant le Défendeur, à qui les 2 autres tiers étoient venus par fucceffion environ l'an 1677, ayant remarqué que toutes lefdites 10 piéces contenoient effectivement près de 20 mefures, lefquelles il louoit 162 florins, n'avoit depuis lors voulu payer à ladite Gaverel que 48 florins 12 patars pour fon tiers, diminution faite d'une dixiéme, fçavoir de 16 florins 4 patars fur le prix total du bail, à raifon des 2 mefures que ladite Cenfe fe trouvoit contenir par-deffus les 18 mefures énoncées aux criées. Ce qui avoit obligé ladite Gaverel & Robert du Quefnoy fon fecond mari, d'attaquer ledit Carpentier pardevant les Officiers de la Gouvernance à Lille le 13 Novembre 1692, pour l'obliger de leur reftituer le jufte tiers de la fomme de 162 florins, que ladite Cenfe avoit été louée, en lui tenant compte de ce qu'ils avoient reçu, ce qui portoit 54 florins par an, au lieu de 48 florins 12 patars.

Le Défendeur difoit que toute la Cenfe contenant 20 mefures, n'étoit louée que 162 florins ; que les Demandeurs n'ayant acheté que le tiers de 18 mefures, n'avoient droit que de 48 florins 12 patars dans les loyers de ladite Cenfe.

Au contraire les Demandeurs foutenoient qu'il paroiffoit par la teneur du décret qu'on ne leur avoit point vendu le tiers de 18 mefures de terre, mais bien

D d

le tiers entier de la Cenſe de Locon en corps, contenant dix parties d'héritage, leſquelles on avoit déterminées par abouts & tenans, & non par meſure; que
s'il ſe trouvoit un peu plus que les 18 meſures exprimées dans les criées, c'étoit un hazard du marché, qui
tournoit au riſque de l'acheteur, au ſentiment des Auteurs & particulierement de Faber, ſur tout quand la
différence étoit auſſi modique : mais les Officiers de la
Gouvernance ayant par Sentence du 6 Juin 1695, rejetté la requête des Demandeurs & les ayant condamnés aux dépens, ils en avoient appellé.

La Cour, ouï le rapport de M. Boullé, a mis l'appellation & Sentence au néant ; émendant, a déclaré
les Appellans bien fondés dans la jouiſſance par eux
prétenduë du juſte tiers dans les parties ſpécifiées au
décret, ſelon leur réelle & effective conſiſtence, a
ordonné en conſéquence à l'Intimé de leur reſtituer le
juſte tiers des rendages deſdites parties, & l'a condamné aux dépens de la cauſe d'appel, en deux tiers de
ceux de premiere inſtance, l'autre compenſé.

CVIII.

*Le tacite hypothéque du propriétaire ſur les meubles du lo-
cataire s'extend non-ſeulement pour les loyers des termes
échus, mais auſſi pour ceux à échoir, lorſque le bail eſt
réaliſé, & même pour la détérioration que le locataire
peut avoir cauſée dans la maiſon.*

ON en jugea ainſi en la troiſiéme Chambre le 2
Juillet 1696, au profit de Catherine Laurens,
fille à marier, demeurante à Tournay, Appellante,
& Jacques Havet & Conſors, Intimés.

Ladite Laurens ayant loué au nommé François-

Guillaume Delburie certaine Maison à elle appartenante, dite la Brafferie de faint Arnould, ruë des Co-
reries, pour le terme de neuf ans, à commencer à Noël
1687, par bail réalifé pardevant les Echevins le 17
Août dudit an ; & un malheur ayant obligé ledit
Delburie de fe retirer en Octobre 1693, ladite Laurens fit établir un Sergent du Bailliage garde aux
meubles délaiffés, & comme elle prétendoit enfuite
les faire vendre pour le paiement des loyers de fa maifon tant échus que ceux à échéoir jufqu'à la fin du bail,
qui devoit durer jufqu'au Noël 1696, auffi-bien que
pour les détériorations des vaiffeaux de la Brafferie,
les Intimés, créanciers dudit Delburie, ont reclamé lefdits meubles par leur Requête du 14 Octobre 1693,
en vertu de certain acte d'oppignoration, que leur en
avoit fait ledit Delburie.

Ils convenoient affez que felon la Coûtume de
Tournay ladite Laurens avoit par fon bail droit d'hypothéque tacite fur les meubles dudit Delburie pour
les loyers échus de la maifon, pour lefquels ils confen-
toient qu'elle fût préférée fur les deniers defdits meubles, leur hypothéque étant poftérieure : mais ils difoient que cette hypothéque coûtumiere étant contre la
nature des biens meubles, *quæ funt primi occupantis*, defquels comme dit le Jurifconfulte Papinian, *Leg.* 47, *de
acquir. vel amit. poffeff. neglecta atque omiffa cuftodia pof-
feffionis damnum afferre confuevit*, on ne devoit point l'é-
tendre aux loyers à échéoir, le propriétaire pouvant
louer fa maifon & agir pour fes interêts. Qu'on devoit
encore moins l'étendre à la détérioration des vaiffeaux
d'une Brafferie, la Coûtume n'en parlant point, &
l'action du propriétaire pour fon defintereffement n'é-
tant fondée que fur le contrat par lequel le locataire
s'y oblige.

Ladite Laurens au contraire foutenoit que la Coûtu‑
me accordant généralement hypothéque tacite au Pro‑
priétaire fur les effets du locataire pour fes loyers , ne
doit point plûtôt être refttreinte aux loyers échus qu'à
ceux à échéoir. Que la Coûtume permettant aux pro‑
priétaires de contraindre les locataires à l'entrée du bail,
de garnir leur Maifon de meubles fuffifamment pour la
fûreté de leurs loyers, faifoit affez connoître que l'hypo‑
théque qu'elle accorde fur lefdits meubles, étoit pour le
moins autant pour les loyers à échéoir que pour ceux
échus , puifque lors il n'y avoit point encore de loyers
échus. Que bien loin que cette difpofition coûtumiere
contînt quelque chofe d'exorbitant , elle étoit entiere‑
ment conforme à la difpofition des Loix , qui veulent ,
comme dit Neratius , *Leg.* 4 , *Dig. in quibus caufis pignus
vel hypotheca tacitè contrah. ut quæ in prædia urbana indu‑
Éta vel illata funt pignori effe credantur , quafi id tacitè con‑
venerit ,* & cela fans aucune reftriction : d'où vient , dit
Loyfeau , que le propriétaire acquiert par le bail droit
d'hypothéque tacite fur les effets du locataire occupant
fa Maifon , pour l'exécution entiere du bail & de toutes
les claufes y contenuës ; ce qui comprend également
les termes à échéoir comme les échus. Qu'en effet, la
Loi qui dit que *pro penfionibus invecta & illata pignori
erunt obligata* , ne diftingue point les loyers échus ou à
échéoir , mais accorde le droit d'hypothéque généra‑
lement pour les loyers , de même que pour les dété‑
riorations caufées par l'habitation du locataire , comme
décide expreffément Marcian , *Leg.* 2 , *Dig. ut fuprà* ,
lorfqu'il dit que *Non folùm pro penfionibus , fed & fi de‑
teriorem habitationem fecerit inquilinus culpâ fuâ , quo no‑
mine ex locato cum eo erit actio , invecta & illata pignori
erunt obligata.* Nonobftant ces moyens les Officiers du
Bailliage ayant , par Sentence du 7 Juin 1695 , dé‑

bouté ladite Laurens de la préférence par elle prétenduë, fauf pour les termes échus, elle en avoit appellé.

La Cour, ouï le rapport de M. Defnaüe, a mis l'appellation & Sentence au néant; émendant, a accordé
à l'Appellante la préférence par elle prétenduë fur les
deniers en queftion, en affurance tant des loyers à
échéoir que de ceux échus, & pour le defintereffement
prétendu à raifon de la détérioration des vaiffeaux de la
Brafferie, telle qu'elle pourra être à la fin du bail; a
condamné les Intimés és dépens de la caufe d'appel &
ceux de premiere inftance.

C I X.

*Un Intimé pour appeller à minimâ, n'eft tenu de lever des
Lettres, pourvu que l'Appellant ait relevé fon appellation, ou que l'Intimé ait anticipé.*

IL fut ainfi réglé au rapport de M. de Buiffy, en la
troifiéme Chambre le 6 Juillet 1696, au procès entre Martin Doige, Maître Cordonnier à Maubeuge,
Appellant, & Philippe Hombrain, Laboureur à Feig-
nies, Anticipant & Appellant *à minimâ*, fans autres
Lettres.

L'Appellant convenoit affez que l'appel *à minimâ*
d'un Intimé fe pouvoit recevoir, lorfque l'Appellant
au principal avoit pris des Lettres pour relever fon appel, parce que la commiffion de l'un opéroit pour les
deux. Mais il difoit qu'au cas d'anticipation un appel
à minimâ n'étoit recevable fans Lettres expreffes, parce
que dans ce cas ni l'un ni l'autre appel ne fe trouvoient
relevés par Lettres. Mais l'Intimé difoit que la commiffion d'anticipation opéroit à l'égard de l'appel principal le même effet que la commiffion qu'auroit pu
prendre l'Appellant; puifque par là il étoit tenu pour

dûëment relevé, & par conséquent qu'elle devoit également opérer à l'égard de l'appel *a minimâ*, comme auroit fait la commiffion de l'Appellant, s'il avoit relevé fon appel.

C X.

A Tournay les enfans du premier lit d'un défunt agiffant du chef de leur mere pour l'exécution de fon traité nuptial, font préférés à la feconde femme agiffant pour l'exécution du fien.

NOus le jugeames ainfi en la troifiéme Chambre, le 18 Juillet 1696, fur les conclufions du Procureur Général du Roi, au rapport de M. Cordoüan, en faveur de Me Guillaume des Champs, Confeiller du Roi au Bailliage de Tournay, en qualité de Tuteur des enfans mineurs des premieres noces de feu Antoine-François Van-Predelles, vivant Procureur à la Cour, Demandeur, contre Jean le Dru, mari & bail de Jeanne-Gabrielle Boufegnies, ayant été auparavant femme en fecondes noces audit feu Predelles, Défendeur. Ledit Arrêt rendu conformément aux notes de feu M. de Flines fur la Coûtume de Tournay, qui dit que *Vidua non præfertur liberis prioris matrimonii habentibus tacitam hypothecam pro dote matris, quia eorum çaufa par privilegio & prior tempore.*

C X I.

Les biens d'un Receveur des deniers royaux deviennent hypothéqués pour la fureté de fon adminiftration, quoique par la difpofition de la Coûtume il foit impuiffant d'aliéner fes biens.

LE 27 Juillet 1696, cette queftion fut décidée en la troifiéme Chambre, au procès d'entre la Dlle Louife de Beaumont & Confors, Appellans, & Nicolas Briquet, en action de Marie Jouvenau fa femme, fille de Jafpard & de Cécile du Vivier, icelle fille de Pierre, Intimé.

Pierre du Vivier, Official ou Clerc de la recette générale du Haynaut par commiffion à gages du Roi Catholique, fe trouvant pourfuivi pour de groffes fommes qui montoient à plus de 64000 liv. monnoie d'Haynaut, s'étoit retiré du Pays environ l'an 1636, avec toute fa famille. Ange Boece, lors Receveur général du Pays, auteur de l'Appellante, pour ne point tout perdre, avoit fait faifir les biens abandonnés dudit du Vivier, & entre autres une Maifon fituée au Quefnoy, de laquelle il étoit queftion, laquelle il avoit même venduë en 1665 au fieur Bourgeois.

Cécile du Vivier, fille dudit Pierre, & Jafpard Jouvenau fon mari, étant revenus au Pays environ l'an 1676, ne s'étoient pas avifés de rien, jufqu'à ce que Nicolas Briquet, Intimé, ayant époufé Marie Jouvenau leur fille, préfenta Requête le 5 Septembre 1692, aux Officiers du Bailliage du Quefnoy, tendante à ce que ladite D^e de Beaumont fût condamnée de lui abandonner la propriété de ladite Maifon & lui en reftituer les loyers. Ses moyens étoient que Marie Jouvenau fa femme, étant feulement héritiere des patrimoines de Cécile du Vivier fa mere, elle les pouvoit appréhender fans charge des fimples dettes contractées par Pierre du Vivier fon grand pere. Que fondit grand pere étant marié avec enfans n'avoit pas été puiffant de les aliéner ou four-faire, comme parle la Coûtume de Valenciennes, Chef-lieu du Quefnoy : qu'ainfi les auteurs de la Défendereffe n'avoient pu en vertu de fimple dette les faifir & moins encore les vendre.

La Défendereffe au contraire foutenoit que la dette contractée par Pierre du Vivier dans l'adminiftration

des deniers royaux n'étoit point simple, mais hypo-
théquaire & des plus privilégiées, affectant tous les
biens de Pierre du Vivier ; qu'ainsi la Maison de question n'avoit pu passer à Cécile sa fille, ni d'elle à la
femme de l'Appellant sans charge de cette dette, laquelle s'ils vouloient acquiter, on offroit d'imputer
à compte les loyers reçus de ladite Maison. Que l'état
de mariage avec enfans, qui selon ladite Coûtume de
Valenciennes rendoit ledit du Vivier impuissant d'a-
liéner ses immeubles, n'avoit pu empêcher l'affecta-
tion légale desdits biens au profit du Roi, par l'administration des deniers royaux où ledit du Vivier s'étoit
ingéré, & cela conformément à l'Edit perpétuel, *art.*
24; puisque suivant le même Edit, *art.* 25, *la dévolution*
de propriété introduite par les Coûtumes en faveur des enfans
par le trépas de leur pere, ne se peut faire sans la même char-
ge, & à concurrence de ce que leur pere seroit redevable ;
quoique cette dévolution paroisse plus privilégiée que
le droit qui peut résulter en faveur des enfans par l'im-
puissance coûtumiere d'aliéner : *Nec enim bona*, dit An-
selmo sur l'Edit, *art.* 24 *& 25, §. 1, censentur devoluta*
nisi cum inhærente onere & privilegio Fisci.

Le Demandeur disoit que la Coûtume de Valenciennes décrétée par le Prince postérieurement à l'Edit perpétuel, détruisoit ces maximes, suivant la régle, qui
veut que *Leges posteriores derogent prioribus.* A ce la Défenderesse répondoit que dans une énonciation générale on ne devoit jamais comprendre la personne de
celui qui parloit, sur tout à l'égard du Prince, qui en
décrétant une Coûtume particuliere telle que de Valenciennes, n'étoit pas réputé avoir voulu déroger à ses
droits établis par la force & l'autorité d'une Loi générale & publique telle que de l'Edit perpétuel, comme
décide Stockmans, *decis.* 96, §. 4, en ces termes :
Causa

Caufa ærarii publici donata eſt à jure pluribus prærogativis, quibus numquam intelligitur derogari per Leges generales poſteriores, niſi ſpecialis fiſci mentio fiat. Leg. 41, Dig. de pœnis. Integrum enim & illæſum manere intelligitur fiſci privilegium, cui principes generalibus verbis & Legibus non creduntur derogare. Néanmoins les Officiers du Bailliage du Queſnoy, ayant par Sentence du 11 Mai 1695, déclaré le Demandeur bien fondé dans ſes concluſions & condamné la Défendereſſe aux dépens, elle en avoit appellé.

La Cour, ouï le rapport de M. Cordoüan, a mis l'appellation & Sentence au néant ; émendant, a débouté le Demandeur de ſes fins & concluſions, ſauf à lui d'acquiter la dette de Pierre du Vivier, & l'a condamné és dépens.

<h2 style="text-align:center">C X I I.</h2>

Une ſervante qui s'eſt laiſſée abuſer, n'eſt pas cruë dans la déclaration qu'elle fait dans les douleurs de l'enfantement, que ſon enfant vient de ſon Maître ou du fils de ſon Maître, ſi d'ailleurs il n'appert de la bonne conduite de la ſervante & des familiarités du Maître.

LE cas fut aínſi jugé le 13 Août 1696, en faveur de Maître Michel Braem, Avocat à Lille, Appellant, contre Jean Lienard & Marie-Antoinette ſa fille, Intimée.

Le 20 Décembre 1694, ledit Lienard avec ſa fille avoit préſenté Requête aux Officiers de la Gouvernance à Lille, diſant que pendant que ſa fille demeuroit chez Pierre Braem, demeurant en la Cenſe de la Cour d'Ennetiers en qualité de ſervante, Thomas Braem, fils dudit Pierre, l'auroit tellement ſollicitée que ſous promeſſe de mariage il l'auroit connuë charnellement,

E e

dont elle auroit mis au monde une fille nommée Marie-Antoinette Braem, baptifée dans l'Eglife Paroiffiale de faint Eftienne le 7 Août 1694. Pourquoi & attendu que ledit Thomas Braem feroit décédé le 13 Avril 1694, & qu'il étoit impoffible qu'il exécutât fes promeffes, elle concluoit avec fon pere, à ce que ledit Pierre Braem, pere de Thomas, fût condamné de fe charger de cet enfant, & de payer à la Suppliante 25 livres de gros pour fon d. fintereffement.

Pierre Braem étant auffi décédé fur ces entrefaites le 7 Décembre 1694, l'Appellant fon fils & frere de Thomas, s'oppofant, étoit venu dire que l'expofé dudit Lienard & de fa fille étoit calomnieux, que fon frere Thomas avoit toujours été d'une conduite irréprochable, qu'à tort ladite Lienard venoit l'accufer après fa mort, lorfqu'il ne pouvoit plus fe défendre, fans avoir ofé rien déclarer de fon vivant; & tout cela pour fe décharger fur fon Maître de l'enfant, qu'elle avoit, comme l'on dit, gagné par fon libertinage avec les valets de la Cenfe.

Ladite Lienard au contraire difoit, qu'elle étoit fille de bonne conduite & réputation, qui n'avoit jamais été trouvée en faute qu'au cas de queftion, auquel elle avoit été follicitée par les preffantes pourfuites & promeffes dudit Braem; qu'elle en devoit être cruë fur la déclaration jurée qu'elle en avoit faite dans les douleurs de fon accouchement : *Cum credatur virginis afferenti in fummis partus doloribus fe à quodam fuiffe oppreffam*, fuivant la Jurifprudence moderne.

Sur quoi le Juge ayant admis les Parties à preuve par Sentence du 5 Février 1695, ledit Braem avoit fait entendre plufieurs témoins fur la bonne conduite de fon frere Thomas, & fur ce qu'il auroit toujours vécu fans foupçon de pareils excès. Qu'au contraire ladite Lienard, bien loin d'être d'une réputation sans reproche, avoit eu des libertés scandaleufes avec les valets; pourquoi il foutenoit qu'on ne devoit pas s'en rapporter à sa déclaration, felon les opinions de Faber, *lib. 4, tit. 9, definit. 3*, de Boerius, *part. 2, decif. 299, n. 2*, qui le décide en termes remarquables : *Iftæ ribaldæ ancillæ*, dit-il, *femper fuis dant magiftris tanquam pro fe & nato apparentioribus ; quamvis ab alio fervitore, clerico, vel ftabulario, coquo-ve, qui fibi de offa dat & jure pingui fæpè ad comedendum. Ideò nifi de eo conftet non præfumitur fuiffe magiftri.*

Au contraire, aucun des témoins de ladite Lienard n'avoit accufé la conduite dudit Braem, ni prouvé aucune familiarité d'entre ledit Braem & ladite Lienard ; mais elle avoit feulement fait entendre la fage-femme & fon mari, qui dépofoient qu'elle leur avoit déclaré dans les douleurs de l'enfantement, que c'étoit des œuvres dudit Braem qu'elle avoit conçuë. Néanmoins le Juge par Sentence définitive du 16 Décembre 1695, avoit ordonné au Défendeur de fe charger de l'enfant, & l'avoit condamné aux dépens, dont il avoit appellé.

Sur ce la troifiéme Chambre s'étant trouvée partie en opinions à dire, que la Sentence fortiroit effet avec amende & dépens, *ou* à dire, que les Intimés feroient déboutés, dépens compenfés, il fut ordonné que le partage feroit porté en la deuxiéme Chambre pour y être départi, M. de Maffles, Rapporteur, & M. de la Verdure, Compartiteur, où il fut départi fuivant la deuxiéme opinion.

CXIII.

Dans le Cambrefis le Juge Laïque eft compétent de connoître des maifons mortuaires des Curés à l'exclufion de l'Official en fa qualité d'Official, quoiqu'il foit compétent d'en connoître en qualité de Juge ordinaire du Cambrefis.

IL fut ainfi ordonné en la troifiéme Chambre le 14 Août 1696, au rapport de M. Defnaüe, fur les conclufions du Procureur Général du Roi, entre Eftienne l'Efne, Echevin du Château Cambrefis, Appellant de la Sentence renduë au Magiftrat de Cambray le 16 Septembre 1695, confirmative de la Sentence des Echevins dudit Château, joint à lui l'Official de Cambray, en demande de renvoi par acte du 2 Mars 1696, d'une part, & Arthus Roffignol & Confors, Intimés, d'autre.

Il s'agiffoit de la Maifon mortuaire de Me Jean Maneffe, vivant Curé de faint Martin audit Château, décédé le 29 Septembre 1691, fur l'exécution de laquelle les Intimés, héritiers dudit Curé, ayant attaqué l'Appellant pour l'obliger à rendre compte pardevant les Echevins du Château, il avoit décliné leur Jurifdiction & reclamé celle de l'Official. Mais les Intimés difoient que bien que les perfonnes des Curés fuffent particulierement foumifes pendant leur vivant à la Jurifdiction de l'Official, il n'en étoit pas de même de leurs biens après leur mort, dont l'exécution étant purement temporelle, la connoiffance n'en devoit appartenir qu'au Juge Laïque. Qu'ainfi le fieur Official ne pouvoit, en fa qualité d'Official, s'en attirer la connoiffance que par une entreprife fur la Jurifdiction féculiere.

CXIV.

Le défaut d'avoir consigné l'amende ordinaire pour le fol appel des Ordonnances des Commissaires à l'audience, fait débouter l'Appellant.

Ainsi fut-il jugé en la premiere Chambre, après consultation des autres, le 4 Octobre 1696, contre N. Quiésuy, Appellant en pleine Cour d'une Ordonnance renduë par les Commissaires au rolle, & N. Berlaymont, demeurant à Landrecy, Intimé.

L'Avocat de l'Appellant ayant voulu plaider au fonds, l'Intimé a soutenu qu'il n'étoit recevable, qu'il ne devoit être écouté & que l'appel devoit être déclaré désert, faute d'avoir nanti l'amende de 12 livres Tournois, conformément au Style du Parlement, *chap.* 10, *des matieres d'appel, art.* 22.

L'Appellant rejettant la faute sur la négligence de son Procureur, disoit qu'il seroit bien rude pour pareille formalité d'être débouté au principal. L'Intimé au contraire disoit que c'étoit la juste peine des plaideurs téméraires & brouillons, qui devoient s'en imputer le malheur. Que la Cour l'avoit toujours ainsi jugé, & spécialement par Arrêt rendu le 15 Février 1695, en faveur de P. Jansens Monnier, de Warneton, Intimé, contre Therese Letten, Appellante de l'Ordonnance renduë au rolle le 11 dudit mois, & défaillante de consigner ladite amende.

La Cour, *consultis Classibus*, ouï le rapport de M. de Roubaix, a déclaré l'Appellant déchu de son appel, & l'a condamné en l'amende & aux dépens.

C X V.

Lorsqu'à Cambray il est stipulé par un contrat de mariage, que les meubles & acquêts appartiendront au survivant des deux conjoints, le survivant n'est pas tenu de donner sur les biens de la communauté la légitime ou supplément de légitime aux enfans, que le prédécédé pourroit avoir eu d'un autre lit.

CEla fut ainsi préjugé en la deuxiéme Chambre le 6 Octobre 1696, au procès d'entre Antoine Blondel & Consors, héritiers de Bertin Blondel, Appellans, & Pierre Gillis & Consors, héritiers d'Antoinette Denise, Intimés.

Antoinette Denise avoit été mariée trois fois, la premiere avec Nicaise de Fremicour, & la seconde avec Marcellin Cornu, desquels deux maris elle avoit eu pour enfans les Intimés ; & de Bertin Blondel son troisiéme mari, elle avoit laissé les Appellans. Le sujet de la difficulté entre ces enfans venoit de ce que leur mere en convolant en troisiémes noces, avoit par son traité de mariage fait l'an 1633 avec ledit Bertin Blondel, stipulé *que le survivant des deux conjoints demeureroit en tous biens meubles & acquêts immeubles en payant les dettes,* ainsi qu'il est permis de faire dans la Coûtume de Cambray, *tit. 7, des droits concernans gens mariés, art.* 8, en vertu de laquelle clause ledit Bertin Blondel, qui avoit survécu, n'ayant voulu donner aux enfans des deux premiers lits de ladite Denise aucune part dans les meubles & acquêts considérables qu'il avoit amassés avec elle jusqu'au jour de son décès arrivé l'an 1657, ils présenterent requête contre lui le 17 Avril dudit an, concluant à ce que ledit Blondel fût condamné leur fournir un juste supplément de la légitime qu'ils prétendoient leur compéter dans les biens de leur mere, tant à raison des propres qu'elle avoit délaissés, que de la moitié de tous les meubles & acquêts de la communauté d'entre elle & ledit Blondel trouvés à son décès.

Ledit Bertin & depuis ses héritiers s'étoient opposés, ils disoient que les Demandeurs se trompoient de compter dans les biens délaissés par leur mere, les meubles & acquêts faits dans son dernier mariage, puisque par la clause du traité anté-nuptial il avoit été stipulé qu'ils appartiendroient au survivant, & par conséquent qu'ils n'avoient point raison de prétendre que la légitime qui leur compétoit du chef de leur mere, fût réglée & estimée sur le pied de la moitié des meubles & acquêts du dernier mariage comme par elle délaissés, puisqu'il étoit vrai de dire qu'ils n'avoient jamais fait partie des biens délaissés par leur mere.

Les Demandeurs au contraire disoient que la légitime étoit un droit de la nature le plus inviolable & le plus sacré, confirmé par les Loix. Que des conjoints ne pouvoient par leurs conventions déroger à ce droit, les hommes ne pouvant par leurs contrats éluder les Ordonnances des Loix & violer les devoirs de la nature. Qu'il étoit encore moins à présumer que ladite Denise eût voulu par cette clause préjudicier au droit de légitime dûë à ses enfans, parce que, comme dit la Loi, les parens sont toujours réputés de songer à acquerir à leurs enfans. Que néanmoins les Empereurs avoient eu soin de pourvoir aux enfans, au cas qu'il se trouvât des peres assez dénaturés pour préjudicier à la légitime de leurs enfans, en leur permettant d'accuser les Testamens & donations de leurs peres & meres d'inofficiosité, comme l'on peut voir par plusieurs titres du Code. *De inofficiosis Testam. de inoff. donat. de inoff. dotibus.*

Pourquoi ils ordonnent que la légitime des enfans fera réglée fur le pied de tous leurs biens, comme s'ils n'avoient point difpofé par leurs Teftamens ou donations.

Les Défendeurs par dupliques convenoient des principes des Demandeurs : mais ils foutenoient qu'il y avoit bien de la différence entre des donations pures & fimples provenantes d'un efprit fouvent trop libéral ou prodigue, & autres donations exceffives que les Loix tâchoient de réprimer, & entre les donations réciproques, qui par l'incertitude de l'évenement pouvoient également être avantageufes aux difpofans, ou des donations à titre onéreux, fans lefquelles les époux n'euffent point contracté, comme celle en queftion. Ils convenoient que les premieres pouvoient être accufées d'inofficiofité & réduites aux termes que la légitime des enfans ne fût point altérée : mais ils foutenoient qu'il n'en étoit pas de même de celle en queftion, à caufe du rifque égal que les deux conjoints avoient couru de gagner tout ou de perdre tout ; car pour lors, comme dit Boerius, *Decif. 62. Ubi ex aliquo actu poteft quis commodum ficut damnum confequi, licet cafualiter contingat accidere damnum, tamen non dicitur lædi.* De forte que les Demandeurs ne pouvoient dire d'être grévés par cette convention, dont ils pouvoient eux-mêmes retirer tout l'avantage. Nonobftant lefquelles raifons les Prévôt & Echevins de Cambray, ayant par Sentence du 18 Mars 1695, ordonné que la légitime feroit liquidée fur le pied tant des biens propres de ladite Denife que fur le pied de la moitié des meubles & acquêts trouvés à fon trépas, les Défendeurs en avoient appellé.

La Cour, ouï le rapport de M. Cordoüan, a mis l'appellation & Sentence au néant ; émendant, a déclaré les Intimés non recevables ni fondés, a néanmoins compenfé tous dépens.

CXVI.

C X V I.

La procuration d'un Abbé seul suffit pour les causes où il ne s'agit que de la simple administration des biens d'une Abbaye.

ON le tint ainsi en la deuxiéme Chambre le 9 Octobre 1696, au procès d'entre D. Pierre de Cantineau, Abbé de saint Pierre à Baumont, Appellant du Prévôt de Maubeuge, & Catherine Fauconnier, Intimée.

L'Appellant avoit donné sa procuration passée le 12 Mars 1696, signée de lui : l'Intimée la rejettoit comme non suffisante aux termes des Chartres du Haynaut, *chap.* 87, *art.* 5, où il est requis que la procuration d'un Abbé soit scellée du scel de l'Abbé & du scel du Convent.

L'Abbé disoit que cela étoit bon, lorsqu'il s'agissoit des interêts de l'Abbaye & de quelque aliénation, & non lorsqu'il s'agit d'une simple administration, comme au cas de question, qui ne concernoit que les loyers d'un Moulin occupé par l'Intimée, de quoi elle convenoit.

La Cour, vu les conclusions du Procureur Général du Roi, ouï le rapport de M. Odemaer, a débouté l'Intimée de son soutenement avec dépens, & a reçu ladite procuration.

C X V I I.

Qui paie les gages d'un Coutre ou Magister de Village, a droit de le commettre.

ON en ordonna de cette maniere le 11 Octobre 1696, au rapport de M. Odemaer, sur les conclusions du Procureur Général du Roi, contre Messire

F f

François de Cerf, Chevalier, sieur de Gulleghem, Défendeur, en faveur des Doyen & Chanoines de l'Eglise Collégiale de saint Pierre à Lille, Demandeurs par Requête du 15 Mai 1683, & concluant à ce qu'attendu la Sentence du Conseil à Gand du 3 Juillet 1665, qui les avoit condamnés de payer la compétence du Coutre de Gulleghem à la décharge de la Communauté, le Coutre par eux présenté fut reconnu & admis suivant la maxime : *Ejus honos, cujus onus.*

CXVIII.

En fait de fidéicommis le terme de génération se restreint quelquefois à la ligne directe.

ON le fit ainsi en la deuxiéme Chambre le 15 Octobre 1696, au procès d'entre damoiselle Marie-Jeanne Conrarde, demeurante à Valenciennes, Appellante, & damoiselle Marie Bretel, veuve du sieur Grégoire Conrarde, Intimée.

Nicolas de la Chapelle, Ecuyer sieur de la Mallerye, Lieutenant Général au Bailliage à Tournay, par son Testament du 19 Novembre 1673, avoit donné environ 100 mencaudées de terre situées au Village Dauchy, à ses deux neveux Jean & Grégoire Conrarde, à condition, *qu'ils ne pourroient les aliéner jusqu'à la troisiéme génération & en jouiroient par indivis, ensorte que l'un d'eux venant à mourir sans hoirs légitimes, sa moitié appartiendroit au survivant ou à ses enfans par représentation, aux conditions susdites.* Jean étoit mort le premier sans enfans, & Grégoire lui avoit succédé, & comme il n'avoit point d'enfans aussi, il avoit par Testament du 27 Mars 1694, déclaré l'Intimée sa femme son héritiere mobiliaire, & laissé à l'Appellante sa sœur la

totalité des terres en queſtion, à charge *de rendre à ſa-*
dite femme ſa vie durant la moitié du rendage deſdites terres.
Mais elle pour ſe délivrer de l'uſufruit dont ſon frere
avoit chargé leſdites Terres, avoit renoncé audit Teſtament le 7 Avril ſuivant, & avoit appréhendé les mêmes Terres à elles dévoluës ſur le pied des Coûtumes
en qualité d'héritiere légale de ſondit frere, & en vertu de ce elle s'étoit fait payer par le Fermier de la totalité du rendage échu à la ſaint André; ce qui avoit
obligé ladite Bretel ſa veuve de ſe pourvoir au Bailliage du Queſnoy, par traité du 10 Février 1695,
concluant à ce que ladite Conrarde fût condamnée de
lui reſtituer la moitié dudit rendage ſuivant & conformément au Teſtament dudit Grégoire Conrarde ſon
feu mari.

La Défendereſſe s'étoit oppoſée à ladite traite, diſant que ſon frere n'avoit pu charger de pareil uſufruit
leſdites Terres, qui ſe trouvoient liées par le Teſtament du ſieur de la Mallerye, non-ſeulement d'un *fidéi-*
commis réciproque entre les deux freres Jean & Grégoire, mais encore d'une ſubſtitution graduelle par ces
termes, *qu'ils ne pourront aliéner juſqu'à la troiſiéme géné-*
ration.

La Demandereſſe au contraire ſoutenoit que le *fidéi-*
commis réciproque ſe trouvant évacué par la mort des
deux freres ſans génération, il ne reſtoit plus de ſubſtitution graduelle. Qu'il étoit tout évident que par ces
mots, *juſqu'à la troiſiéme génération,* le Teſtateur n'avoit
point entendu appeller la ligne collatérale deſdits deux
freres, mais ſeulement leurs hoirs & deſcendans en ligne directe; puiſque par les derniers termes de la clauſe,
il veut qu'ils ſuccedent à la part de leur oncle défunt,
par repreſentation, aux conditions ſuſdites, ce qui eſt re-
latif à la défenſe d'aliéner *juſqu'à la troiſiéme génération.*

La Défenderesse disoit que par le terme de génération l'on entendoit également la ligne collatérale comme la directe. Que par la mort de ces deux freres sans hoirs la substitution réciproque avoit été à la vérité évacuée, mais non pas la graduelle, qui devoit sortir effet jusques dans la troisiéme personne, & qu'ainsi la disposition pour l'usufruit de son frere étoit nulle.

La Demanderesse convenoit que le terme de génération comprenoit improprement les collatéraux, mais qu'on ne pouvoit pas l'étendre aux collatéraux au cas présent, où il apparoissoit assez de la volonté du Testateur, qui les avoit voulu exclure en appellant à leur préjudice les enfans du défunt par représentation. Qu'il suffiroit même qu'il y eût de l'obscurité, pour qu'on ne pût pas étendre ce terme au-delà de sa propre signification. Qu'enfin selon l'Edit perpétuel, il falloit qu'un *fidéicommis* fût clair & conçu en termes formels & non ambigus, & qu'on le devoit toujours restreindre dans le doute & l'interpréter en faveur de la liberté. Pour ces raisons les Officiers du Bailliage du Quesnoy ayant par Sentence du 19 Mars 1696, débouté la Défenderesse de son opposition, avoient ordonné que ladite traite seroit exécutée & condamné la Défenderesse aux dépens, dont elle avoit appellé.

La Cour, ouï le rapport de M. Beccuau, a mis l'appellation au néant, a ordonné que la Sentence sortiroit effet, & condamné l'Appellante en l'amende & aux dépens.

C X I X.

*En Flandre on fixe les interêts des sommes adjugées au de-
nier seize, quand même l'obligation ne procéderoit point
de marchandise.*

IL fut ainsi réglé en la deuxiéme Chambre le 15 Octobre 1696, au rapport de M. de la Verdure, pour
Jeanne Therese & Beatrix Walminch, Demanderesses
par commission de commandement du 23 Juillet 1695,
pour la somme de 41 livres de gros, provenante de salaires dûs à leur pere en qualité d'Avocat, & reconnuë
par obligation de François Vandenberghe, Bailli de
Courtray, Défendeur, en date du 14 Juin 1687.

C X X.

*La possession de ne point contribuer à la réparation des Pres-
byteres, sert aux Décimateurs contre les Communautés,
même depuis l'Ordonnance de Monterey.*

CEtte question fut décidée en la deuxiéme Chambre, le 22 Octobre 1696, au procès d'entre Messire Adrian de la Vieville, Chevalier, sieur de Bavin-
chove, Demandeur, & les Echevins & Notables du
Village de Hardy-Fort, Chatellenie de Cassel, Défendeurs.

Maître Folquin de Zwarte, Curé dudit lieu, ayant
attaqué ledit sieur de la Vieville, comme Décimateur,
par Requête du 30 Octobre 1692, pour l'obliger à la
réparation de son Presbytere, celui-ci avoit présenté
Requête le 18 Juin 1693, contre les Défendeurs, disant qu'il n'avoit jamais non plus que les auteurs con-

tribué à la réparation du Presbytere ; que les Defendeurs en avoient toujours fait la dépense, & que par conséquent on ne l'en pouvoit charger aujourd'hui.

Les Défendeurs disoient qu'à supposer la possession telle que le Demandeur avançoit, il ne pouvoit s'en prévaloir contre la teneur de l'Ordonnance portée en 1672 par le Comte de Monterey, Gouverneur des Pays-Bas au nom du Roi Catholique, sous la domination duquel étoit lors la Châtellenie de Cassel ; par laquelle Ordonnance non-seulement les Communautés sont déchargées de pareils fraix, mais il leur est même expressément défendu d'y contribuer. Que cette Ordonnance faisoit un nouveau Droit non-seulement pour empêcher les nouvelles entreprises des Ecclésiastiques & Décimateurs, mais encore pour décharger les Communautés indûement opprimées d'un fardeau qui étoit naturellement à la charge des dîmes : qu'autrement il eût été inutile de publier cette Ordonnance, & qu'il eût suffi de renouveller les anciennes. En tout cas ils dénioient absolument la possession immémoriale alléguée par le Demandeur.

Le Demandeur disoit qu'il n'auroit pas de peine à bien établir sa possession par de bonnes preuves, qu'il n'en étoit pas exclus par l'Ordonnance de Monterey, d'autant que l'intention du Roi n'avoit point été d'ôter aux particuliers les droits qu'ils s'étoient acquis par une juste possession, mais seulement d'empêcher qu'ils n'en usurpassent de nouveaux, puisque par la même Ordonnance Sa Majesté Catholique déclaroit que son intention en cela étoit qu'on se conformât aux anciens Edits & Réglemens. Qu'il étoit constant que l'Edit de 1613 avoit toujours excepté la possession immémoriale & conservé le droit que les Décimateurs avoient acquis par une prescription légale.

La Cour, vu les conclusions du Procureur Général du Roi, ouï le rapport de M. Cordoüan, après consultation des Chambres, a admis le Demandeur à preuve, sauf aux Défendeurs leur preuve contraire.

C X X I.

Il y a des cas où l'on peut stipuler la restitution d'une somme avec les interêts, & même quelque chose de plus, sans soupçon d'usure, lorsque la stipulation se fait in pœnam non adimplentis contractum.

ON en jugea ainsi en la deuxiéme Chambre, au rapport de M. Boullé, le 30 Octobre 1696, en faveur de Nicolas de Zaeghe, Censier demeurant à Bambeke, Châtellenie de Berghe, Demandeur, contre Pierre Van-Tietcle, demeurant à Houckerke, Défendeur.

Le 23 Juillet 1694, le Défendeur avoit vendu au Demandeur cinq mesures de Terres situées à Bambeke, occupées par ledit Demandeur, pour la somme de 45 livres de gros, qu'il avoit reçuës comptant ce jour là. Par ledit contrat il étoit stipulé que le Défendeur seroit tenu d'en passer les devoirs dans le terme d'un an, sans cependant payer aucuns interêts de ladite somme, ni le Demandeur aucun rendage pour lesdites Terres : mais à défaut de faire par le Défendeur lesdits devoirs, il seroit obligé de restituer audit Demandeur ladite somme avec les interêts au four du denier 15, sans néanmoins pouvoir prétendre aucun rendage pour lesdites Terres. Depuis le Demandeur ayant appris que le Défendeur avoit vendu à un autre les mêmes Terres, avoit levé une Commission de commandement le 27 Novembre 1694, concluant conformément au contrat à la restitution de ladite somme de 45 livres de gros & intérêts, si le Défendeur n'aimoit mieux lui fournir bonne & suffisante hypothéque.

Le Défendeur disoit que le contrat en question étoit usuraire, parce que le Demandeur avoit stipulé la restitution de ladite somme de 45 livres avec les intérêts, outre & pardessus la retention des fruits des Terres par lui occupées, & par conséquent que ce contrat étoit nul.

Au contraire le Demandeur soutenoit que la convention étoit licite, d'autant que ce n'étoit point un argent prêté, mais le prix des Terres que le Défendeur lui avoit venduës, & que le même Défendeur devoit restituer avec les intérêts faute de livrer les Terres. Que si le Demandeur avoit stipulé la retention des fruits pendant une année, ce n'avoit point été par forme d'interêt de la somme avancée, mais par forme de peine, au cas que le Défendeur manquât à sa parole; ce qui étoit permis selon tous les Docteurs, même Canonistes. Que le Défendeur n'avoit pas seulement manqué à sa parole, mais par une espece de stellionat avoit vendu à une autre personne les mêmes Terres dont il avoit reçu le prix.

La Cour, ouï le rapport dudit Conseiller Commissaire, a condamné le Défendeur à payer au Demandeur les intérêts de ladite somme, & de lui donner bonne & suffisante hypothéque pour le capital, s'il n'aimoit mieux de le rembourser, & aux dépens.

CXXII.

CXXII.

Un Demandeur, se qualifiant héritier de quelqu'un, peut obliger le Défendeur, avant de vérifier ses qualités, de contester à toutes fins.

IL fut ainsi décidé en la deuxiéme Chambre ledit jour 30 Octobre 1696, entre Louis de Benast, Ecuyer, sieur Desmasures, Demandeur, & les PP. Minimes du Couvent de Douay, Défendeurs.

Augustin de Benast, sieur d'Aubencheux, ayant par son Testament fait divers légats aux Défendeurs, ils s'étoient mis en possession de tous ses biens ; pourquoi le Demandeur, soi-disant héritier féodal dudit Augustin de Benast, avoit demandé par Requête du 8 Juin 1695, que les Défendeurs fussent condamnés de lui abandonner la Terre & Seigneurie de Douchy, soutenant que les revenus par eux perçus des biens dudit Augustin étoient plus que suffisans pour acquiter tous les légats à eux faits.

Les Défendeurs disoient qu'ils ne connoissoient point le Demandeur pour héritier dudit Augustin, & qu'avant de contester il falloit que le Demandeur vérifiât la qualité par lui prise.

Le Demandeur au contraire soutenoit que les Défendeurs devoient toujours contester à toutes fins, suivant l'Ordonnance des Chartres du Haynaut, *chap.* 78, *art.* 32, & le Réglement du Style de la Cour, *chap.* 1, *art.* 7, & que cela se jugeoit ainsi dans les Cours, comme il fut dans celle de Bourdeaux, le 16 Avril 1518, au rapport de Boerius, qui dit que *Verius est heredem primo posse procedere per executionem, sed tamen teneri docere post, an sit heres. Decisione* 10, §. 5. Il ajoutoit que néanmoins pour vérifier préparatoirement fa qualité, il produifoit une Généalogie & quelques autres Titres.

La Cour, vu les conclufions du Procureur Général du Roi, ouï le rapport de M. de la Verdure, a ordonné aux Défendeurs de contefter à toutes fins fur les conclufions du Demandeur, & les a condamnés aux dépens.

CXXIII.

Les Décimateurs dans le Cambrefis font réparer les Pres-byteres, s'il n'y a ufage établi au contraire.

ON fuivit cette maxime en la deuxiéme Chambre le 31 Octobre 1696, au procès d'entre les Pré-vôt, Doyen & Chanoines de l'Eglife Métropolitaine à Cambray, Demandeurs, & les Manans & Gens de Loi de Flequieres en Cambrefis, Défendeurs.

Maître Jean-Pierre du Four, Curé audit lieu, ayant attaqué les Demandeurs par Commiffion évocatoire du 28 Mai 1689, pour la réparation, ou plûtôt la *réédi-fication* de fa Maifon Paftorale, en qualité de Décima-teurs du Terroir, ils préfenterent Requête en garantie contre les Manans, foutenant que ces fraix dans le Cambrefis étoient à la charge des Communautés, & que tel avoit toujours été l'ufage. Les Défendeurs ayant dénié cet ufage, la Cour par Arrêt du 8 Août 1691, avoit admis les Demandeurs à vérifier, & ce-pendant les avoit condamnés de payer par provifion audit Curé 40 florins par an pour les loyers de fa de-meure. Depuis ils s'étoient laiffés débouter de preuve & de fourniffement.

La Cour, vu les conclufions du Procureur Général du Roi, ouï le rapport de M. de la Verdure, a déclaré les défauts bien & valablement obtenus, en conféquence a déclaré les Demandeurs non recevables dans la garantie par eux prétenduë, & les a condamnés aux dépens.

C X X I V.

1. Donner une somme d'argent en garde à un particulier pour pareille somme être restituée à volonté, n'est pas un dépôt qui mérite préférence sur les biens abandonnés de ce particulier ; mais le déposant doit venir en contribution avec les autres créanciers.

2. Un vendeur après avoir reconnu par le contrat de vente d'avoir été satisfait du prix de la chose venduë, ne peut prétendre préférence sur la chose venduë en vertu d'un billet où l'acheteur reconnoît de devoir au vendeur le prix entier ou en partie de la chose venduë.

CEs deux questions furent jugées en la deuxiéme Chambre le 6 Novembre 1696, au procès d'entre Maître Jacques de Francqueville, Avocat à Cambray, fils, héritier sous bénéfice d'inventaire de feu Robert de Francqueville, joint à lui le Syndic des creanciers dudit Robert, Appellant, & Laurent Dupont & Consors, Intimés.

Les Intimés ayant vendu quelques Maisons audit Robert de Francqueville, il leur avoit payé une partie du prix comptant, & pour le reste il leur en avoit fait un billet le 6 Juillet 1685, par lequel *il reconnoissoit d'avoir à eux la somme de* 966 *florins provenant du reste du prix desdites maisons, laquelle ils l'avoient prié de leur garder jusqu'à ce qu'ils eussent trouvé occasion de l'employer.* Depuis la mort dudit Robert, ledit Dupont avoit présenté requête le 13 Avril 1695, à l'Official de Cambray, concluant à ce que ledit Jacques son fils, qui s'étoit déclaré héritier sous bénéfice d'inventaire, fût condamné de lui payer par préférence sur les premiers deniers de la maison mortuaire ladite somme de 966 flor.

Les moyens sur lesquels il fondoit cette prétention de préférence étoient tirés du privilége des dépôts ; pour la restitution desquels le déposant est préféré sur les biens du dépositaire, conformément à la décision des Jurisconsultes Ulpian, *Leg.* 7, §. 2 *& 3*, *Dig. depositi*, & Papinian, *Leg.* 8 *ibid.* suivie des Docteurs, & en par particulier de Zoesius, *ad Dig. lib.* 16, *tit.* 3, §. 26. Que dans le fait on ne pouvoit pas révoquer en doute que ladite somme n'eût pas été confiée en dépôt audit Robert, puisqu'il paroissoit par sa reconnoissance & son billet qu'on la lui avoit donnée à garder : *Depositum autem est quod custodiendum alisui datum est*, comme définit le Jurisconsulte Ulpian, *Leg.* 1, *Dig. ibid.* Que d'ailleurs quand ce ne seroit pas un dépôt, il résultoit du moins dudit billet que cet argent faisoit partie du prix des Maisons venduës par le Demandeur ; qu'au moins de ce chef il devoit être préféré sur les deniers desdites Maisons, qui étoient réputées être encore *in bonis ejus ;* parce que, comme dit le même Ulpian, *Leg.* 5, §. 18, *de tributoria actione, res venditæ non alias desierunt esse meæ, quamvis vendidero, niſi ære soluto.*

L'héritier bénéficiaire soutenoit au contraire que le Demandeur ne méritoit aucune préférence ; qu'il ne pouvoit pas donner à ce contrat le nom de dépôt, du moins que très-improprement, puisqu'il n'en avoit pas les principales propriétés, qui font que le déposant reste toujours propriétaire de la chose déposée, ensorte que si elle périssoit par hazard, ce seroit à la perte du déposant & non du dépositaire. Qu'effectivement ce n'avoit jamais été l'intention du Demandeur de s'exposer à la perte de son argent en le confiant au pere du Défen-

deur à qui il en avoit laiſſé l'uſage, moyennant lui reſtituer la même quantité. Que les Loix citées par le
Demandeur n'accordoient point de préférence aux dépôts volontaires & particuliers, mais ſeulement aux
dépôts publics & forcés ; parce que dans ceux-là, comme remarque Papinian, *Leg.* 8 *ſupra citatâ, id propter
neceſſarium uſum argentariorum ex utilitate publicâ recep-
tum eſt*, ce qui n'avoit pas lieu dans les autres, ſur tout
lorſque la choſe donnée à garder, n'étoit pas donnée
in certâ ſpecie, mais *in genere*. Que la préférence prétenduë n'étoit pas mieux fondée ſur ce que ledit argent feroit partie du prix des Maiſons venduës par le Demandeur. Que l'autorité de la Loi qui conſerve la propriété
de la choſe venduë dans la perſonne du vendeur, juſqu'à ce qu'il ait été payé de l'acheteur, n'a point lieu,
lorſque le vendeur s'en rapportant à la bonne foi de l'a-
cheteur lui en fait crédit, & moins encore lorſqu'il lui
prête les deniers du prix qu'il en devroit recevoir,
comme au cas préſent : *Si enim in creditum ei abii, tributio
locum habebit*, dit le même Papinian, *Leg. eâd. §. eod.*
pour lors le vendeur n'a plus droit de préférence, & il
doit venir en contribution avec les autres créanciers.

Nonobſtant ces raiſons, ledit ſieur Official ayant,
par Sentence du 13 Octobre 1696, adjugé par provi-
ſion au Demandeur ladite ſomme, & ordonné aux Parties de convenir ſi les Maiſons venduës au défunt faiſoient encore partie de ſon bien, le Défendeur en avoit
appellé.

La Cour, ouï le rapport de M. de Crupilly, a mis
l'appellation & Sentence au néant ; émendant, a déclaré les Intimés non revevables ni fondés dans la préférence par eux prétenduë, les a condamnés aux dépens de premiere inſtance & ceux de la cauſe d'appel.

C X X V.

Un Fermier qui en tems de paix a pris en bail les coupes d'un bois à charge que le propriétaire acquitera toutes les tailles, impositions & contributions en cas de guerre, n'est pas obligé de contribuer, la guerre arrivant, aux contributions exigées par les ennemis.

ON en jugea de cette sorte en la deuxiéme Chambre le 7 Novembre 1696, entre la veuve d'Antoine Gobert, demeurant à Warneton, Demanderesse, & Pierre-Maximilien Vanlaer, Ecuyer, sieur de Zantworde, Défendeur.

La Demanderesse avoit pris à Ferme du Défendeur, par bail du 10 Juillet 1686, le nombre de 35 mesures de bois pour 14 ans, à commencer au premier de Mai dudit an 1686, pour la somme de 352 livres par an, à condition que le Défendeur seroit chargé d'acquiter toutes les tailles, mauvais fraix, impositions & contributions ; cependant le Défendeur faisant difficulté d'en convenir, la Demanderesse avoit présenté Requête le premier Février 1696, aux fins d'être déchargée des loyers dudit bail en nantissant la somme de 392 livres, dont elle étoit restée redevable par compte du 9 Novembre 1695, jusqu'inclus ladite année.

Le Défendeur s'opposoit, disant que par ledit compte la Demanderesse n'avoit voulu entrer en part des contributions payées aux ennemis sous prétexte de la clause insérée en son bail, contre le Réglement des Etats du Pays ; quoique cette clause ne dût être considérée aujourd'hui, ledit bail ayant été passé en tems de paix, lorsque les contributions des ennemis étoient imprévuës, les contributions étant d'ailleurs également avantageufes au Fermier comme au Propriétaire pour fauver fes effets & beftiaux de la fureur de la guere. Qu'il étoit néanmoins d'autant plus jufte qu'elle en partageât la charge, que l'on y affujettiffoit les Propriétaires, lorfque les Fermiers s'étoient obligés de les payer feuls par des baux paffés en tems de paix.

La Demandereffe au contraire difoit, que c'étoit une convention qui faifoit Loi entre les Parties, fans laquelle elle n'eut pas contracté. Qu'il y avoit d'ailleurs bien de la différence entre un Propriétaire & un Fermier : que lorfqu'un Propriétaire fe chargeoit de tous les dépens & fraix de l'exploitation de fes terres, en ce cas le prix du bail étoit la jufte valeur du revenu des terres, & qu'ainfi il étoit raifonnable que ledit Propriétaire fût tenu de toutes les charges les plus imprévuës ; mais qu'un Fermier qui s'obligeoit outre le prix de fon bail d'acquiter les charges, n'étoit pas préfumé s'engager au-delà des charges préfentes ni de fonger aux imprévuës ; pourquoi par équité on pourroit bien avoir pour un Fermier plus d'égards que pour le Propriétaire. Enfin, que le contrat en queftion reffentoit plûtôt une vente qu'un bail, qu'il paroiffoit que le Défendeur avoit proprement vendu à la Demandereffe les coupes annuelles de fon bois pour une fomme fixe, qu'il étoit tout conftant qu'un acheteur de fruits n'étoit point naturellement obligé aux charges du fonds & que c'étoit au Propriétaire à les acquiter.

La Cour, ouï le rapport de M. Beccuau, a permis à la Demandereffe de nantir au Greffe des Confignations à Ypres, la fomme en queftion ; & moyennant ce, l'a déchargée, & a condamné ledit Défendeur aux dépens.

C X X V I.

Un Fermier qui, par un bail paſſé en tems de guerre, s'o-
blige à payer ſeul les contributions, n'eſt pas fondé de
prétendre des modérations à ce ſujet, au cas que les en-
nemis en viennent exiger.

LEdit jour 7 Novembre 1696, cela fut ainſi jugé en la deuxiéme Chambre entre l'Abbé de Zune-becke, Châtellenie d'Ypres, Appellant, & les nom-més Jean & Philippe de Roubaix, Cenſiers demeurans à Linſelle, Intimés.

Leſdits de Roubaix, par bail du 8 Juillet 1690, avoient pris à ferme la dîme de Linſelle appartenante à l'Abbé, pour en jouir les années 1690, 1691 & 1692, au rendage de 1200 florins par an, à la charge de payer toutes tailles, ſubſides, impoſitions & contri-butions miſes & à mettre de quelque nature qu'elles pourroient être, ſans diminution dudit rendage. De-puis ſe voyant pourſuivis pour le paiement, ils avoient préſenté requête le 15 Décembre 1694, aux Officiers ou Baillis des quatre Seigneurs Hauts-Juſticiers repré-ſentans l'Etat des Châtellenies de Lille, Douay & Or-chies, concluant à ce que ledit Abbé, ſuivant les Régle-mens deſdits Baillis, par leſquels il eſt dit que les Pro-priétaires ſupporteront la moitié des contributions, fût condamné de leur faire modération, à raiſon de la moitié de ce qu'ils avoient été obligés de payer aux en-nemis pour les contributions.

L'Abbé convenoit que ſelon la déciſion d'Ulpian, *Leg.* 15, §. 2, *Dig. locat. ex conduĉto aĉtio conduĉtori da-tur, ſi incurſus hoſtium fiat;* mais il ſoutenoit que cette maxime n'avoit lieu que lorſque par le contrat le Fer-

mier

mier n'avoit point expreſſément pris ce riſque à ſa charge, ou du moins lorſque ledit Fermier l'avoit fait dans
un tems, où l'on ne pouvoit point craindre les dégats
des ennemis ni prévoir les fureurs de la guerre. Car ſuivant la réſolution du même Ulpian, il eſt certain que
ſi nihil extrà conſuetudinem acciderit damnum eſſe coloni.
Leg. eâd. §. eod. parce que pour lors, comme dit Weſel,
Cap. 11, de remiſſ. mercedis, c'eſt au Cenſier à s'imputer
d'avoir ainſi contracté ; d'autant plus qu'en cette conſidération on louë le bien à beaucoup meilleur marché
pendant la guerre : qu'il en avoit ainſi été jugé par divers Arrêts rapportés par Maynard, *Liv. 2, chap. 80.*
Qu'au cas préſent les Demandeurs ne pouvoient pas
diſconvenir d'avoir contracté pendant la guerre, & la
campagne immédiatement après la courſe faite en
1689 par les ennemis. Que dans la conſidération du
riſque qu'ils prenoient, il ne leur avoit loué ladite dîme que 1200 florins, qu'il louoit aujourd'hui 1700.
Que pour ces raiſons le Juriſconſulte Julian décidoit,
Leg. 9, §. 2, Dig. locati, conducti. Si quis fundum loca-
verit, ut etiam ſi quid vi majore accidiſſet, hoc ei præſtare-
tur, pacto ſtandum eſſe. Néanmoins les Officiers des
Etats, par Sentence du 14 Septembre 1695, ayant entériné la requête des Demandeurs & ordonné à l'Abbé
de leur faire modération de la moitié des contributions,
il en avoit appellé.

La Cour, vu les concluſions du Procureur Général
du Roi, ouï le rapport de M. Beccuau, a mis l'appellation & Sentence au néant ; émendant, a déclaré les
Intimés non recevables ni fondés dans la modération
par eux prétenduë, & les a condamnés aux dépens de
première inſtance & ceux de la cauſe d'appel.

CXXVII.

Lorsqu'un Arrêt a été rendu en faveur de plusieurs Consors, ils doivent tous faire taxer ensemble leurs dépens par un libelle général, & ne doivent les demander chacun en particulier.

CEla fut ainsi réglé sur les conclusions du Procureur Général du Roi, au rapport de M. Cordouan, en la deuxiéme Chambre le 10 Novembre 1696, contre Dame Michelle Van-Heuse, femme autorisée de Messire Pierre de Mornay, Chevalier, sieur d'Ambleville, Demanderesse, au profit des PP. Jésuites du Collége d'Armentieres, Défendeurs.

CXXVIII.

On ne peut agir contre une personne ex capite Legis diffamati, *à moins que cette personne ne se soit vantée.*

ON le décida ainsi en la deuxiéme Chambre le 12 Novembre 1696, entre Dame Marie Vander-Becken, veuve de feu Messire Louis Errembaut, vivant Chevalier, Conseiller du Roi en ses Conseils, Président à Mortier du Parlement, Demanderesse, & Me Pierre Placide de Mariaval, demeurant à Lille, Défendeur.

Ladite Dame en vertu de commission du 8 Février 1696, avoit conclu, *Ex capite Legis diffamari 5, Cod. de ingenuis & manumissis*, à ce que le Défendeur eût à déclarer les prétentions qu'il s'étoit vanté d'avoir à sa charge, à peine que silence perpétuel lui seroit imposé.

Le Défendeur disoit que c'étoit une maxime de Droit, qu'on ne peut obliger personne d'agir, *Leg. 156, de*

Reg. Juris; que le prétexte que la Demanderesse suppofoit pour l'engager dans un procès, étoit faux : qu'il ne s'étoit jamais vanté d'avoir aucunes prétentions à fa charge, & qu'il n'étoit pas par conféquent obligé de fe déclarer là-deffus ; puifque la Loi, fous l'autorité de laquelle la Demanderesse avoit intenté fon action, exigeoit qu'il fe fût vanté d'avoir des prétentions : *Cum conftare prius debeat de diffamatione*, dit Boerius, *decif.* 255, §. 7 *& feq.*

La Cour, les Chambres confultées, ouï le rapport de M. Cordoüan, a admis la Demanderesse à prouver, que le Défendeur fe feroit vanté d'avoir des prétentions à fa charge, fauf au Défendeur fa preuve contraire, dépens refervés.

CXXIX.

A Tournay l'on n'adjuge les interêts des fommes, aufquelles on condamne une Partie, qu'au feur & fur le pied du denier 20, bien que lefdites fommes proviennent du fait de fociété & de marchandife.

ON le prononça ainfi ledit jour 12 Novembre 1696, en la deuxiéme Chambre, au rapport de M. Cordoüan, après avoir confulté les Chambres, au différent d'entre Henry Thery, ci-devant Huiffier de la Cour, Demandeur, & Bauduin-Jofeph Thery, Ecuyer, fieur de Baillard, Défendeur.

CXXX.

1. *Un nouveau Chanoine peut entreprendre sa résidence périlleuse dès la premiere saint Jean-Baptiste suivante sa prise de possession, & le Chapitre ne peut l'empêcher sous prétexte que les années de grace ne sont pas expirées.*

2. *Lorsqu'un nouveau Pourvu peut racheter une partie de sa résidence périlleuse, le Chapitre ne peut s'y opposer sans cause.*

3. *Il n'y a point de Statut ni d'Usage qui puisse autoriser un Chapitre de s'approprier les fruits des absens ou des nouveaux Pourvus.*

TOutes ces questions furent décidées en la deuxiéme Chambre le 5 Décembre 1696, au procès d'entre Maître Nicolas Pesteau, Chanoine de l'Eglise Collégiale de sainte Monegonde à Chimay, Demandeur, & les Doyen & Chanoines de ladite Eglise, Défendeurs.

Maître Jean Massillon, Chanoine de ladite Collégiale, étant décédé le 10 Septembre 1693, le Demandeur avoit été pourvu de sa Prébende à la collation du **Prince de Chimay**, & mis en possession le 4 Octobre suivant. La veille de saint Jean-Baptiste 1694, il s'étoit présenté au Chapitre, & y avoit déclaré qu'il prétendoit de commencer sa résidence périlleuse ; trois mois après, sçavoir, le 24 Septembre suivant, il avoit présenté 25 florins au Chapitre, pour racheter comme à l'ordinaire le surplus des 9 mois de la résidence périlleuse ; & sur le refus de les recevoir, il avoit fait sommer le Chapitre de lui faire connoître ce qu'il devoit faire pour se conformer aux Statuts. A quoi le Chapitre avoit répondu qu'on le lui feroit sçavoir dans son tems :

voilà le fait. Enfuite de ce ledit Pefteau avoit fait fom-
mer ceux du Chapitre le 9 Mars 1695, de lui rendre
compte des fruits perçus de fon Bénéfice depuis la mort
de fon Prédéceffeur, & de les lui reftituer, fauf dix
muids de bled pour l'année de grace accordée aux héritiers du défunt, & dix muids pour l'année deftinée à
la Fabrique ; & pour les y faire condamner, il s'adreffa
à la Cour par Lettres évocatoires du 15 Avril 1695.

Les Défendeurs difoient que felon l'ufage & les Statuts de leur Chapitre, lorfqu'un Chanoine mouroit
après la faint Jean avant la faint André, fes héritiers
ne profitoient des fruits de cette année qu'à ratte du
tems échu depuis la faint Jean jufqu'à fa mort : que le
furplus fe diftribuoit aux Chanoines préfens : *Quia*,
dit Zypæus, *accrefcunt præfentibus & deſervientibus.*
Que par les mêmes Statuts, & en particulier par Acte
capitulaire du 9 Novembre 1592, l'année fuivante
étoit deftinée aux héritiers du défunt, pour fournir
aux fraix funéraires & au paiement de fes dettes, &
pour ce fujet s'appelloit *année de grace* ; laquelle pour
juftes raifons avoit été réduite à dix muids, le furplus
demeurant au profit du Chapitre. Qu'enfin fuivant le
Réglement du 20 Septembre 1611, homologué par
les Commiffaires du faint Siége Apoftolique, les fruits
de la troifiéme année étoient affectés & s'employoient
aux néceffités de la Fabrique, à concurrence auffi de
dix muids de bled, & le refte, par une interprétation
immémoriale de leurs Statuts, fe diftribuoit comme
deffus aux Chanoines, en confidération que pendant
tout ce tems là ils étoient obligés de deffervir les Mef-
fes du Chœur en la place du nouveau Pourvu, & de
remplir les autres fonctions & charges de fa Prébende :
enforte que le Demandeur ne pouvant prétendre droit
qu'aux fruits de l'année commençant à la faint Jean-

Baptifte 1696, il lui avoit été inutile de fe préfenter auparavant pour faire fa réfidence périlleufe ; laquelle ils tiennent ne pouvoir être commencée par le nouveau Chanoine, que lorfqu'il peut par fes fautes perdre quelque chofe, & qu'il ne peut racheter que du confentement du Chapitre.

Le Demandeur ne difputoit point aux héritiers de fon Prédéceffeur les dix muids de grace, non plus que les fruits d'une année pour la Fabrique, mais il foutenoit que cela fe devoit prendre fur les premiers fruits perçus de fa Prébende depuis la mort de Maître Jean Maffillon, qui n'étoient que trop fuffifans jufqu'à la faint Jean 1695, fans que les Chanoines en puffent rien diftraire ailleurs & s'en approprier la moindre partie fous quelque prétexte que ce fût, tout prétexte fur cette matiere étant réprouvé par les difpofitions des faints Canons, *Cap. unic. ut Ecclefiaftica benef. fine dimin. conferantur. Cap. majoribus. Cap. avaritiæ de præbendis*, par les Conftitutions des Papes & en particulier par celle de Pie V du dernier de Mai 1570, & par les Décrets des faints Conciles, & fingulierement celui de Trente, *Seff.* 24, *de reformat. cap.* 14, qui condamne les Statuts & Coûtumes même immémoriales contraires, comme déteftables & fimoniaques, quoique confirmées de l'autorité apoftolique ; ce qu'il déclare n'avoir pu être fait que par furprife. Quant à la réfidence périlleufe, il difoit qu'il avoit pu la commencer dès la faint Jean-Baptifte 1694 ; que bien loin qu'il dût attendre l'écoulement des années de grace affignées à la Fabrique & aux héritiers, il étoit de l'interêt de l'Eglife & du Service divin qu'un nouveau Pourvu s'acquitât au plûtôt de ce devoir ; afin que s'il manquoit à la premiere année, il pût à la deuxiéme réparer fes fautes. Que ce ne pouvoit être qu'un efprit d'avarice, qui faifoit avancer aux Défendeurs que la réfidence périlleufe ne fe pouvoit commencer, que lorfque le Pourvu étoit parvenu dans une année où il pût perdre quelque chofe par fes fautes ; afin de pouvoir s'approprier avec la même injuftice les fruits du Bénéfice. Qu'enfin après avoir très-exactement obfervé les trois premiers mois de fa réfidence, & d'une maniere qu'il fommoit les plus rigides de déclarer en quoi il pouvoit avoir manqué, le Chapitre n'avoit pu refufer les 25 florins qu'il avoit offerts pour le rachat du furplus. Que cette liberté de racheter eft accordée en faveur du nouveau Pourvu par le Réglement de 1611, qui ne dit pas que ledit nouveau Chanoine ne peut racheter fa réfidence que du confentement du Chapitre, mais bien qu'après trois mois il peut racheter le refte du confentement du Chapitre : ce qui eft permis felon les Canons, pourvu que les deniers *in pios ufus convertantur*, tels que font les néceffités de la Fabrique.

La Cour, vu les conclufions du Procureur Général du Roi, ouï le rapport de M. Beccuau, a déclaré que le Demandeur avoit pu commencer fa réfidence périlleufe dès le 23 Juin 1694, que le 24 Septembre fuivant le Chapitre n'avoit pu fans caufe refufer les 25 florins par lui préfentés pour racheter le refte ; en conféquence, a ordonné aux Défendeurs de lui laiffer fuivre les fruits de fa Prébende depuis la faint Jean-Baptifte 1696, l'a déclaré non fondé de prétendre davantage, dépens compenfés : & cependant a fait défenfes aux Défendeurs de diftraire à l'avenir aucune portion des fruits de la feconde année deftinée pour la Fabrique, & de les appliquer à leur profit pour quelque prétexte & confidération que ce puiffe être.

CXXXI.

A Lille lorsqu'un frere, qui est seul habile de succéder à son frere défunt, veut bien donner part de la succession à ses sœurs & neveux par représentation, ils ne sont sujets à payer des droits seigneuriaux des héritages qui leur viennent par ce partage.

NOus le jugeames ainsi en la deuxiéme Chambre le 17 Décembre 1696, au profit de Jean Bonte, en qualité de mari & bail de Marie-Anne Liber & Consors, Appellans, & Me Jean-Walerand Farvaques, Conseiller du Roi au Bailliage de Lille, en qualité de Bailli & Receveur de la Seigneurie de Mouvaux, Intimé.

Maximilian Liber étant mort en Octobre 1688, sans enfans, sa succession devoit naturellement appartenir à Philippe Liber son frere unique ; parce que selon la Coûtume de la Salle & Bailliage de Lille, *tit. des succeff. art.* 26, en ligne collatérale le mâle exclut les femelles en pareil degré, & qu'il n'y a point de représentation. Néanmoins ledit Philippe, par une espéce d'équité & poussé d'un amour naturel envers ses sœurs Marie-Anne & Antoinette & ses neveux enfans de sa sœur Adriane défunte, avoit partagé avec eux toute ladite succession & laissé à chacune de ses deux sœurs un quart & un autre à sesdits neveux ; lesdites portions consistantes en divers héritages situées sous la Seigneurie de Mouvaux. Ensuite de quoi lesdites deux sœurs avoient appréhendé & relevé leurs parts pardevant l'Intimé, qui les avoit reçuës avec les droits ordinaires de relief. Lesdits neveux s'étant aussi présentés pour relever leur part quelques jours après l'an révolu de-

puis

puis la mort dudit Maximilian Liber leur oncle , ledit Farvaques, qui avoit appris la maniere dont ces hérita-ges leur étoient parvenus , avoit refufé de les recevoir à relief , & depuis avoit intenté plainte & faifie fur lef-dits héritages , ramenée à fait le 10 Mai 1696 , con-cluant à ce qu'ils fuffent vendus , pour fur les deniers du prix être payé de doubles droits feigneuriaux pour l'acquifition faite defdits héritages tant par lefdites fœurs que par lefdits neveux , en précomptant ce qu'il avoit reçu defdites fœurs pour droits de relief.

Ses moyens étoient que felon ladite Coûtume , *tit.* 2 , *art.* 1 , ledit Philippe Liber avoit été feul faifi par la mort de Maximilian fon frere de toute la fucceffion , comme feul habile à lui fuccéder. Que felon les Loix il n'avoit pu divifer la fucceffion en appréhendant une partie & abandonnant l'autre, fuivant la décifion du Jurifconfulte Paulus , *Leg.* 1. *Dig. de acquir. vel amit. hæredit.* , qui dit en termes exprès que , *qui totam hæ-reditatem acquirere poteft , is pro parte eam fcindendo adire non poteft.* Que dans ce principe l'on ne pouvoit pas s'imaginer comment les héritages en queftion venant de Maximilian Liber étoient dévolus à fes fœurs & neveux , autrement que par une difpofition particu-liere & tacite que leur en auroit faite leur frere Phi-lippe. Qu'en ce cas il étoit certain que lefdites fœurs & neveux n'en pouvoient faire l'appréhenfion , qu'en payant les droits feigneuriaux : que lefdits neveux ne les ayant appréhendés dans l'an du trépas & les fœurs en les appréhendant , n'ayant point ramené à connoif-fance de Loi & de Juftice le titre particulier de leur acquifition , comme parle la Coûtume , avoient en-couru les uns & les autres la peine ftipulée par la mê-me Coûtume , *titre* 1 , *de jurifdiction , art.* 62 , qui eft de payer doubles droits feigneuriaux.

Au contraire lesdites du surnom Liber & leurs neveux soutenoient que le Demandeur étoit mal fondé dans ses saisies & conclusions : elles disoient que suivant les dispositions de la Coûtume, il étoit certain qu'il n'étoit point dû de droits seigneuriaux dans une appréhension d'héritages, que lorsqu'elle se faisoit à titre particulier. Qu'on ne pouvoit point dire que les héritages à eux dévolus de la succession de Maximilian Liber leur fussent venus à aucun titre particulier, puisqu'ils ne les possédoient qu'en vertu du partage fait avec leur frere & oncle Philippe : qu'il étoit constant en Droit que le titre de partage d'hoirie étoit un titre universel. Que par la Coûtume citée, *tit. 2, des successions, art. 3*, un héritier pouvoit appréhender une ortion d'hoirie & répudier l'autre ; qu'ainsi leur frere pilippe avoit pu n'appréhender qu'un quart des biens délaissés par la mort de Maximilian son frere, & qu'à son défaut ils se trouvoient les plus habiles à succéder aux autres portions qu'ils avoient partagées entre eux. Que d'ailleurs toute l'équité étoit pour eux qu'ils fussent exempts de payer des droits seigneuriaux, puisqu'ils se trouvoient dans le degré que la Coûtume exemptoit, & qu'à défaut de mâles, les sœurs sont également habiles à succéder. Néanmoins les Officiers du Bailliage à Lille, par Sentence du 23 Juin 1696, avoient décrété lesdites saisies, & condamné ledit Bonre, en sa qualité, & Consors, de payer doubles droits seigneuriaux & aux dépens, en déduisant les droits de relief payés, dont ils avoient appellé.

La Cour, ouï le rapport de M. de la Verdure, a mis l'appellation & Sentence au néant ; émendant, a déclaré l'Intimé non recevable ni fondé dans les saisies par lui intentées, & l'a condamné aux dépens de premiere instance & de la cause d'appel.

CXXXII.

Celui qui a obtenu condamnation de dépens , dommages &
interêts , peut en faire sa déclaration par un seul libelle ,
quoique le Style lui permette de faire celle de dépens par
un libelle séparé.

IL fut ainsi décidé en la deuxiéme Chambre le 24
Décembre 1696, contre Jacques Vander-Cruycen
& Jean-Baptiste Catteau, demeurans à Menin, Ap-
pellans, au profit de Jacques Honnoré, Marchand
Facteur audit lieu, Intimé.

Ledit Honnoré ayant obtenu Sentence le 13 Mars
1694, portant condamnation de dépens, dommages
& interêts à la charge des Appellans, préfenta le 4
Juin fuivant un libelle contenant confufément tous les
dépens, dommages & interêts, pour être taxés & li-
quidés ; fur lequel les Bourguemeftre & Echevins de
Menin ordonnerent qu'il feroit fa déclaration de dépens par un libelle féparé de celui des dommages & interêts : mais depuis ayant repréfenté qu'il lui étoit
très-important que tout fut enfemble , le même Juge,
par Sentence du 23 Novembre 1695, ordonna aux
Appellans de contredire ledit libelle , de quoi fe
croyant léfé ils en appellerent.

Ils difoient que fuivant le Style la déclaration des
dépens fe faifoit par un libelle féparé de celui des dommages & interêts, que le Juge l'avoit lui-même reconnu par fa premiere Ordonnance. Que la feconde
renduë contre la difpofition du Style ne pouvoit fub-
fifter ; parce que , comme dit Wefembecius, *Senten-*
tia lata contra Stylum Curiæ tam nulla eft , quàm quæ lata
eft contra Legem expreffam. L'Intimé difoit au contraire

que la difposition du Style étoit toute en fa faveur, à laquelle il pouvoit renoncer par des confidérations particulieres. Que *quod volui juffit ve Prætor, contrario judicio retractare poteft.*

La Cour, ouï le rapport de M. Cordoüan, a mis l'appellation au néant, a ordonné que la Sentence fortira effet, & condamné l'Appellant aux dépens.

CXXXIII.

Le rachat au paiement immémorial de la dîme fait en argent, n'empéche pas que le Décimateur ne la puiffe exiger en nature.

CEla fe jugea de cette forte en la deuxiéme Chambre le même jour 24 Décembre 1696, au rapport de M. Cordoüan, & fur les conclufions du Procureur Général du Roi, pour les Abbé & Religieux de faint André au Château Cambrefis, Demandeurs, contre N. Noirmin, demeurant à Bafviau, Défendeur en fait de dîme d'agneaux & de laines.

CXXXIV.

1. *Un Commiffaire député pour faire une enquête peut nonobftant & fans préjudice aux débats, foutenemens & oppofitions des Parties procéder à l'enquête.*

2. *Un Appellant de l'ordonnance d'un Commiffaire Enquêteur, qui fuccombe dans fon appellation, n'eft condamné en l'amende ordinaire.*

CEs deux points furent jugés en la deuxiéme Chambre le 10 Janvier 1697, au procès d'entre Jacques André, Marchand à Lille, Appellant, & Pierre-Alexis Stallens, Commiffionnaire audit Lille, Intimé.

Ledit Stallens ayant fait affigner ledit André pardevant le Magiftrat de Lille , fur l'exécution d'un certain marché de peaux du 8 Juin 1695 , le Magiftrat
par fa Sentence du 2 Juillet dudit an , avoit admis les
Parties à preuve , & par commiffion du 11 dudit mois
avoit délégué le Magiftrat de Tournay pour y travailler ; de la part duquel le fieur de Change ayant été
député pour ce faire , avoit fait ajourner au 23 les
témoins produits par Stallens. Ledit jour André comparoiffant pour voir jurer les témoins , foutint qu'on
ne devoit point procéder à ladite enquête , fondé fur
deux moyens, fçavoir, que les témoins produits étoient
tous intereffés au marché en queftion , & que d'ailleurs
s'agiffant de plus de 300 florins , la preuve par témoins
n'étoit admiffible, fuivant l'Edit perpétuel obfervé tant
à Lille qu'à Tournay : ce que Stallens ayant rejetté ,
ledit Commiffaire avoit ordonné que fans préjudice
aux débats des Parties , il feroit procédé à l'enquête ,
pour y avoir tel égard que de droit, & y avoit procédé.

André s'étant porté pour Appellant de ladite ordonnance & devoirs enfuivis , difoit que le Commiffaire
n'avoir dû ni pu juger le débat meu par ledit foutenement,& qu'il avoit dû furféoir à l'enquête,& renvoyer
l'incident aux Juges de l'inftance principale.

L'Intimé au contraire difoit qu'un Commiffaire ne
devroit point s'arrêter à femblables débats concernans la validité des devoirs , qu'il devoit achever
fans préjudice aux foutenemens des Parties ; qu'autrement on arrêteroit & fufpendroit tous les jours les
enquêtes après avoir expofé de grands fraix, pour faire
députer & venir les Commiffaires & ajourner les témoins.

La Cour, les Chambres confultées, ouï le rapport
de M. Defnaüe , a déclaré avoir été mal & fans griefs

appellé , & a condamné l'Appellant aux dépens &
néanmoins sans amende.

CXXXV.

Gageure qu'on se mariera dans certain tems est licite,
& produit une legitime obligation.

IL fut ainsi préjugé en la deuxiéme Chambre le 10
Janvier 1697 , au procès d'entre François Boyaval,
sieur de Cambrone , Demandeur , & Henry Tant,
Bailli de la Noort-Vieschare, Châtellenie de Caffel,
Défendeur.

Le 26 Juin 1695 , les Parties étant au Cabaret,
avoient gagé par acte rédigé par écrit en présence de témoins pour la somme de 100 écus, sçavoir ledit Tant
qu'il se marieroit avant trois mois , & ledit Boyaval,
que ledit Tant ne seroit point marié dans ce tems-là.

Tant ne s'étant point effectivement marié dans le
tems convenu , Boyaval avoit demandé les 100 écus
par commission de commandement du 8 Octobre 1695.

Le Défendeur disoit que pareilles gageures n'é-
toient point permises & ne produisoient point d'obligation. Que le Placard du 20 Janvier 1570 , *art.* 32,
défendoit expressément de gager sur la vie des hommes , sur des voyages à faire & autres pareilles inven-
tions. Que celui du 4 Décembre 1540 , avoit de même défendu de gager sur la naissance des enfans. Que
le cas en question n'étoit pas plus licite, qu'au contraire il étoit d'une dangereuse conséquence ; puisque celui qui parioit contre le mariage , étoit excité par l'envie de gagner à mettre de mauvaises pratiques en usage
pour empêcher , détourner ou reculer le mariage , si

favorifé des Loix dans la vie civile. Que ces fortes de gageures étoient de la nature des jeux de hazard , que tous les Légiflateurs avoient tâché de bannir de la Republique , comme veut particulierement du Moulin , *Traĉt. de ufuris , quæft.* 3 , *n.* 971. Que du moins il n'y avoit point d'engagement , tandis qu'il n'y avoit point de confignation. Qu'enfin il étoit permis de réfilier de femblables marchés , fait entre les pots & les verres , dans les vingt-quatre heures , fuivant la difpofition des Ordonnances : qu'il offroit de prouver d'avoir réfili dans ledit tems de la gageure en queftion.

Le Demandeur foutenoit que felon tous les Auteurs du Pays les gageures étoient licites en matiere qui ne contenoit rien contre les bonnes mœurs ; que Grivel le décidoit ainfi , *decif.* 57 , après avoir traité la matiere à fonds , auffi bien que Stockmans & Anfelmo. Que la confignation n'étoit point néceffaire , le confentement des Parties fuffifant pour produire l'obligation. Que le cas en queftion , bien loin de contenir quelque chofe contre les bonnes mœurs , ne faifoit qu'exciter ledit Tant à fe marier plûtôt , (chofe fi avantageufe au commerce de la vie.) Qu'enfin il ne prouveroit jamais avoir réfili de ladite gageure dans le tems porté par les Coûtumes.

La Cour , les Chambres confultées, ouï le rapport de M. Defnaüe , a admis le Défendeur à prouver d'avoir réfili de ladite gageure dans les vingt-quatre heures , dépens refervés.

CXXXVI.

*1. On ne peut agir par exécution en vertu d'un exécutorial
ſuranné.*

*2. Un Appellant, qui obtient la réformation d'une Senten-
ce, en vertu de laquelle on l'auroit contraint de payer
quelque ſomme, peut demander la reſtitution de ladite
ſomme & des interêts ; ſçavoir du principal, par exécution en vertu de l'Arrêt, & des interêts par une aɛtion
ſéparée.*

CEla a été ainſi jugé en la deuxiéme Chambre le 10
Janvier 1697, au procès d'entre Me Jacques
Hendrix, Prêtre, Curé du Village d'Alveringhem,
Adminiſtrateur des revenus de la Chapelle de Notre-
Dame audit lieu, Demandeur, & Bernard Leclercq,
demeurant auſſi audit lieu, Défendeur.

Le Demandeur ayant attaqué le Défendeur pour
être payé d'un légat de 600 florins, qu'il prétendoit
que la mere dudit Défendeur auroit fait à ladite Chapelle, le Défendeur s'y étoit oppoſé & avoit dénié ledit légat ; nonobſtant quoi après enquête il avoit été
condamné au paiement de ladite ſomme par Sentence
des Lanthouder, Bourguemeſtre & Echevins de Furnes du 6 Octobre 1680. Ledit Leclercq en ayant appellé & relevé ſon appel par commiſſion du 24 Décembre ſuivant, avoit néanmoins été contraint au
paiement de ladite ſomme, auquel il avoit ſatisfait le
2 Avril 1681, en exécution de la Sentence, ſous proteſtation de la faire réformer, comme elle le fut effectivement par Arrêt du 19 Février 1690, lequel émendant, déclara le Demandeur non recevable ni fondé,
parce que la matiere excédant 300 florins, ne pouvoit

être

être prouvée par témoins selon l'Edit perpétuel. Ensuite de cet Arrêt ledit Leclercq avoit levé un exécutorial , en vertu duquel il avoit fait sommer ledit
Me Hendrix à la restitution des 600 florins , qu'il avoit
été contraint de lui payer le 2 d'Avril 1681 , & aux
interêts depuis ledit jour.

Ledit Hendrix se voyant sommé , avoit satisfait à la
restitution demandée des 600 florins le 28 Juillet 1690,
dont ledit Leclercq lui avoit donné quittance sans préjudice aux interêts ; mais voyant que ledit Hendrix
continuoit de les refuser , il le fit sommer le 5 Mars
1695 de les payer en vertu du même exécutorial de
l'an 1690, & à cet effet , fit saisir certaine rente appartenante à ladite Chapelle.

Ledit Hendrix , sommé pour la seconde fois , se
pourvut en surséance à la Cour par requête du 2 Avril
1695, disant que ladite exécution étoit nulle , tant
par la forme que par le fonds ; par la forme , parce
que l'exécutorial , en vertu duquel elle avoit été faite,
étoit suranné , & parce que les interêts n'ayant point
été adjugés par l'Arrêt , on ne les pouvoit demander
par exécution , mais tout au plus par simple action , en
cas qu'ils fussent dûs : au fonds , il soutenoit que lesdits interêts n'étoient aucunement dûs , d'autant que
l'Arrêt ne l'y ayant point condamné , l'en auroit tacitement déchargé , selon la maxime, *Quod non judico ,
abjudico.*

Leclercq au contraire disoit que les interêts n'étant
que l'accessoire de la somme principale , il avoit bien
pu en demander la restitution par la même voie d'exécution , que l'Arrêt l'avoit autorisé de poursuivre la
restitution du principal. Que ce seroit multiplier les
êtres sans nécessité , que d'intenter une action séparée
pour demander les interêts d'une somme injustement

détenuë. Qu'au fonds on ne pouvoit aucunement diſputer ces interêts ; que bien loin que l'Arrêt eut rien préjugé au préjudice du Défendeur à l'égard des inte‑rêts, il y avoit tacitement condamné le Demandeur, en le déclarant non recevable dans ſa demande deſdits 600 florins, & par conſéquent non fondé dans la con‑trainte qu'il avoit faite au Défendeur de les lui payer. Que pour deſintereſſer entierement le Défendeur, ce n'étoit pas aſſez que le Demandeur lui reſtituât la ſom‑me dont il l'avoit dépouillé par la violence d'une in‑juſte exécution, mais qu'il devoit encore lui reſtituer les interêts dont il avoit profité ou pu profiter, & dont il avoit indûëment empêché le Défendeur de profiter.

La Cour, ouï le rapport de M. Deſnaüe, a déclaré l'exécution nulle, a condamné le Défendeur aux dé‑pens d'icelle, & néanmoins trouvant la demande ſur interêts ſuffiſamment conteſtée, & y faiſant droit, a condamné le Demandeur de les payer au feur du denier 16, depuis le 2 d'Avril juſqu'au 28 de Juillet 1690, en la moitié des dépens de l'inſtance, l'autre compenſée.

CXXXVII.

Des Tuteurs ne ſont reſponſables des dommages arrivés à leurs pupilles dans leur adminiſtration, lorſqu'ils n'ont rien géré que par conſeil & avis d'Avocats.

ON a ainſi jugé en la deuxiéme Chambre le 24 Janvier 1697, au procès d'entre Dᵉ Anne Marie‑Magdeleine de Preud‑homme d'Hailly, veuve de Meſ‑ſire Antoine‑François de Cardevac, vivant Baron d'Havrincour, Appellante, & Meſſire Barthelemy d'Hangoüart, Comte d'Avelin, & Conſors, Intimés.

Pierre de Preud‑homme d'Hailly, ſieur de la Rean‑

drie, ayant acheté quelque mois avant sa mort d'A-
drien de Cunchy, sieur de Liberfart, Religieux de la
Compagnie de JESUS, par contrat du 20 Janvier 1648,
les Terres de Pernes, Sachin, & les bois de la Ban-
née, pour la somme de 94000 florins, les peres des
Intimés qui avoient été constitués Tuteurs à la Dame
Appellante sa fille, trouverent ce marché si desavan-
tageux dans la conjonĉture de la guerre, qui désoloit
lors particulierement la Province d'Artois où lesdites
Terres sont situées, qu'ils jugerent ne pouvoir l'entretenir sans la ruine totale de leur pupille. Pourquoi ils
furent conseillés d'en tenter le résiliement, à quelque
prix que ce fût, avec Messire Maximilian de Wigna-
court, sieur de Dourton, beau-frere & héritier dudit
Pere Liberfart, qui y consentit le 25 Mars 1651,
pourvu que ladite mineure perdît la somme de 8000
florins avancée par son pere : moyennant quoi par
contrat du même jour il s'engagea de mettre hors d'o-
bligation ladite mineure pour environ 11000 florins
en capital de rentes, dont le sieur de la Reandrie son
pere avoit passé des reconnoissances à la décharge dudit
pere de Liberfart, tant avant qu'après ledit marché
qu'il avoit fait avec lui ; & à cet effet il s'obligea de
fournir dans six ans lesdits 11000 florins pour rembourser les créanciers, & cependant d'en acquiter les
cours, consentant qu'à ces fins lesdits Tuteurs pussent
s'assurer sur tous ses biens par rapport d'héritages, mises de fait & main-assises, constituant Procureur en
blanc pour les voir décréter pardevant tous Juges qu'il
appartiendroit.

Nonobstant cela lés créanciers desdites rentes ayant
attaqué lesdits Tuteurs en vertu des reconnoissances
faites par ledit sieur de la Reandrie, pere de la mineure,
pour le paiement des cours desdites rentes, les Tuteurs

pour éviter la poursuite desdits créanciers avoient par avis d'Avocats obtenu des lettres de relief des reconnoissances faites par ledit sieur de la Reandrie, & quoique par provision ils eussent été condamnés de payer les arrerages desdites rentes, & obligés effectivement de les payer par exécution des biens & effets de leur mineure, ils s'étoient toujours arrêtés à poursuivre l'entérinement de leurs lettres de restitution en entier, sans songer de prendre aucune sûreté sur les biens du sieur Dourton, ensuite du contrat par lequel il s'étoit engagé de mettre ladite mineure hors d'obligation & d'intérêt pour lesdites rentes, qui étoit un moyen sûr pour procurer l'indemnité de la pupille, & dont ils pouvoient se servir conjointement avec l'autre, au lieu que l'autre seul étoit un moyen plus que douteux, qui laissoit à la mineure un procès, & ne lui donnoit en cas de perte aucun recours pour son indemnité contre le sieur Dourton.

Enfin il étoit vrai que la mineure ayant été émancipée le 10 d'Octobre 1658, par autorité du Juge, quelques jours avant qu'elle eût atteint l'âge de 15 ans, & trouvant une partie des biens du sieur Dourton saisis, & ceux de la dame Françoise de Cunchy sa femme, vacans & abandonnés par sa mort arrivée dès le commencement de l'an 1638, n'avoit sçu mieux faire que de continuer de poursuivre l'entérinement des lettres de relief, jusqu'à ce que prévoyant devoir succomber, elle s'étoit accommodée avec les créanciers desdites rentes du mieux qu'elle avoit pu, & avoir fait mettre en criées tous les biens des sieur & dame Dourton, sur lesquels faute d'hypothéque, il lui avoit fallu venir en contribution avec les créanciers cédulaires dudit Dourton; si bien que par la distribution des de-

niers elle n'avoit pu être payée de la dixiéme partie de
ce qui lui étoit dû.

Voilà le fait, qui avoit obligé ladite dame Douairiere d'Havrincour d'attaquer ledit sieur Comte d'Avelin & Consors, pardevant le Magistrat de Lille le 7
Septembre 1697, concluant à ce qu'ils fussent condamnés de la desinteresser des dommages par elle souf-
ferts, faute d'avoir administré sa tutelle comme ils devoient faire, & suivant les précautions que les Loix
exigent dans des Tuteurs.

Les Défendeurs au contraire disoient que la Demanderesse avoit tort de s'en prendre à ses Tuteurs, qui
étoient Gentilshommes de probité, qui avoient eu
pour ses affaires toute la vigilance de bons peres de familles : *A Tutore autem in his quæ genere debuit ea tantum
diligentia exigetur, quam quis suis rebus bonâ fide adhibere
debet. Tit. 33, Dig. de administ. & peric. Tut.* Qu'ils n'a-
voient rien fait ni entrepris sans consulter plusieurs
Avocats des plus habiles de leur tems : ils justifioient
que c'étoit par leur conseil qu'ils s'étoient pourvus de
lettres de relief contre les reconnoissances faites par
ledit sieur de la Reandrie. Qu'ils avoient sujet de croire
que ce moyen déchargeroit entierement la mineure,
puisque l'achat, en considération duquel ces reconnoissances avoient été faites, ayant été résolu par le resi-
liement, lesdites reconnoissances devoient aussi être
anéanties suivant la régle de Droit : *Nihil tam naturale
est, quàm eo genere quidque dissolvere, quo colligatum est.
L. 35, Dig. de Reg. Jur.* Que la solvabilité notoire du
sieur Dourton les avoit empêché de se pourvoir contre
lui de même que tous ses autres créanciers. Que si ses affaires avoient depuis mal tourné par les calamités & le
desordre de la guerre, on ne pouvoit leur en imputer
la faute : *Satis enim est Tutori bene & diligenter negotia*

geſſiſſe , etiam ſi eventum adverſum habuit quod geſtum eſt. L. 3 , §. 7 , Dig. de contrar. Tut. actione : parce que, comme dit l'Empereur Juſtinian, *Tutoribus fortuitos caſus imputari non opportere ſæpè reſcriptum eſt. L. 4 , Cod. de pericul. Tut.* Que la mineure n'avoit pas mieux fait qu'eux après ſa majorité , puiſqu'elle & ſon Conſeil avoient trouvé à propos de pourſuivre l'entérinement des Lettres de relief. Qu'enfin le deſordre des affaires de la mineure ne venoit pas de la négligence de leur adminiſtration , mais du ſot marché qu'avoit fait le ſieur de la Reandrie ſon pere , dont on ne devoit point leur imputer les fâcheuſes ſuites.

Pour leſquelles raiſons la Demandereſſe ayant été déclarée non recevable ni fondée par Sentence du 3 Décembre 1685 , elle en avoit appellé.

Sur laquelle appellation la premiere Chambre s'étant trouvée partagée en opinions , à dire qu'il avoit été bien jugé , *ou* à dire , émendant, que les Tuteurs ſeroient chargés ſolidairement de deſintereſſer l'Appellante de la perte deſdites rentes tant en capital qu'arrerages , & des dommages en réſultans , il fut ordonné au rapport de M. de Roubaix , M. Deſnaüe Compartiteur , par Arrêt du 22 Décembre 1696 , que le partage ſeroit porté en la ſeconde Chambre pour y être départi , ainſi qu'il fut fait ſuivant la premiere opinion.

CXXXVIII.

En Haynaut un mari peut être exécuté pour les amendes & dépens auſquels ſa femme a été condamnée pour délit.

CEtte queſtion a été jugée en la deuxiéme Chambre le 29 Janvier 1697 , au procès d'entre Jean de Blangies , Marchand à Scelognes , terre de Chimay ,

Demandeur , & Nicolas Mahieu , demeurant audit lieu , emprenant le fait & caufe de Catherine Malfy fa femme , Défendeur.

Le 27 Janvier 1696 , le Demandeur avoit préfenté Requête à la Cour , difant qu'Anne Platteau fa femme , ayant été condamnée par l'Office de Chimay , en quatre livres d'amende & aux dépens pour avoir battu ladite Malfy , le Défendeur auroit fait taxer & liquider lefdits dépens à la fomme de 35 livres , pour laquelle recouvrer il auroit fait exécuter le Suppliant ; & attendu qu'on ne pouvoit exécuter un mari pour les méfaits de fa femme , il concluoit à ce que ladite exécution fût déclarée nulle & le Défendeur condamné en tous dépens , dommages & interêts.

Le Défendeur foutenoit que dans le Pays d'Haynaut, felon l'expreffe difpofition de la Coûtume , *chap.* 116 , *art.* 6 , une femme pour délit & réparation d'injure étoit traitable en Juftice , de même qu'en fait de marchandife , lorfqu'elle étoit Marchande publique ; d'où il s'enfuivoit que comme l'on pouvoit exécuter les effets de la communauté pour le fait du commerce de la femme , on le pouvoit auffi faire pour le fait de fes délits : que tel étoit conftamment l'ufage.

Le Demandeur au contraire difoit que la Coûtume du Haynaut ne décidoit aucunement que les effets de la communauté conjugale pouvoient être exécutés pour les délits d'une femme ; mais bien qu'elle étoit perfonnellement traitable pour fes délits. Que fi un mari étoit exécutable pour le fait réfultant du commerce de fa femme , on n'en pouvoit pas tirer une conféquence en matiere de délit ; parce qu'un mari qui fouffroit fa femme commercer , étoit réputé l'autorifer tacitement à cet effet , & entrer en fociété avec fa femme du gain & de la perte qui pouvoit réfulter de fon trafic : au lieu qu'on ne pouvoit préfumer une pareille intelligence en-tre l'homme & la femme en matiere de crime : *Nulla enim criminum focietas virum inter & uxorem inita videtur*, dit à Sande, *decif. Frific. lib. 2, tit. 5, defin. 8, ideoque alter alterius criminis infortunio obftringi non debet*. De forte que le mari étant feul maître de la communauté, fa femme ne lui peut préjudicier par fon fait : que cette Jurifprudence étoit obfervée par toute la France & même par tout le monde, fi bien que pour femblables dettes contractées ou réfultantes du délit d'une femme mariée, l'on ne pouvoit exécuter les effets de la communauté, ni même les biens propres de la femme, dont le mari avoit la jouiffance jufqu'à la diffolution du mariage pour en foutenir les charges ; mais il falloit attendre la mort du mari ou de la femme pour les faire exécuter, comme obferve Ferriere dans fon Praticien, *tit. de la puiffance maritale*, conformément à la décifion des Empereurs, *L. 9, Cod. de bonis profcript*. Qu'il n'y avoit point d'ufage contraire dans la Province du Haynaut, & que quand même il y en auroit un, il devroit être réformé comme abus.

La Cour, ouï le rapport de M. Boullé, a déclaré le Demandeur non recevable ni fondé, & l'a condamné aux dépens.

CXXXIX.

A Philippeville les peres & meres qui furvivent à leurs en-fans, ne leur fuccèdent pas dans les propres qui ne viennent pas de leur côté & ligne, mais ils retournent à la ligne d'où ils procedent, même collatérale.

IL fut ainfi jugé en la deuxiéme Chambre le 31 Janvier 1697, au procès d'entre Jean-François le Poire, demeurant à Philippeville, Demandeur, & Ga-briel briël Bourgeois, demeurant à Fleurennes, Défendeur.

Le procès avoit commencé à la Prévôté de Philippe-ville le 2 Janvier 1694, & par la réformation d'une Sentence sur un incident, il avoit été retenu à la Cour, où l'on avoit ordonné aux Parties de contester au principal. Pour entendre la difficulté, il est à remarquer que Isabelle Meys avoit épousé Pierre le Poire oncle du Demandeur, qui l'ayant laissée veuve avec une fille unique nommée Marie-Catherine le Poire, ladite Meys auroit depuis épousé en secondes noces le Défendeur. Que ladite Marie-Catherine le Poire étant décédée en minorité avant sa mere, le Défendeur s'étoit emparé de tous ses biens comme échus à sa femme par la mort de sadite fille : ce qui avoit obligé le Demandeur de l'attaquer, concluant à ce que le Défendeur fût condamné de lui restituer tous les propres paternels de ladite Marie-Catherine le Poire, de la succession desquels ladite Marie-Isabelle Meys étoit excluë par la disposition de la Coûtume locale de Philippeville, *Chap.* 7, *des successions ab intestat, art.* 14, suivant & conformément à la disposition de la même Coûtume, *Chap.* 7, *art.* 2, qui dit que *les héritages patrimoniaux tiennent côte & ligne.*

Le Défendeur pour toute exception disoit que ces articles s'interprétoient autrement, & que le Demandeur ne pourroit prouver qu'ils fussent pratiqués suivant son interprétation.

La Cour, ouï le rapport de M. Hennecart, a condamné le Défendeur de restituer les biens en question & aux dépens.

C X L.

Un Prêtre dont le titre vient à être détruit par les calamités des tems ou autrement, & qui peut d'ailleurs gagner de quoi vivre honnêtement, ne peut obliger son Evêque Diocésain de lui fournir des alimens.

LE cas fut jugé en la troisiéme Chambre le 6 Février 1697, au procès d'entre Me Charles de Noyelles, Prêtre, ci-devant Curé de Ghoy lez Bussieres, Demandeur, & Messire François de Salignac de la Motte Fenelon, Archevêque & Duc de Cambray, Défendeur.

Par Sentence de l'Official de Cambray du 27 Novembre 1687, le Demandeur, pour causes résultantes du procès, avoit été condamné de permuter sa Cure dans trois mois, dont il avoit appellé au Pape, qui avoit délégué l'Official d'Anvers pour en connoître. Cependant ledit Demandeur ayant négligé de permuter sa Cure dans le terme préfigé de trois mois, elle fut mise au concours, & il y fut pourvu d'un autre Curé vers la saint Jean 1688. Le Demandeur ne se déconcerta pas pour cela, & poursuivit la cause d'appel à Anvers, jusqu'à ce que par Sentence du 16 Novembre 1693, le Jugement de l'Official de Cambray fut confirmé.

Le Demandeur se voyant réduit, présenta Requête à la Cour le 23 Juillet 1694, contre M. de Brias, lors Archevêque de Cambray son Diocésain, disant que nonobstant son appel on avoit disposé de sa Cure par concours, & que par la rigueur de la guerre l'hypothéque située entre Mons & Binche, sur laquelle on avoit affecté son titre, étoit entierement ruinée & infructueuſe ; par où il ſe trouvoit réduit à la mendicité, s'il n'y étoit promptement remédié : concluoit à ce que ledit ſieur Archevêque fût condamné de le pourvoir d'alimens compétens & conformes à ſon état de Prêtre ſuivant les Statuts des Canons & Conciles , & particulierement comme il eſt diſpoſé *Lib. 3 , Decretal. tit. 5 , de præbend. & dignit. cap. 2 , 4 & 16 : Ne Clericus in opprobrium ordinis clericalis mendicare cogatur aut ad turpia lucra converti cogatur.* Depuis M. de Brias étant décédé , il avoit attaqué le ſieur Défendeur ſon ſucceſſeur , en repriſe d'erremens par commiſſion du 18 Février 1696.

Le Défendeur diſoit que le Demandeur avoit tort de ſe prendre à lui de ſon malheur , qu'il ne l'avoit point deſtitué de ſa Cure , que c'étoit par ſa conduite qu'il s'étoit attiré lui-même cette diſgrace : *Criminoſus autem dignus eſt ut egeat*, dit la Gloſe *ad capit. 4 , decretal. tit. de Clerico ægrot.* Que pour ce qui regardoit la diminution ou deſtruction du titre du Demandeur , un Evêque n'en pouvoit pas répondre. Que les Canons qui chargent un Evêque ou ſon Succeſſeur de pourvoir aux néceſſités des Prêtres , déclarent que c'eſt en cas qu'il ait négligé de s'aſûrer de titres , pour ſubvenir aux alimens des Prêtres qu'il a ordonnés ; & pour lors *in odium ſeu pœnam Epiſcopi aut Eccleſiæ delinquentis , Epiſcopus aut ejus ſucceſſor tenetur providere ordinatis , quandiu Eccleſiaſtica beneficia conſequantur* , comme écrit le Pape Innocent III. à l'Evêque de Samorée. Mais en pareil cas que celui de queſtion , que jamais les Canons ni les Conciles n'avoient chargé un Evêque de nourrir un Clerc : *Quia non tenetur Epiſcopus de eviction tituli* , dit la Gloſe *ad cap. 16, tit. de præbend.* A laquelle Doctrine tous les Auteurs ſe conformoient. Qu'enfin le Demandeur pouvoit encore par d'honnêtes emplois gagner de quoi vivre, & en tous cas qu'il pourroit faire vendre les hypothéques de son titre, de quoi il pourroit créer une rente viagere suffisante à ses alimens.

La Cour, vu les conclusions du Procureur Général du Roi, ouï le rapport de M. Hennecart, a déclaré le Demandeur non recevable ni fondé, & l'a condamné aux dépens.

CXLI.

Quoiqu'un Défendeur ait dénié les prétentions du Demandeur, cela n'empêche pas qu'il ne puisse encore l'obliger à exhiber les titres de sa demande avant de contester ultérieurement.

CEla fut jugé en la troisiéme Chambre le 11 Février 1697, dans l'incident meu au procès d'entre Charles Wicart, Demandeur, & François Daniel le Comte, Ecuyer, Conseiller-Secrétaire du Roi en la Chancellerie près la Cour, Défendeur.

Le 15 Janvier précédent le Demandeur ayant présenté Requête à la charge du Défendeur, prétendoit plus de 50000 florins; le Défendeur par Requête du 23 dudit mois avoit dit que cette prétention étoit calomnieuse, injurieuse & sans aucun fondement, soutenoit avant tout qu'il fût ordonné audit Demandeur de produire les titres de ses prétentions. Sur laquelle Requête la Cour ordonna aux Parties de comparoir pardevant le Rapporteur, le Demandeur garni des titres justificatifs de sa demande : le Demandeur étant comparu le 6 du présent mois, avoit soutenu que le Défendeur ayant dénié sa demande, il étoit prêt de la justifier & de produire à cet effet ses titres en termes d'enquête. Que le Défendeur après avoir contesté en déniant, ne pouvoit plus autrement requerir ladite production des titres , *ad quorum editionem reus actorem cogere non potest , nisi ad deliberandum an cedere velit vel contestari ;* qu'ayant contesté il ne s'agissoit plus de demander du tems & des titres pour délibérer.

Le Défendeur au contraire disoit que c'étoit une chose jugée par l'Arrêt rendu sur sa Requête du 23 Janvier , qui avoit ordonné au Demandeur de produire ses titres. Qu'en effet le Défendeur n'avoit contesté les prétentions du Demandeur qu'en général , les déniant & rejettant comme calomnieuses & injurieuses , & que cela ne le privoit pas encore de pouvoir délibérer sur l'exhibition requise des titres.

La Cour , ouï le rapport de M. Cordoüan, a débouté le Demandeur de son soutenement , lui a ordonné de satisfaire à la requisition du Défendeur conformément à l'Ordonnance du 23 Janvier , & l'a condamné aux dépens.

CXLII.

Une Ville particuliere peut prescrire le droit de payer un moindre impôt que toutes les autres ne paient généralement , par le tems d'une possession immémoriale.

LA question fut jugée en la troisiéme Chambre le 8 Mars 1697 , au procès d'entre les Bailli, Reward & Echevins de la Bassée, Appellans , & N. Herpont, emprenant les erremens pour feu Me François Foubert, Sieur du Plessis, Adjudicataire de l'impôt sur les bierres de la Bassée , joints à lui les Baillis des quatre Seigneurs Hauts-Justiciers représentans l'Etat des Châtellenies de Lille, Douay & Orchies, Intimés.

L'Etat de Lille en vertu de différens Octrois, dont le premier est du 12 Octobre 1575 , est en droit d'imposer & lever sur tous les Villages & Bourgs de la

Châtellenie 42 patars à chaque rondelle de bierre ou tonneau de 72 lots. Cet impôt se passoit autrefois à ferme tous les ans, & l'on commença seulement l'an 1677 à le donner à ferme pour 3 ans.

Le 22 Février 1683, messire Michel le Pelletier, Intendant de Flandre, l'ayant fait mettre à l'enchere à l'intervention des quatre Baillis de l'Etat avec cette clause, *pour en jouir pendant trois ans à commencer au premier de Mars, tout ainsi que les Fermiers précédens en auroient joui & l'auroient perçu, & qu'ils le percevoient encore aujourd'hui, & non autrement ; avec permission expresse à divers Villages de se servir de tonneaux, quoique d'une jauge différente des rondelles, en payant néanmoins l'impôt de 42 patars par réduction des pièces à proportion de 42 patars à la rondelle, l'Adjudicataire entier de ne pas accorder cette permission aux autres Villages non spécifiés.* Ledit Foubert s'en étoit rendu Adjudicataire, & avoit établi pour le lever ses Commis dans chaque lieu à l'ordinaire.

Celui de la Bassée s'étant apperçu que les tonneaux dont on se servoit pour le débit des bierres sous le nom de rondelles, étoient du moins d'un huitiéme plus grands que les rondelles de la Châtellenie, en donna avis à son Maître ; lequel en conséquence présenta Requête aux Officiers desdits Etats, concluant suivant la clause de son bail, à ce que les Manans de la Bassée fussent condamnés de payer un huitiéme plus d'impôt à chacune de leurs rondelles, ou de les réduire sur le pied des rondelles de la Châtellenie.

Le Magistrat emprenant le fait & cause de ses Manans, s'opposoit & disoit que suivant la clause du bail du Demandeur il n'en pouvoit jouir que conformément à ce qu'en avoient joui ses Prédécesseurs. Qu'il étoit constant qu'on n'avoit jamais plus payé d'impôt à la

Baſſée, quoiqu'on s'y fût toujours ſervi des mêmes tonneaux.

Le Demandeur au contraire diſoit que l'impôt de queſtion étoit généial & univerſellement établi ſur tous les Bourgs & Villages de la Châtellenies, ſans aucune diſtinction ni différence ; qu'il n'y avoit point de raiſon pourquoi ceux de la Baſſée payeroient & contribueroient moins que les autres ſujets de la Châtellenie, & qu'ils ne pouvoient pas même s'en acquerir la liberté par un tems immémorial, ſuivant la déciſion de l'Empereur Anaſtaſe : *Jubemus*, dit-il, *L. 6*, *Cod. de præſcrip. 30, vel 40 annor. nec huic parti cujuſcumque temporis præſcriptionem oppoſitam admitti.*

Pourquoi les Officiers deſdits Etats, par leur Sentence du mois de Juin 1694, ayant condamné ceux de la Baſſée à réduire leurs rondelles ou à payer l'impôt à proportion de celles de la Châtellenie, ils en avoient appellé, & par Arrêt du 8 Mai 1690, la Cour émandant avoit admis leſdits de la Baſſée à preuve; en conſéquence duquel Arrêt ceux de la Baſſée avoient vérifié par divers témoins agés de 70 & 80 ans, que depuis toute leur connoiſſance on s'étoit toujours ſervi des mêmes tonneaux à la Baſſée, ſans jamais avoir payé plus de 42 patais à la rondelle, & qu'ils avoient ouï dire à leurs peres & grands-peres, qu'on en avoit toujours uſé ainſi : laquelle poſſeſſion les Intimés n'avoient pu contredire.

La Cour, vu les concluſions du Procureur Général du Roi, ouï le rapport de M. Cordoüan, a déclaré que ceux de la Baſſée ne payeront que 42 patars à la rondelle meſure de la Baſſée, & a condamné ledit Herpont & Intervenans aux dépens faits chacun à leur égard.

CXLIII.

Une rente créée en 1648, & passée pardevant Tabellion, est sujette à réduction, lorsqu'il n'est pas dit par les lettres qu'elle a été constituée en deniers de permission, à moins qu'on ne le prouve.

IL a été jugé en la troisième Chambre le 11 Mars 1697, au procès d'entre Petronille de Vic, veuve de Jean Henris, Demanderesse, & messire Antoine-François Gaspard de Colins, Comte de Mortagne, Capitaine-Lieutenant des Gendarmes de Bourgogne, Défendeur.

La Demanderesse ayant impétré le 19 Novembre 1694, commission sur reconnoissance de lettres d'une rente de 75 livres par an créée le 21 Mars 1648, le Défendeur s'étoit opposé, soutenant que la rente ayant été constituée dans un tems où les monnoyes étoient excessivement déréglées, il falloit avant tout réduire ladite rente sur le pied des Placards.

La Demanderesse disoit que ladite rente n'étoit sujette à réduction en vertu d'aucun Placard ; que celui du 2 Octobre 1647, ne concernoit que les rentes antérieures ; que celui du 20 Février 1652, ne parloit que des rentes créées depuis 1649, inclusivement jusqu'au-dit jour 20 Février 1652. Que le Placard n'accordoit que deux ans pour se pouvoir contre la constitution de pareilles rentes : qu'en effet il n'étoit pas à présumer que les rentes créées en 1648, immédiatement après le Réglement de 1647, & sur tout pardevant les Officiers publics & fermentés du Tabellion, telles que celle en question, eussent été constituées en monnoie de desordre. Qu'enfin elle prouveroit que sa rente avoit été créée en deniers de permission suivant les Ordonnances.

Le Défendeur au contraire soutenoit qu'il étoit constant

tant qu'en 1648, nonobstant le Placard de 1647, la monnoie avoit été déréglée avec excès, & que pendant ce tems-là les Tabellions ne recevoient point de rentes qu'en monnoie de desordre, sans du moins en faire mention & déclarer que l'argent auroit été compté en leur présence. Qu'il étoit certain que le Placard de 1652, comprenoit toutes les rentes créées dans le desordre, & qu'en vertu de ce Placard on en pouvoit demander la réduction en tout tems ; quoiqu'on n'eût que deux ans pour se pourvoir en nullité contre la constitution. Qu'enfin la Demanderesse ne justifieroit jamais que sa rente eût été créée en monnoie de permission.

Sur quoi la Cour, par Arrêt du 10 Janvier 1695, ayant admis la Demanderesse à prouver que sa rente auroit été constituée en monnoie de permission, sauf au Défendeur sa preuve au contraire, la Demanderesse n'avoit pu satisfaire à la preuve ordonnée.

La Cour, ouï le rapport de M. Cordoüan, a ordonné que la rente seroit réduite à proportion de la différence qu'il y avoit au tems de la constitution entre la monnoie permise par les Edits, & la monnoie courante & déréglée, & a condamné la Demanderesse aux dépens.

CXLIV.

1. La réparation du clocher comme faisant partie de l'Eglise, est à la charge des gros Décimateurs, s'il n'y a possession ou concordat contraire.

2. La provision s'adjuge quelquefois, quoique non demandée spécifiquement, étant censée demandée en la demande du principal.

CEs deux points furent jugés en la troisiéme Chambre le 13 Mars 1697, au procès d'entre les Gens de Loi & Manans du Village de Warhem, Demandeurs, & les Abbé & Religieux de faint Winocq à Berghes, Défendeurs.

L'Eglife de Warhem fe trouvant tous les jours expofée à fuccomber fous les ruines de la tour & fléche du clocher de ladite Eglife, les Manans s'étoient pourvus à la Cour, concluant à ce que les Défendeurs, en leur qualité de Décimateurs audit lieu, fuffent condamnés à faire réparer ladite tour & clocher, ou de contribuer à cet effet deux années de fix du revenu de leurs dîmes, conformément au Placard des Archiducs du 2 Octobre 1613, touchant la réparation des Eglifes de Flandre ; & cependant & par provifion, à ce que la Cour voulût les autorifer de faire inceffamment travailler aufdites réparations, & pour cet effet de lever de l'argent à fraix à charge de qui il appartiendroit.

Les Défendeurs avoient confenti à la levée des deniers néceffaires pour lefdites réparations ; mais ils difoient que femblables réparations n'étoient point à la charge des Décimateurs, que le Placard ne les chargeoit que des réfections des Eglifes & non des clochers. Qu'enfin ledit Placard n'avoit rien changé au droit acquis aux Décimateurs par la poffeffion ; qu'ils n'avoient jamais contribué à ces fortes de réparations, qui avoient toujours été faites aux fraix des Manans: pourquoi ils concluoient à être maintenus dans leur poffeffion.

La Cour, vu les conclufions du Procureur Général du Roi, ouï le rapport de M. Defnaüe, a admis les Défendeurs à preuve, fauf aux Demandeurs leur preuve contraire ; & cependant par provifion a condamné lefdits Défendeurs à contribuer deux années de fix des revenus de leur dîme, dépens refervés.

CXLV.

On ne peut obliger une perſonne de jurer à ſa charge ſeu‑
lement, mais on doit en même‑tems recevoir ſon ſerment
à ſa décharge.

LA queſtion fut jugée en la troiſiéme Chambre le
19 Mars 1697, au procès d'entre Mathieu Fon‑
taines, Marchand demeurant à Valenciennes, Appel‑
lant, & George‑André Prouveur, demeurant audit
lieu, Intimé.

Ledit Prouveur, par requête préſentée au Magiſ‑
trat de Valenciennes le 1 Février 1696, avoit conclu à
ce que ledit Fontaines fût condamné de lui reſtituer
deux ſommes, l'une de 1200 florins, & l'autre de
5560 florins, qu'il diſoit lui retenir injuſtement pro‑
cédantes de ſon partage.

Le Défendeur ayant produit deux quittances dudit
Demandeur, l'une du 9 Octobre 1682, par laquelle
il reconnoiſſoit avoir touché ladite ſomme de 1200
florins, & l'autre du 22 Novembre dudit an 1682, en
acquit de celle de 5560 florins, ledit Demandeur avoit
ſoutenu que nonobſtant ces deux reconnoiſſances il
étoit vrai que leſdites ſommes étoient reſtées és mains
dudit Fontaines ; ſur quoi il s'en rapportoit à ſon
ſerment.

Le Défendeur avoit offert de ſatisfaire au ſerment
déféré, pourvu qu'il pût jurer tant à décharge qu'à
charge, & ce par ſon Placet du 14 Mars 1696.

Néanmoins ledit Magiſtrat par ſa Sentence du 18
Mai 1696, avoit ſimplement ordonné audit Fontaines
de jurer, *ſi nonobſtant leſdites deux quittances leſdites ſom‑*
mes ne lui étoient pas demeurées en main ; à laquelle ordon‑

nance ledit Fontaines avoit offert de fatisfaire, pourvu de pouvoir jurer, *que fi depuis les quittances il avoit retenu lefdites fommes, il étoit vrai qu'il les avoit depuis renduës ou reftituées audit Prouveur.* Mais le Magiftrat ayant par fa Sentence du 2 Juin ordonné audit Fontaines de fatisfaire fimplement & précifément à la Sentence du 18 Mai, il avoit appellé defdites deux Sentences.

La Cour, ouï le rapport de M. Defnaüe, a mis les appellations & Sentence au néant ; émandent, a ordonné que le ferment de l'Appellant feroit reçu aux conditions par lui offertes, a condamné l'Intimé aux dépens de premiere inftance depuis les offres du 14 Mars 1696, & en ceux de la caufe d'appel, les autres refervés.

CXLVI.

Une femme mariée domiciliée en Haynaut, ne peut par teftament difpofer des immeubles à elle propres fituées à Tournay.

CEla a été jugé en la premier Chambre le 30 Mars 1697, après avoir été partagé en opinions dans la troifiéme fur l'hypothéfe du procès d'entre Marie-Magdeleine-Auguftine-Robert de Bremont, demeurante à Mons, Appellante, & Elizabeth Vander-Meulen, veuve de Robert Scorion, demeurante à Tournay, Intimée.

Helene-Therefe Scorion, fille de ladite veuve Scorion, originaire & domiciliée à Tournay, y demeurante chez fadite mere, avoit époufé le fieur Nicolas-Jofeph Robert, frere de l'Appellante, Greffier de la Souveraine Cour à Mons, & y domicilié. Le contrat de mariage avoit été fait & paffé audit Tournay le 15 Septembre 1694, fans que la mariante fe fût refervé la puiſſance de teſter, & néanmoins ayant ſuivi ſon mari à Mons, & s'y voyant enceinte & ſur le terme d'accoucher, avoit par teſtament du 9 Juillet 1695, inſtitué l'Appellante ſœur de ſon mari *héritiere des biens, droits, avantages & aĉtions, dont la diſpoſition lui étoit libre en vertu des Loix, Coûtumes & Uſages de Tournay, à concurrence de* 12000 *florins, enſorte que ſon héritier légal fut obligé de laiſſer ſuivre à ladite Appellante leſdits biens, droits, avantages & aĉtions, ou lui fournir ladite ſomme de* 12000 *florins :* c'étoient les termes de la diſpoſition teſtamentaire. Quelque tems après la Teſtatrice s'étoit accouchée d'un enfant, qui ne vécut que trois jours, & elle-même le ſuivit quinze jours après. Auſſi-tôt ladite Robert étoit venuë à Tournay, & y avoit fait reconnoître le teſtament de ſa belle-ſœur, pardevant les Mayeur & Eſchevins, Juges de la ſituation des biens diſpoſés, pour pouvoir ſuivant la Coûtume profiter de ladite donation.

Ladite Vander-Meulen en ayant été informée s'étoit oppoſée à l'exécution du teſtament comme mere & héritiere légale de la défunte : les moyens de ſon oppoſition étoient qu'une femme liée de mari à Mons, ne peut teſter de ſes biens, à moins qu'elle ne s'en ſoit reſervé la liberté par ſon traité de mariage, ſelon la diſpoſition de la Coûtume générale du Haynaut, *chap.* 9, *art.* 3, pas même de l'autorité & conſentement de ſon mari ; parce que dans le Haynaut les biens immeubles étoient abſolument indiſponibles, & que les biens meubles appartenoient tous au mari. Que cette diſpoſition étant dirigée contre la perſonne de la femme, la rendoit inhabile d'une inhabilité abſoluë, & qui opéroit en toutes ſortes de Coûtumes ; parce qu'elle déterminoit l'état, la qualité & la condition de la perſonne : *Quæ cum eadem ubique ſit, ita qualitatem perſonæ inhæren-*

tem , velut ejus accidens , ubique uniformem esse convenit, ne varius sit & incertus personarum status, dit Stockmans, *decif.* 125 , *n.* 5 , d'autant plus que cette disposition est prohibitive, conçuë en faveur du bien public & des héritiers légaux. Que de plus ce testament étoit nul & inofficieux, comme fait par une femme enceinte en faveur d'un étranger , laquelle oubliant l'enfant qu'elle portoit dans son sein, épuisoit, à parler selon les Loix, son patrimoine par des libéralités déréglées , & faisoit ressentir à un innocent les funestes effets d'une indignation qu'il n'avoit pas méritée. Que d'ailleurs il étoit tout évident que la Testatrice n'avoit institué la sœur de son mari son héritiere , que pour avantager indirectement son mari contre la prohibition des Loix & Coûtumes. Enfin qu'il étoit du moins certain que la Testatrice ayant suivi la fortune, l'établissement & le domicile de son mari à Mons , étoit incontestablement inhabile de rester des effets mobiliaires de la communauté , quelque part qu'ils pussent être reposans , ensuite des dispositions desdites Chartres du Haynaut ; parce que les meubles suivent la personne. Que néanmoins il paroissoit que la Testatrice n'avoit voulu disposer que d'une somme de 12000 florins plûtôt que d'aucuns immeubles ; puisqu'elle s'étoit servie de ces termes , *droits , avantages & actions* , lesquels ont plus de rapport aux meubles , qu'ils ne semblent exprimer des immeubles. Pourquoi ladite Vander-Meulen concluoit à ce que ledit Testament fût déclaré nul , & ladite Robert condamnée aux dépens.

Ladite Robert au contraire disoit que la Coûtume du Haynaut étoit locale & bornée dans les limites de la Province , & par conséquent qu'elle ne pouvoit empêcher qu'une femme mariée, quoique domiciliée en Haynaut , ne disposât valablement de ses biens situés

ailleurs & dans le reſſort des Coûtumes qui en permet-
tent la diſpoſition aux femmes mariées, telle que la Coûtume de Tournay, *Tit. des autorités & droits des gens
mariés, art. 7. Etenim ſtatuti natura eſt, ut non extenda-
tur ab bona alibi ſita, ubi contraria ſtat juris diſpoſitio ;
quippe deficit ſtatuentis juriſdictio, cauſa efficiens & ex-
tenſiva ipſius ſtatuti*, dit Peckius *de Teſtam. conjugum,
lib. 4, cap. 28, n. 5*. D'autant plus que la Teſtatrice
ayant contracté mariage audit Tournay, il étoit à préſumer que la Coûtume, par une influence tacite de ſes
intentions, avoit réglé le traité : *Leges enim dant for-
ma contractibus*, & par conſéquent que la mariante s'é-
toit tacitement reſervée la liberté de teſter, du moins
des biens immeubles ſitués à Tournay, *quia eadem vis
eſt taciti atque expreſſi*. Qu'ainſi elle en avoit pu valablement diſpoſer par Teſtament, quoique domiciliée
en Haynaut, où la femme peut auſſi teſter lorſqu'elle
s'en eſt reſervée la liberté par traité de mariage. Qu'il
étoit évident que la Coûtume du Haynaut ſur le fait
en queſtion étoit purement réelle : que ce ſentiment
étoit fondé ſur le Réglement de l'Edit perpétuel, *art.*
13, qui décide en termes exprès qu'en fait de Teſtamens on doit ſuivre la ſituation des lieux pour la validité de la diſpoſition des biens, l'âge & la forme re-
quiſe pour en diſpoſer. Que la diſpoſition des Coûtumes qui déterminent l'âge des hommes & femmes pour
régler leur état de majorité paroiſſoit bien plus perſonnelle ; qu'il étoit néanmoins conſtant qu'une perſonne qui teſte de ſes biens dans une Coûtume où elle
n'a pas l'âge requis pour teſter, diſpoſe bien & valablement des biens ſitués dans les Coûtumes où elle ſeroit ſuffiſamment âgée pour teſter. Que telle étoit la
Juriſprudence des Arrêts & l'opinion des meilleurs
Auteurs : *Sive enim ſtatutum loquatur in rem, ſive in*

personam , habet locum in bonis positis in territorio statuentium & non in aliis , dit le même Peckius après Balde , *loco cit. n.* 6, *statuta in personas directa quæque certam iis qualitatem affigunt , transeunt quidem cum personis extra territorium statuentium , ut persona ubique sit uniformis ejusque unus status : sed hoc solum quoad effectus personales , puta ad contrahendam obligationem , utque mobilia , ubicumque sint , eadem legem subeant secundum personæ qualitatem , eamque comitari censeantur , nec situm propriè habeant ; minimè vero ut circa prædiorum & immobilium alibi sitorum jura quid immutent. Unde jam pridem pragmaticorum consensu & usu forensi invaluit , ut ubicumque agitur de rerum soli alienatione , mancipatione , investiturâ , successione , aliisque translationis & acquisitionis modis inspiciantur leges loci , ubi res sitæ sunt ; sive quæstio sit de ætate vel aliâ qualitate , habilitate vel inhabilitate personæ , sive agatur de statuto verbis in rem sive in personam directe concepto : cum effectus ipse potius quàm verba attendendus sit , qui prorsus realis est quoties de rebus soli transferendis quæritur ; atquè proinde statutum omne quod huc respicit vel eò rem deducit , ab hoc effectu pro reali habendum , judicandumque est ,* dit Stockmans, *decis.* 125 , *n.* 8 & 9, *post Argentreum ad Consuet. Britanniæ , art.* 118 , *Gloss.* 6. Que l'inhabilité que la femme contracte pour tester dans le Haynaut n'est pas absoluë , mais seulement respective à l'égard du mari , à qui les biens disponibles appartiennent ; d'autant plus que la femme peut se conserver cette liberté par son contrat de mariage , & que le mari la lui peut toujours donner en l'autorisant. Que bien loin qu'on pût estimer la Coûtume du Haynaut favorable en cela à la cause publique, elle seroit entierement odieuse ; puisqu'elle gêneroit la liberté que la nature a accordée à tout le monde : *Statutum enim quo quis excluditur à jure communi semper est odiosum ,* dit Peckius

Peckius *ibidem*. Que la difposition teftamentaire de ladite Helene-Therefe Scorion, ne pouvoit être confidérée comme inofficieufe à fon enfant, ni frauduleufement avantageufe à fon mari ; puifque par la furvivance de la mere il n'étoit point refté d'enfant qui pût intenter la querelle d'inofficiofité, & que fuivant la Jurifprudence de la Cour l'avantage fait par un des conjoints aux parens collatéraux de l'autre, n'étoit point cenfé tomber fous la prohibition des Coûtumes, à moins qu'on ne voulût foutenir que par une intelligence confidentielle l'avantage auroit été fait pour retourner au mari, ce qu'on n'oferoit même avancer. Enfin que la difpofition de la Teftatrice parloit affez, pour ne pas révoquer en doute qu'elle avoit entendu feulement difpofer des biens de libre difpofition, fçavoir des immeubles à elle appartenans fous la Coûtume de Tournay. Que du moins ladite Robert ne prétendoit autre chofe & retranchoit là toute fa demande.

Ladite Vander-Meulen difoit qu'en vain ladite Robert fe prévaloit de la Coûtume de Tournay, qui permettoit aux femmes mariées de tefter ; qu'il étoit tout évident que *ftatutum non poteft habilitare perfonam fibi non fubditam*. Que ladite Helene Scorion ayant par fon mariage changé de domicile & fuivi le fort, la fortune & le domicile de fon mari, comme déclarent les Empereurs, *Leg. 9, Cod. de incolis, Mulieres honore maritorum erigimus & genere nobilitamus & forum ex eorum perfonâ ftatuimus*, il étoit fans doute qu'elle n'étoit point fujette à la Coûtume de Tournay, mais à celle du Haynaut. Qu'on pouvoit encore moins foutenir que le mariage s'étant fait à Tournay & le contrat y paffé, la Coûtume y auroit influ, de maniere qu'il faudroit s'y conformer ; puifque lors du mariage, le deffein de ladite Scorion étoit de fuivre fon mari à Mons, lieu de l'établiſſement de ſondit mari, *ubi larem rerumque ſuarum ſummam conſtituerat.*

Pour leſquelles raiſons, les Mayeur & Echevins, de l'avis des Prévôt & Jurés, ayant par leur Sentence du 26 Octobre 1696, déclaré nulle & de nulle valeur ladite diſpoſition teſtamentaire & débouté en conſéquence ladite Robert de l'effet d'icelle, elle en avoit appellé.

Sur laquelle appellation la troiſiéme Chambre s'étant trouvée partagée en opinions, à dire que la Sentence ſeroit miſe au néant ; émendant, qu'il ſeroit déclaré que le teſtament ſortiroit effet pour les immeubles ſitués à Tournay, dépens compenſés, *ou* à dire que la Sentence ſortiroit ſon effet, dépens auſſi compenſés, il fut ordonné au rapport de M. Odemaer, M. Cordoüan Compartiteur, que le partage ſeroit porté en la premiere Chambre pour y être départi, ainſi qu'il fut fait ſuivant la ſeconde opinion.

CXLVII.

On peut en tout état de cauſe, même après Sentence, alléguer paiement de la ſomme demandée, & on le doit allouer, ſinon en rigueur, du moins par équité.

ON l'a ainſi jugé le 18 Avril 1697, au procès d'entre Thomas Boone, demeurant à Bailleul, Appellant, & Charles Maquaert, demeurant à Merville, Intimé.

Ledit Maquaert ayant prétendu pardevant les Mayeur & Echevins de Bailleul la ſomme de 18 livres de gros à la charge dudit Boone, pour reſte d'arrerages d'une certaine rente, le Juge avoit admis ledit Maquaert à preuve, lequel pour toute preuve avoit produit un état de tous les paiemens faits par ledit Boone depuis la conſtitution de la rente, dont faiſant déduction ſur les arrerages échus, il reſtoit dû 18 livres de gros; ſur quoi il ſommoit ledit Boone de fournir de réponſe de croyance. Ledit Boone s'étant laiſſé débouter de ſervir de reſponſifs, ſauf à lui de contredire ledit état, s'étoit enſuite laiſſé débouter de contredits : pourquoi le Juge par Sentence du 11 Octobre 1694, l'avoit condamné à payer ladite ſomme de 18 livres de gros, de laquelle Sentence ayant appellé, ledit Maquaert l'avoit fait exécuter au paiement de ladite ſomme.

Boone ſe voyant exécuté s'étoit oppoſé à ladite exécution par Requête du 13 Mars 1694, produiſant diverſes quittances, par leſquelles il juſtifioit d'avoir plus payé qu'il ne devoit. Maquaert diſoit qu'il n'étoit plus tems d'alléguer ces paiemens ; que c'étoit une choſe jugée, contre quoi on ne pouvoit venir en oppoſition après s'être laiſſé débouter de répondre & contredire : que du moins ledit Demandeur n'étoit pas recevable ſans Lettres de relief. Pour leſquelles raiſons le Juge par Sentence du 20 Décembre 1694, avoit déclaré ledit Boone non recevable ni fondé de la maniere qu'il agiſſoit ſans Lettres de relief, & l'avoit condamné aux dépens, dont il avoit appellé.

Il diſoit qu'en tout état de cauſe on pouvoit alléguer paiement ; que cette alléguation *non impugnabat judicatum* : que bien loin de contredire la Sentence, c'étoit par le paiement ſe ſoumettre à la condamnation & reſpecter la Sentence.

L'Intimé convenoit qu'on pouvoit quelquefois après une Sentence alléguer des paiemens dans l'exécution, lorſque la Sentence ne contenoit qu'une condamnation générale & indéterminée de payer : mais il foutenoit que cela n'avoit pas lieu, lorfque comme au cas de queſtion la Sentence portoit une condamnation de payer une certaine quantité fixe. Qu'il étoit conſtant qu'une Partie qui auroit allégué des paiemens, & s'en trouveroit déboutée par Sentence après conteſtation, ne pouvoit plus dans l'exécution fe prévaloir defdits paiemens conteſtés ; & par conſéquent que ledit Boone ayant été condamné à payer une fomme fixe de 18 livres de gros, après avoir été débouté d'en contredire la hauteur, ne pouvoit plus dans l'exécution, du moins fans Lettres de relief, alléguer des paiemens en diminution de ladite fomme ; parce que *qui tacet confentire videtur, præfertim in judicio, quando loquendo poteſt impedire aĉtum.*

La Cour, ouï le rapport de M. de Crupilly, *par un motif d'équité*, avant faire droit, a ordonné aux Parties de liquider pardevant le Confeiller Rapporteur, dépens compenſés.

CXLVIII.

1. *Dans le Cambreſis la portion congruë des Curés n'eſt pas moindre de 300 florins, fauf l'imputation du gros de la Cure.*

2. *L'on n'adjuge point de Grange à un Curé, à moins qu'elle ne lui foit abfolument néceſſaire pour la dépouille du gros de la Cure.*

CEs deux points ont été jugés en la troiſiéme Chambre le 19 Avril 1697, au procès d'entre Me Guiſlain Frere, Curé de Moeuvres en Cambreſis, Demandeur, & les Prévôt, Doyen & Chapitre de faint Gery, premiere Collégiale à Cambray, Défendeurs.

Le Demandeur par fa requête fur commiſſion évocatoire du 24 Mai 1692, avoit conclu à ce que les
Défendeurs, en leur qualité de gros Décimateurs, fuſ-
fent condamnés de lui payer pour fa portion congruë
la fomme de 300 florins par an, en abandonnant les
gros fruits de fa Cure.

Les Défendeurs difoient que fuivant l'Ordonnance
du Roi du 29 Janvier 1686, le Demandeur ne pouvoit prétendre plus de 240 florins. Que tous les Curés
en Artois qui envelopoient le Villages de Moeuvres,
n'avoient pas plus de 240 florins de portion. Que la
Cour n'avoit pas plus adjugé au Curé de Raillencour
en Cambrefis, voifin du Demandeur.

Au contraire, le Demandeur foutenoit que l'Ordonnance du 29 Janvier 1696, n'étoit pas obfervée dans
le Reffort du Parlement de Tournay, à qui le Roi par
fa Déclaration du 26 Juin 1686, avoit bien défendu
d'adjuger moins de 240 florins aux Curés, mais en
même-tems avoit permis de leur en adjuger davantage
fuivant l'exigence, foit pour la difficulté des lieux,
l'étenduë des Paroiffes, & l'importance des Cures.
Que la Jurifprudence s'étoit conformée à la difference
des monnoies : que dans les Provinces, comme le Cambrefis, où la monnoie étoit baffe, on avoit toujours
adjuge 300 florins au lieu de 300 livres ; mais qu'en
Artois, où la monnoie étoit haute, & où le commerce fe faifoit en livres & non pas en florins, on n'avoit
adjugé que 300 livres au lieu de 300 florins. Qu'il y
avoit eu du fpécial pour Raillencour, qui n'étant qu'un
fecours de Sailly en Artois, il y auroit eu de l'inconvé-
nient d'adjuger plus de dot à la fille qu'à la mere.

Le même Demandeur ayant préfenté Requête le 20
Décembre 1695, aux fins d'avoir une Grange, les
Défendeurs s'y étoient oppofés, difant que fur les

plaintes dudit Demandeur ils lui avoient fait bâtir une Maison, qui leur avoit coûté plus de 900 florins. Que pour le peu de dépouilles qu'il retiroit du gros de sa Cure, il n'avoit pas besoin de Grange ; & le Demandeur n'avoit rien justifié au contraire.

La Cour, vu les conclusions du Procureur Général du Roi, ouï le rapport de M. de Crupilly, a condamné les Défendeurs de payer au Demandeur pour sa portion congruë la somme de 300 florins annuellement, sauf à imputer les gros fruits de la Cure, à estimer par Experts, suivant l'Ordonnance du 30 Juin 1690 ; a débouté le Demandeur des fins & conclusions incidentes de sa Requête du 20 Décembre 1695, dépens compensés.

CXLIX.

La connoissance des Lettres Royaux obtenuës principalement & non incidemment, n'appartient qu'aux Juges Royaux.

ON l'a ainsi jugé en la troisiéme Chambre le 20 Avril 1697, au procès d'entre François Goffart & Consors, Demandeurs, & Pierre Soufflet & Anne le Nain sa femme, Défendeurs.

Jean Godereau, beau-frere des Demandeurs, ayant vendu pour la somme de 500 florins aux Défendeurs, pere & mere de Marguerite Soufflet sa femme, plusieurs parties d'héritages, pendant qu'il étoit attaqué de la maladie dont il étoit mort, les Demandeurs ses héritiers avoient obtenu Lettres de restitution en entier le 26 Février 1695, contre ladite vente ; dans laquelle ils se disoient énormément lésés, & qu'elle étoit d'ailleurs frauduleuse, comme faite en avancement indirect d'un mari à sa femme.

Les Défendeurs avant de répondre au principal, avoient demandé le renvoi pardevant le Juge de Saint-Souplet en Cambresis, domicile des Parties, à qui *le Comittimus* des Lettres devoit, disoient-ils, être adressé : & au fonds ils avoient dénié qu'il y eût aucune lésion ou fraude.

Le Demandeur au contraire soutenoit que n'y ayant point de Juge Royal dans le Cambresis, il n'y avoit pas lieu d'y renvoyer la connoissance de Lettres Royaux obtenuës principalement.

La Cour, ouï le rapport de M. de Crupilly, sans avoir égard au renvoi requis, a admis le Demandeur à preuve.

C L.

Il dépend d'un accusé de ne pas faire entendre tous les té-moins qu'il a nommés pour sa justification ; mais il ne peut pas en nommer de nouveaux : il peut toujours se dé-porter de leur production, sans qu'on soit obligé de les en-tendre, à moins que le Procureur Général ne le demande pour le bien public.

IL fut ainsi jugé en la Tournelle le 24 Avril 1697, au procès instruit extraordinairement à la Requête du Procureur Général, accusateur en crime de duel, contre N ** demeurant à Lille, accusé, prisonnier és prisons du Palais.

Ledit ** ayant ensuite d'un Arrêt du 30 du mois de Mars dernier, travaillé à la preuve de ses faits justifica-tifs, on remarqua que deux témoins de ceux qu'il avoit nommés pour la preuve d'un des faits par lui allégués pour sa justification, n'avoient point été ouïs ni pro-duits : sur quoi ayant été fait difficulté, si l'on pouvoit procéder au Jugement sans les entendre, on disoit qu'il ſuffiſoit de repréſenter à l'accuſé que les témoins n'auroient point été ouïs, & de lui demander s'il ſouhaitoit de les faire entendre ; & qu'au cas qu'il déclarât qu'il ne ſouhaitoit pas de les faire entendre, on pourroit procéder au Jugement, parce que la production de pareils témoins étoit toute en faveur de l'accuſé, qu'il en faiſoit les fraix & conſéquemment qu'il pouvoit s'en déporter ſuivant l'axiome de Droit, *Quiſque renunciare poteſt beneficio pro ſe introducto.* D'un autre côté on diſoit qu'il s'agiſſoit de la cauſe publique, & qu'un accuſé ayant nommé des témoins pour ſa juſtification, ne devoit plus être reçu à s'en déporter, non plus qu'à en nommer d'autres ; que c'étoit au Procureur Général de ſolliciter les devoirs de la preuve tant pour la juſtification de l'accuſé que pour la ſatisfaction du public.

La Cour, ouï le rapport de M. Cordoüan, a ordonné, les Chambres conſultées, qu'il ſeroit demandé à l'accuſé s'il ſouhaitoit faire entendre leſdits témoins ou non ; lequel ayant déclaré qu'il croyoit inutile de ce faire, parce qu'il croyoit qu'ils n'étoient pas informés du fait, on a procédé à la viſite du procès.

Fin du Tome premier.